Die Flut

J.G. Ballard

Die Flut

Aus dem Englischen von
Helma Schleif

DIAPHANES

Erstes Kapitel

Am Strand des Ritz

Bald schon würde es zu heiß sein. Kurz nach acht sah Kerans von der Hotelterrasse aus, wie hinter den dichten Hainen nacktsamiger Riesenpflanzen, die auf der Ostseite der Lagune in vierhundert Meter Entfernung auf den Dächern der verwaisten Kaufhäuser wucherten, die Sonne aufging. Ihre mitleidlose Kraft war selbst durch die wuchtigen, olivgrünen Wedel hindurch deutlich zu spüren. Die stumpf gebrochenen Lichtstrahlen prallten geradewegs auf seine nackte Brust und Schultern, sodass er ins Schwitzen geriet und eine tiefdunkle Sonnenbrille aufsetzte, um die Augen zu schützen. Die Sonnenscheibe war längst kein eindeutig definiertes Gestirn mehr, sondern eine sich weit ausdehnende Ellipse, wie ein kolossaler Feuerball, der sich über den östlichen Horizont ausbreitete und dessen Widerschein die tote, bleierne Oberfläche der Lagune in ein gleißend helles Kupferschild verwandelte. Gegen Mittag, in weniger als vier Stunden, würde das Wasser aussehen, als stünde es in Flammen.

Meist wachte Kerans um fünf Uhr auf und erreichte die biologische Forschungsstation frühzeitig genug, um wenigstens vier oder fünf Stunden arbeiten zu können, bevor die Hitze unerträglich wurde, doch an diesem Morgen verließ er nur ungern das kühle, klimatisierte Refugium seiner Hotelsuite. Er hatte sich schon beim Frühstück einige Stunden Zeit gelassen, dann einen sechsseitigen Eintrag in sein Tagebuch verfasst und bewusst seinen Aufbruch hinausgezögert, bis Colonel Riggs mit seinem Patrouillenboot am Hotel vorbeifuhr, denn dann wäre es definitiv zu spät, um die Forschungsstation aufzusuchen. Der Colonel, für ein Plauderstündchen stets zu haben, insbesondere in Begleitung einiger Aperitifs, würde das Hotel also keinesfalls vor halb zwölf verlassen, in Gedanken schon ganz beim Lunch im Stützpunkt.

Doch aus irgendeinem Grund hatte sich Riggs verspätet. Vermutlich hatte die Kontrollfahrt zu den benachbarten Lagunen länger als sonst gedauert, oder vielleicht hatte er auf Kerans' Ankunft in der Forschungsstation gewartet. Einen Moment lang überlegte Kerans, ihn über Funk zu kontaktieren, doch das Gerät war unter einem Bücherstapel vergraben und die Batterie leer. Der für den Funkverkehr des Stützpunkts zuständige Corporal hatte bei Riggs bereits Beschwerde eingelegt, weil seine muntere Morgensendung, eine Mischung aus alten Popsongs und Lokalnachrichten – der Angriff zweier Leguane auf den Hubschrauber in der Nacht davor und die aktuellen Temperatur- und Luftfeuchtigkeitswerte – mitten im ersten Teil jäh unterbrochen worden war. Doch Riggs verstand Kerans' unbewussten Versuch, seine Verbindung zum Stützpunkt zu kappen – das sorgfältige Arrangement der Bücherpyramide, unter der sich das Funkgerät verbarg, widersprach allzu offenkundig Kerans' sonst so peniblem Ordnungssinn – und sah ihm großzügig nach, dass er sich absondern wollte.

An die Terrassenbrüstung gelehnt beobachtete Kerans, die mageren, knochigen Schultern und das hagere Profil zehn Stockwerke tiefer im Stauwasser gespiegelt, wie einer der zahllosen Hitzestürme durch ein Gestrüpp gigantischer Schachtelhalmgewächse fegte, die den aus der Lagune hinausführenden Wasserlauf säumten. Von umliegenden Gebäuden und Inversionsschichten eingeschlossen, die dreißig Meter über dem Wasser schwebten, erhitzten sich die darunter liegenden Lufteinschlüsse rapide, explodierten dann nach oben wie entweichende Ballons, sodass ein Vakuum entstand. Die Dampfwolken über dem Wasserlauf lösten sich sekundenschnell auf, und ein bösartiger Mini-Tornado peitschte über die zwanzig Meter hohen Pflanzen, die wie Streichhölzer umknickten. Dann, so schlagartig wie er gekommen war, verzog sich der Sturm wieder, und die großen, säulenartigen Baumstämme versanken wie träge Alligatoren einer nach dem andern im Wasser.

Sein Verstand sagte Kerans, dass es klug gewesen sei, im Hotel zu bleiben – die Stürme brachen bei steigender Temperatur immer häufiger aus –, er wusste aber auch, dass es jetzt ohnehin nicht mehr viel zu tun gab. Die biologische Kartierung war sinnlos geworden, die neue Pflanzenwelt folgte exakt den vor zwanzig Jahren prognostizierten Entwicklungslinien, und er war überzeugt, dass in Camp Byrd in Nordgrönland sich niemand die Mühe machte, seine Berichte weiterzuleiten, geschweige denn zu lesen.

Um das zu überprüfen, hatte der alte Dr. Bodkin, Kerans' Stationsassistent, einen als Zeugenaussage getarnten Bericht von einem der Colonel Riggs' unterstellten Sergeanten verfasst, in dem es hieß, dieser habe in einer der Lagunen eine große Eidechse mit Rückensegel und gigantischer Rückenflosse gesichtet, die aussah wie ein *Pelycosaurus*, ein Reptil aus der Frühzeit Pennsylvanias. Hätte man den Bericht zur Kenntnis genommen – die bevorstehende Wiederkehr des Zeitalters der Großreptilien verkündend –, wären sofort Heerscharen von Ökologen über sie hergefallen, unterstützt von einer taktischen Atomwaffeneinheit und dem Befehl, unverzüglich mit einer konstanten Geschwindigkeit von zwanzig Knoten nach Süden aufzubrechen. Doch abgesehen von dem routinemäßig eintreffenden Bestätigungssignal blieb der Bericht folgenlos. Vielleicht waren die Spezialisten im Camp Byrd einfach schon zu müde, um noch zu lachen.

Bis Ende des Monats würden Colonel Riggs und seine kleine Einheit die Vermessung der Stadt (war das einst Berlin, Paris oder London?, fragte sich Kerans) beendet haben und mit der Forschungsstation im Schlepptau nach Norden aufbrechen. Die Vorstellung, die Penthouse-Suite wieder verlassen zu müssen, in der er die letz ten sechs Monate gelebt hatte, fiel Kerans ausgesprochen schwer. In seinen Augen genoss das Ritz zu Recht seinen Ruf – allein das Badezimmer beispielsweise mit seinen schwarzen Marmorbecken und vergoldeten Armaturen und Spiegeln wirkte wie die Seitenkapelle einer Kathedrale. In gewisser Weise gefiel ihm der Gedanke, dass er der letzte Gast war, der im Hotel übernachtete und nun, auch er in der letzten Phase seines Lebens angekommen – die Odyssee nach Norden durch die gefluteten Städte des Südens würde sie bald schon zurück nach Camp Byrd mit seinen rigiden Regeln führen –, diesen letzten Sonnenuntergang am Ende einer langen, glanzvollen Hotelgeschichte erleben durfte.

Er hatte das Ritz bereits am Tag nach ihrer Ankunft bezogen, darauf erpicht, seine enge Kabine zwischen den Labortischen der Forschungsstation gegen die riesigen, hohen Prunkräume des verlassenen Hotels einzutauschen. Er empfand die schweren Brokatmöbel und bronzenen Jugendstil-Statuen in den Nischen des Korridors als angemessenes Dekorum seiner Existenz und genoss die subtile Atmosphäre von Melancholie, die diese letzten, nun praktisch für immer verschwundenen Reste einer Zivilisation umgab. Zahlreiche andere Gebäude rund um die Lagune waren aufgrund ihrer weniger soliden Bauweise schon vor langer Zeit zusammengefallen und nun unter dem Schlick begraben; allein das Ritz ragte am Westufer in vornehmer Abgeschiedenheit empor, und selbst der reichlich aus den Teppichen der dunklen Korridore sprießende blaue Schimmel trug zu seiner aus dem 19. Jahrhundert stammenden Würde bei.

Die Suite, ursprünglich für einen Mailänder Finanzier entworfen, war verschwenderisch eingerichtet und mit allen technischen Finessen ausgestattet. Die Warmluftabschirmung war noch vollkommen intakt, obwohl die ersten sechs Stockwerke des Hotels bereits unterhalb des Wasserspiegels lagen, die Grundmauern zu bröckeln begannen und die 250-Ampère-Klimaanlage ununterbrochen lief. Obwohl seit zehn Jahren unbewohnt, hatte sich auf den Kaminsimsen und vergoldeten Beistelltischen kaum Staub angesammelt, und das Triptychon photographischer Porträts auf dem mit Krokodilleder bespannten Schreibtisch – Finanzier, Finanzier mit eleganter, wohlgenährter Familie, Finanzier und das noch elegantere fünfzigstöckige Bürohaus – war nahezu unversehrt. Kerans profitierte nun davon, dass sein Vorgänger die Suite offenbar überstürzt verlassen hatte, denn die Schränke und Schubladen bargen zahlreiche Kostbarkeiten und Schätze, darunter Squashschläger mit Elfenbeingriff und handbedruckte Bademäntel, und auch die Cocktailbar war reich bestückt mit Jahrgangs-Whiskys und Brandys.

Eine riesige Anophelesmücke von der Größe einer Libelle schwirrte an seinem Gesicht vorbei und tauchte dann hinab zum Landesteg, wo Kerans' Katamaran vertäut war. Noch verbarg sich die Sonne hinter der Vegetation auf der Ostseite der Lagune, doch die aufsteigende Hitze lockte die riesengroßen Raubinsekten aus ihren zahlreichen Verstecken in der moosbewachsenen Hotelfassade hervor. Kerans zögerte, ob er die Terrasse verlassen und sich hinter die Maschendrahtsperre begeben sollte. Im morgendlichen Licht lag eine seltsame, traurige Schönheit über der Lagune; die düsteren, grünlich-schwarzen Wedel der Gymnospermae, Eindringlinge aus der triassischen Vergangenheit, und die halb versunkenen, weiß getünchten Gebäude aus dem 20. Jahrhundert, die sich einträchtig im dunklen Widerschein des Wassers spiegelten, wirkten beide wie aus der Zeit gefallene, gleichwohl miteinander verzahnte Welten, eine Illusion, die vorübergehend schwand, als in hundert Meter Entfernung eine riesige Wasserspinne die ölige Oberfläche durchfurchte.

In der Ferne, irgendwo hinter dem gefluteten Haupttrakt eines großen Bauwerks weiter südlich, stotterte und dröhnte ein Dieselmotor. Kerans verließ die Terrasse, schloss die Maschendrahttür hinter sich und ging ins Bad, um sich zu rasieren. Aus den Hähnen floss schon lange kein Wasser mehr, doch Kerans nutzte den Dachbehäl ter als Reservoir, in dem das Wasser über eine selbstgebaute Filteranlage sorgfältig gereinigt und durch das Fenster eingeleitet wurde.

Er war zwar erst vierzig, doch obschon Kerans' Bart durch das Fluorid im Wasser weiß geworden war, wirkte er durch sein ausgebleichtes, kurz geschnittenes, Haar und seine tiefe, bernsteinfarbene Bräune mindestens zehn Jahre jünger. Chronischer Appetitmangel und neue Malariavarianten hatten die trockene, ledrige Haut unter seinen Wangenknochen schrumpfen lassen und betonten seine asketischen Gesichtszüge. Beim Rasieren musterte er sein Gesicht mit kritischem Blick, betastete die geschrumpften Flächen, massierte die schwindende Muskulatur, die seine Konturen schleichend veränderte und eine Persönlichkeit zum Vorschein brachte, die ihm in seinem bisherigen Erwachsenenleben verborgen geblieben war. Trotz seiner in sich gekehrten Art wirkte er jetzt, als er sich mit ironischer Distanziertheit aus kühlen, blauen Augen im Spiegel betrachtete, entspannter und ausgeglichener als je zuvor. Der stets ein wenig abweisend wirkende Rückzug in seine eigene Welt mit ihren privaten Ritualen und Gewohnheiten war vorbei. Wenn er sich jetzt von Riggs und seinen Männern fernhielt, dann war das eher eine Frage der Bequemlichkeit als der Misanthropie.

Beim Hinausgehen wählte er ein mit einem Monogramm besticktes, cremefarbenes Seidenhemd aus dem Stapel, den der Finanzier im Schrank zurückgelassen hatte, und schlüpfte in die säuberlich gebügelte Hose eines Zürcher Herrenausstatters. Er schloss die Doppeltüren hinter sich – die Suite war praktisch ein von Backsteinmauern umgebener Glaskasten – und ging die Treppe hinab.

Er erreichte den Steg, als Colonel Riggs' Kutter, ein umgebautes Landungsboot, gerade neben dem Katamaran anlegte. Riggs stand am Bug, eine gepflegte, elegante Erscheinung, die, mit einem Fuß bereits auf der Rampe, wie ein altgedienter Afrikaforscher auf die gewundenen Wasserläufe und herabhängenden Schlingpflanzen blickte.

»Guten Morgen, Robert«, begrüßte er Kerans und sprang auf die schwankende, aus Zweihunder-Liter-Fässern bestehende und an einem Holzrahmen befestigte Plattform. »Schön, dass du noch da bist, ich habe einen Auftrag, bei dem ich deine Hilfe brauche. Kannst du dir den Tag von der Station freinehmen?«

Kerans half ihm auf die betonierte Terrasse, die einst zu einer Suite im siebten Stock gehörte. »Selbstverständlich, Colonel. Das habe ich, ehrlich gesagt, bereits getan.«

Technisch gesehen, lag die Oberhoheit für die Forschungsstation bei Riggs, und Kerans hätte ihn eigentlich erst um Erlaubnis fragen müssen, aber die Beziehung zwischen den beiden Männern war eher informell. Seit über drei Jahren arbeiteten sie nun schon zusammen, seit die Forschungsstation und ihr militärisches Begleitpersonal nach und nach durch die europäischen Lagunen nach Norden zogen, und Riggs hatte nichts dagegen, dass Kerans und Bodkin die Arbeit auf ihre Weise erledigten, da er selbst genug damit zu tun hatte, die im steten Wandel befindlichen Sandinseln und Hafenanlagen zu kartieren und die verbliebenen Bewohner zu evakuieren. Bei dieser Aufgabe war er oft auf Kerans' Hilfe angewiesen, denn die meisten Menschen, die noch in den versinkenden Städten lebten, waren entweder Psychopathen oder mangelernährt und strahlenverseucht.

Neben seiner Funktion als Leiter der Forschungsstation diente Kerans auch als Sanitätsoffizier der Einheit. Von den Menschen, denen sie begegneten, mussten viele zunächst medizinisch versorgt werden, bevor sie mit dem Hubschrauber zu einem der großen Tanklandungsschiffe ausgeflogen werden konnten, die die Flüchtlinge nach Camp Byrd brachten. Verwundete Militärs, die auf einem Bürogebäude in einem entlegenen Sumpfgebiet gestrandet waren, moribunde Einzelgänger, die ihre vertraute Umgebung nicht aufgeben wollten, entmutigte Freibeuter, einst freiwillig zurückgeblieben, um nach versunkenen Schätzen zu tauchen – sie alle brachte

Riggs unverdrossen, aber entschlossen in Sicherheit, mit Kerans an seiner Seite, der bereitwillig Schmerzmittel oder Beruhigungspillen verabreichte. Trotz seines forschen, militärischen Auftretens fand Kerans den Colonel intelligent und sympathisch, verfügte er doch über ein stilles Reservoir skurrilen Humors. So manches Mal war er versucht, diesen auf die Probe zu stellen und dem Colonel von Bodkins *Pelycosaurus* zu erzählen, entschied sich jedoch im letzten Moment immer dagegen.

Der in dem vermeintlichen Augenzeugenbericht genannte Sergeant, ein verschlossener, pflichtbewusster Schotte namens Macready, war auf den Drahtverhau geklettert, der das Deck des Kutters umschloss, und fegte gewissenhaft die schweren Wedel und Ranken weg, die sich dort angesammelt hatten. Keiner der drei anderen Männer kam ihm zu Hilfe; unter ihrer tiefen Bräune wirkten ihre Gesichter verhärmt und gezeichnet, träge saßen sie in einer Reihe vor dem Schott. Die fortwährende Hitze und die hohen Tagesdosen an Antibiotika raubten ihnen jegliche Energie.

Als die Sonne über der Lagune aufging und Dampfwolken über das große, goldene Leichentuch trieb, gewahrte Kerans auch den pestilenzartigen Gestank des Wassers, die süßlich-intensiven Gerüche abgestorbener Pflanzen und verwesender Tierkadaver. Riesengroße Fliegen schwirrten umher und prallten gegen den Drahtverhau des Kutters, gewaltige Fledermäuse jagten über das zunehmend wärmer werdende Wasser zu ihren Quartieren in den Ruinen. Die Lagune, das erkannte Kerans nun, war, so schön und heiter sie noch vor wenigen Minuten von seiner Terrasse aus gewirkt hatte, nichts weiter als eine stinkende Kloake.

»Lass uns zur Terrasse hochgehen«, schlug er Riggs mit leiser Stimme vor, sodass die anderen ihn nicht hören konnten. »Ich spendiere dir einen Drink.«

»Herrje, bin ich froh, dass du deine guten Manieren noch nicht verloren hast.« Riggs rief Macready zu: »Sergeant, ich gehe hoch, um zu sehen, ob ich die Filteranlage des Doktors wieder zum Laufen bringen kann.« Er zwinkerte Kerans zu, als Macready das harmlose Täuschungsmanöver mit skeptischem Nicken quittierte. Die meisten Besatzungsmitglieder hatten Flachmänner bei sich, und mit zähneknirschender Zustimmung des Sergeants zogen sie die nun hervor und machten es sich bis zur Rückkehr des Colonel in aller Ruhe gemütlich.

Kerans kletterte über die Fensterbank ins Schlafzimmer, von dort überblickte man den Landesteg. »Was ist dein Problem, Colonel?«

»Es ist nicht *mein* Problem. Wenn überhaupt, dann ist es deins.«

Sie stapften die Treppe hinauf. Riggs drosch mit seinem Stöckchen auf die Kletterpflanzen ein, die sich um das Geländer rankten. »Ist der Aufzug immer noch außer Betrieb? Ich fand ja schon immer, dass der Ort hier überschätzt wird.« Gleichwohl lächelte er anerkennend, als sie die klimatisierten Räume des Penthouse betraten und er in einem der vergoldeten Louis-XV-Sessel dankbar Platz nahm. »Nun, sehr liebenswürdig. Weißt du, Robert, ich glaube, du bist als Strandgutsammler ein Naturtalent. Vielleicht ziehe ich hier bei dir ein. Ist noch was frei?«

Kerans schüttelte den Kopf, drückte auf einen Knopf in der Wand und wartete darauf, dass die Cocktailbar hinter der Attrappe eines Bücherregals zum Vorschein kam. »Versuch's mal im Hilton. Der Service dort ist besser.«

Die Antwort war als Scherz gemeint, und so sehr er Riggs auch mochte, zog er es doch vor, ihn möglichst selten zu sehen. Derzeit waren sie durch mehrere Lagunen voneinander getrennt, und der anhaltende Lärm, der aus Kombuse und Waffenkammer des Stützpunktes drang, wurde durch den Dschungel zuverlässig geschluckt. Wohl kannte er jeden aus der zwanzigköpfigen Einheit seit mehreren Jahren, doch mit Ausnahme von Riggs und Sergeant Macready oder ein paar knappen Grunzlauten und Fragen im Krankenrevier hatte er seit sechs Monaten mit niemandem gesprochen. Selbst seine

Kontakte zu Bodkin beschränkten sich auf ein Minimum. In gegenseitigem Einvernehmen hatten sich die beiden Biologen darauf verständigt, auf den üblichen Austausch von Nettigkeiten und Smalltalk, den sie in den ersten beiden Jahren im Labor beim Katalogisieren und Bearbeiten der Präparate gepflegt hatten, zu verzichten.

Diese um sich greifende Isolation und Selbstbescheidung, die auch andere Mitglieder der Einheit erfasst hatten und gegen die nur der lebensfrohe Riggs immun zu sein schien, erinnerten Kerans an die Stoffwechselverlangsamung und biologische Regression aller Tierformen im Verlauf einer bedeutsamen Transformation. Manchmal fragte er sich, in welcher Transitzone er sich wohl gerade befinden mochte, denn für ihn stand fest, dass sein eigener Rückzug nicht das Symptom einer schlummernden Schizophrenie war, sondern eine gewissenhafte Vorbereitung auf eine radikal neue Umgebung mit eigener innerer Landschaft und Logik, in der alte Denkmuster nur hinderlich wären.

Er reichte Riggs einen großen Scotch, dann nahm er sein eigenes Glas mit hinüber zum Schreibtisch und räumte verlegen einige Bücher beiseite, unter denen sich die Radiokonsole verbarg.

»Hast du schon mal reingehört?«, fragte Riggs leichthin mit einem Hauch von Tadel in der Stimme.

»Nie«, sagte Kerans. »Wozu? Wir kennen alle Nachrichten der nächsten drei Millionen Jahre.«

»Da irrst du. Also wirklich, du solltest es hin und wieder einschalten. Da erfährt man allerlei interessante Dinge.« Er stellte seinen Drink ab und beugte sich nach vorne. »Heute Morgen zum Beispiel hättest du gehört, dass wir in genau drei Tagen unsere Sachen packen und für immer verschwinden.« Er nickte, als Kerans sich erstaunt umdrehte. »Kam gestern Abend als Ansage von Byrd. Offenbar steigt der Wasserspiegel weiter an; alles, was wir an Arbeit geleistet haben, war – wie von mir übrigens immer vorhergesagt – völlig überflüssig. Auch die amerikanischen und russischen Einheiten werden zurückbeordert. Die Temperaturen am Äquator betragen jetzt fünfundachtzig Grad und steigen weiter an, und die Regenzonen haben den 20. Breitengrad erreicht. Die Schlickmengen werden größer…«

Er brach ab und musterte Kerans nachdenklich. »Was ist los? Bist du nicht froh, dass wir gehen?«

»Doch, natürlich«, erwiderte Kerans schnell. Er hielt sein leeres Glas in der Hand, durchquerte den Raum, um es auf den Tresen zu stellen, ertappte sich aber dabei, dass er stattdessen wie geistesabwesend die Uhr auf dem Kaminsims berührte. Es schien, als suche er den Raum nach etwas ab. »Drei Tage, sagtest du?«

»Was willst du – drei Millionen?« Riggs grinste breit. »Robert, ich glaube, du willst insgeheim hierbleiben.«

Kerans stand nun vor der Bar, füllte sein Glas und fasste sich wieder. Er hatte die Monotonie und Langeweile des letzten Jahres nur überlebt, weil er sich bewusst aus der normalen Welt von Zeit und Raum zurückgezogen hatte; die unverhoffte Rückkehr zur Erde hatte ihn für einen Moment verunsichert. Darüber hinaus, das wusste er, gab es noch andere Beweggründe und Pflichten.

»Sei nicht albern«, antwortete er leichthin. »Ich habe einfach nicht damit gerechnet, dass wir uns so kurzfristig zurückziehen. Natürlich bin ich froh zu gehen. Obwohl ich zugeben muss, dass ich gern hier gewesen bin.« Er deutete mit dem Finger umher. »Vielleicht entspricht das ja meinem Fin-de-Siècle-Temperament. In Camp Byrd werde ich in einer halben Blechbüchse hausen. Und was ich dort bestenfalls zu hören kriege, ist ›Bouncing with Beethoven‹ in der lokalen Radioshow.«

Riggs lachte bei diesem Ausbruch galligen Humors laut auf, dann erhob er sich und knöpfte seine Uniformjacke zu. »Robert, du bist ein sonderbarer Kerl.«

Kerans leerte sein Glas in einem Zug. »Hör mal, Colonel, ich kann dir heute Morgen doch nicht helfen. Mir ist etwas ziemlich Dringen des dazwischengekommen.« Er sah, dass Riggs bedächtig nickte. »Oh, jetzt verstehe ich. Das war also dein Problem. *Mein* Problem.«

»Richtig. Ich sah sie gestern Abend und erneut heute früh, als die Nachricht eintraf. Du musst sie überzeugen, Robert. Im Moment weigert sie sich schlicht zu gehen. Sie begreift nicht, dass dieses Mal Schluss ist, dass es keine Eingreiftruppen mehr geben wird. Möglicherweise kann sie noch sechs Monate durchhalten, doch spätestens im nächsten März, wenn die Regenzonen bis hierher vorgedrungen sind, wird hier nicht einmal mehr ein Hubschrauber landen können. Sei's drum! Das wird dann ohnehin niemanden mehr interessieren. Ich hab's ihr gesagt, aber sie ging einfach weg.«

Kerans lächelte versonnen, den vertrauten Hüftschwung und hochmütigen Gang vor Augen. »Beatrice kann manchmal schwierig sein«, sagte er beschwichtigend, in der Hoffnung, dass sie Riggs nicht beleidigt hatte. Vermutlich würde es mehr als drei Tage brauchen, um sie umzustimmen, doch er wollte sicher sein, dass der Colonel so lange noch warten würde. »Sie ist ein kompliziertes Wesen, lebt auf vielen Ebenen. Bis die alle synchronisiert sind, verhält sie sich manchmal, als wäre sie verrückt.«

Sie verließen die Suite, dann verriegelte Kerans die Luftschleusen und stellte den Temperaturregler so ein, dass die Luft in zwei Stunden angenehme dreißig Grad haben würde. Sie stiegen hinab zum Landesteg, wobei Riggs gelegentlich innehielt, um in einem der auf die Lagune hinausblickenden Salons die kostbare, kühle Luft zu genießen und die Schlangen zu vertreiben, die geschmeidig zwischen den klammen, von Schimmel befallenen Sofas umherglitten. Sie stiegen in den Kutter, und Macready schlug eilig die Tür des Drahtkäfigs hinter ihnen zu.

Fünf Minuten später fuhr der Kutter, mit dem Katamaran im Schlepptau, vom Hotel hinüber zur Lagune. Goldene Wellen schimmerten in der brodelnden Luft, und das ringsum wuchernde Pflanzendickicht, das in der Hitzefalle zu tanzen schien, wirkte wie ein Voodoo-Dschungel.

Riggs spähte besorgt durch den Käfig. »Gott sei Dank kam dieses Signal von Byrd. Wir hätten schon vor Jahren verschwinden sollen. Diese ganze akribische Kartierung der Hafenanlagen für eine hypothetische Zukunft ist absurd. Selbst wenn die Sonneneruptionen abklängen, würde es zehn Jahre dauern, bis man ernsthaft versuchen könnte, diese Städte zurückzuerobern. Bis dahin werden die meisten der größeren Gebäude unter dem Schlick begraben sein. Allein um den Dschungel rings um diese Lagune zu lichten, bräuchte man schon einige Divisionen. Bodkin hat mir heute früh berichtet, dass manche der Bäume – von nicht verholzten Pflanzen wohlgemerkt – bereits über sechzig Meter hoch sind. Das ganze Gebiet hier ist nichts weiter als ein verdammter Zoo.«

Er nahm seine Schirmmütze ab und rieb sich die Stirn, dann rief er über das anschwellende Dröhnen der beiden dieselbetriebenen Außenborder hinweg: »Wenn Beatrice weiter hierbleibt, *wird* sie verrückt. Das erinnert mich im übrigen an einen weiteren Grund, warum wir hier wegmüssen.« Er blickte hinüber zu der großen, einsamen Gestalt am Ruder, zu Sergeant Macready, der unbewegt auf das brechende Wasser starrte, und sah die verkniffenen, gepeinigten Mienen der anderen Männer. »Sag mal, Doktor, wie schläfst du in letzter Zeit eigentlich so?«

Verblüfft drehte sich Kerans zum Colonel um und überlegte, ob sich die Frage vielleicht auf seine Beziehung zu Beatrice Dahl bezog. Riggs blickte ihn aus hellen, klugen Augen an, das Stöckchen zwischen seinen gepflegten Händen biegend. »Ganz tief«, antwortete Kerans vorsichtig. »So gut wie noch nie. Warum fragst du?«

Doch Riggs nickte nur und erteilte Macready mit lauter Stimme seine Befehle.

Zweites Kapitel

Die Wiederkehr der Leguane

Wehklagend wie eine aufgescheuchte Todesfee schoss aus einem der beiden schmalen Seitenarme des Wasserlaufs eine große Hammerkopf-Fledermaus hervor und steuerte direkt auf den Kutter zu. Ihr Sonar war durch das Labyrinth der riesigen, von Kolonien von Wolfsspinnen über der Bucht gesponnenen Netze gestört, sodass sie den Drahtkäfig über Kerans' Kopf nur um Haaresbreite verfehlte, dann segelte sie weiter, an der Dachlinie gefluteter Bürogebäude entlang, hin und her gleitend zwischen den riesigen, aus den Dächern sprießenden segelartigen Wedeln der Baumfarne. Dann, als sie an einem vorkragenden Gesims vorüberflog, schoss jählings eine reglose, steinköpfige Kreatur wie aus dem Nichts hervor und erbeutete die Fledermaus in der Luft. Ein kurzer, gellender Schrei, und Kerans sah, wie die zerquetschten Flügel zwischen den Kiefern der Echse verschwanden. Dann zog sich das Reptil wieder zurück, unsichtbar unter dem Blattwerk verborgen.

Auf ihrer Fahrt flussabwärts wurden sie von Leguanen belauert, die in den Fenstern der Bürogebäude und Kaufhäuser hockten und ihre wie tiefgefroren wirkenden Köpfe ruckartig bewegten. Sie stürzten sich in das Kielwasser des Kutters, schnappten nach Insekten, die aus den Luftwurzeln und modernden Baumstämmen aufflogen, schwammen dann durch die Fenster zurück und erklommen wieder die Treppen zu ihren alten Beobachtungsposten, oft dreifach übereinandergestapelt. Gäbe es die Reptilien nicht, wären die Lagunen und die in der gewaltigen Hitze halb versunkenen Bürogebäude von nahezu traumhafter Schönheit, doch die Leguane und Basilisken holten die Phantasie wieder auf den Boden der Tatsachen zurück. Ihr Einzug in die einstigen Sitzungssäle zeigte, dass die

Reptilien die Stadt erobert hatten. Sie waren erneut zur vorherrschenden Lebensform geworden.

Kerans sah zu den urzeitlichen, ausdruckslosen Gesichtern auf und verstand die seltsame Angst, die sie auslösten, riefen sie doch archaische Erinnerungen an die furchterregenden Dschungel des Paläozäns wach, als das Aufkommen der Säugetiere den Untergang der Reptilien besiegelte. Er spürte den unversöhnlichen Hass, den eine zoologische Gattung für die andere empfindet, von der sie usurpiert wird.

Die Flussmündung führte sie in die nächste Lagune, eine kreisrunde, dunkelgrüne Wasserfläche von einem knappen Kilometer Durchmesser. Eine Kette aus roten Plastikbojen markierte die Spurrinne zur Durchfahrt auf die andere Seite. Der Tiefgang des Kutters betrug kaum mehr als dreißig Zentimeter, und während der Fahrt durch das flache Gewässer, als die Sonne hinter ihnen die Unterwasserwelt beschien, konnten sie deutlich die Umrisse von fünf- und sechsgeschossigen Gebäuden erkennen, die wie riesige Gespenster auftauchten und mit dem Wellenschlag hie und da ein moosbewachsenes Dach zum Vorschein brachten.

Zwanzig Meter unterhalb des Kutters verlief zwischen den Gebäuden eine schnurgerade, graue Promenade, die Überreste einer einstigen Durchgangsstraße, an deren Bordsteinkanten noch immer rostige, verbeulte Autowracks parkten. Zahlreiche Lagunen im Zentrum der Stadt waren von einem intakten Gebäudering umgeben, in den nur wenig Schlamm eingedrungen war. Bis auf einige umhertreibende Büschel Beerentang waren die Straßen und Geschäfte frei von Pflanzenwuchs und nahezu unversehrt, wie eine Spiegelung in einem See, die irgendwie ihre Vorlage verloren hat.

Der größte Teil der Stadt war längst verschwunden, nur die Stahlskelettbauten der zentralen Geschäfts- und Finanzviertel hatten den vordringenden Fluten widerstanden. Die Backsteinhäuser und einstöckigen Fabriken in den Vororten indes waren im Rhythmus der

Gezeiten vollständig unter dem Schlick verschwunden. Wo sie an die Oberfläche traten, ragten riesige Wälder in den brennenden, stumpfgrünen Himmel empor und erstickten die einstigen Weizenfelder im gemäßigten Klima Europas und Nordamerikas. Die undurchdringlichen, manchmal bis zu hundert Meter hohen Gewächse des Mato-Grosso-Tausendblatts waren eine Albtraumwelt konkurrierender organischer Formen, die rasch ihrer paläozoischen Vergangenheit zustrebten, und die einzigen Transitwege für die Militäreinheiten der Vereinten Nationen führten durch einen Kranz von Lagunen, die sich über den einstigen Städten gebildet hatten. Doch auch die versandeten jetzt zusehends und verschwanden.

Kerans erinnerte sich gut an die nicht enden wollende grüne Dämmerung, die sie hinter sich gelassen hatten, als er und Riggs quer durch Europa langsam gen Norden fuhren, an einer Stadt nach der anderen vorbei, die engen Kanäle und Dächer überwuchert von giftigen Pflanzen.

Und jetzt sollten sie erneut eine Stadt aufgeben. Trotz der massiven Bauweise ihrer wichtigsten Geschäftshäuser umfasste das Gebiet kaum mehr als drei große Lagunen, umgeben von einem Kranz kleinerer Seen mit einem Durchmesser von fünfzig Meter und einem Netzwerk von Rinnsalen und Wasserläufen, die, dem ursprünglichen Straßenverlauf der Stadt ungefähr folgend, in den angrenzenden Dschungel führten. Hie und da verschwanden sie ganz oder bildeten dampfende, offene Wasserflächen – kümmerliche Reste einstiger Ozeane. Die wiederum wurden von Inselgruppen abgelöst, die sich im südlichen Massiv zu dichten Dschungelgebieten formierten.

Der von Riggs und seiner Truppe errichtete Militärstützpunkt, der auch die biologische Forschungsstation beherbergte, lag in der südlichsten der drei Lagunen im Schutz von Gebäuden, die, zentral im einstigen Finanzzentrum gelegen, mit ihren dreißig Stockwerken zu den höchsten Bauten der Stadt zählten.

Als sie die Lagune durchquerten, lag die gelb gestreifte Tonne des schwimmenden Stützpunkts in der prallen Sonne und war im Gegenlicht kaum zu sehen, zumal ihnen die kreisenden Rotorblätter des Hubschraubers auf dem Dach des Stützpunkts leuchtende Lanzen über das Wasser hinweg entgegenschleuderten. Zweihundert Meter weiter unten am Ufer lag die biologische Forschungsstation mit ihrem kleineren, weiß gestrichenen Rumpf, vertäut an einem ausladenden Gebäude mit Buckeldach, einem einstigen Konzertsaal.

Kerans blickte zu den rechteckigen Steinwänden hinauf, deren Fenster teilweise noch so gut erhalten waren, dass er sich an die Bilder von sonnenüberfluteten Promenaden in Nizza, Rio und Miami erinnert fühlte, die er als Kind in den Enzyklopädien in Camp Byrd gesehen hatte. Seltsamerweise hatte er sich aber trotz des starken Zaubers, den die Lagunenwelten und gefluteten Städte ausübten, nie für deren Innenleben interessiert und auch nie wissen wollen, in welcher Stadt er sich gerade befand.

Dr. Bodkin hingegen, fünfundzwanzig Jahre älter als er, hatte in mehreren dieser Städte gelebt, in Europa wie auch in Amerika, und verbrachte nun seine Freizeit vor allem damit, auf entlegenen Wasserwegen nach einstigen Bibliotheken und Museen zu suchen. Die aber enthielten nicht mehr als seine Erinnerungen.

Vielleicht lag es ja genau an diesen fehlenden persönlichen Erinnerungen, dass Kerans vom Schauspiel dieser untergehenden Zivilisationen so wenig berührt wurde. Geboren und aufgewachsen in einem Gebiet, das einst als Polarkreis bekannt und inzwischen eine subtropische Zone mit einer Jahresmitteltemperatur von rund dreißig Grad war, lernte er den Süden erst mit Anfang dreißig im Rahmen eines ökologischen Forschungsprojekts kennen. Die weiten Sumpf- und Dschungelgebiete waren für ihn ein wunderbares

Laboratorium, die gefluteten Städte nicht mehr als ein herausforderndes Studienobjekt.

Bis auf einige wenige ältere Männer wie Bodkin erinnerte sich niemand daran, in diesen Orten gelebt zu haben – und selbst in Bodkins Kindheit waren die Städte bereits belagerte Zitadellen gewesen, eingeschlossen von gewaltigen Deichen, von Panik und Verzweiflung gezeichnet und durch die unfreiwillige Vermählung mit dem Meer zu Lagunenstädten wie Venedig mutiert. Ihr Zauber und ihre Schönheit bestanden gerade in ihrer Leere, in der seltsamen Überschneidung zweier Naturextreme, einer ausgemusterten, von wilden Orchideen überwucherten Krone nicht unähnlich.

Die Auswirkungen jener gigantischen, geophysikalischen Umwälzungen, die das Klima der Erde veränderten, zeigten sich erstmals vor sechzig oder siebzig Jahren. Eine Reihe heftiger und langanhaltender Sonnenstürme, die jeweils mehrere Jahre dauerten und durch eine plötzliche Instabilität der Sonne verursacht worden waren, hatte den Van-Allen-Gürtel vergrößert und die Anziehungskraft der Erde auf die äußeren Schichten der Ionosphäre vermindert. Werden diese Schichten nun im All absorbiert, schwindet das Schutzschild der Erde, das den Planeten von der kosmischen Strahlung weitgehend abschirmt; infolgedessen steigen die Temperaturen stetig an, die aufgeheizte Atmosphäre dehnt sich in der Ionosphäre aus, und so schließt sich der Kreis.

Überall auf der Welt stiegen die Durchschnittstemperaturen jährlich um mehrere Grad an. Die meisten tropischen Gebiete wurden in kürzester Zeit unbewohnbar, ganze Populationen wanderten bei Temperaturen um die sechzig Grad nach Norden oder Süden. Einst gemäßigte Zonen wurden tropisch, Europa und Nordamerika litten unter anhaltenden Hitzewellen. Unter Führung der Vereinten Nationen wurde die Besiedlung des antarktischen Plateaus und der nördlichen Grenzgebiete Kanadas und Russlands in Angriff genommen.

In dieser ersten, zwanzig Jahre währenden Periode kam es zu einer allmählichen Anpassung des Lebens an das veränderte Klima. Eine Verlangsamung des bisherigen Tempos war unvermeidlich, und es standen nur begrenzte Ressourcen zur Verfügung, um die Ausbreitung von Dschungelwäldern im Äquatorialgebiet wirksam zu verhindern. Nicht nur beschleunigte sich das Wachstum aller Pflanzenformen, die höhere Radioaktivität führte auch vermehrt zu Mutationen. So entstanden erste botanische Abarten, die an die riesigen Baumfarne des Karbonzeitalters erinnerten, und alle niederen Pflanzen- und Tierarten erlebten einen ungeahnten Aufschwung.

Das Auftauchen dieser vorzeitlichen Lebensformen wurde indes von einem zweiten großen, geophysikalischen Umbruch überlagert. Die anhaltende Erwärmung der Atmosphäre hatte die Polkappen zum Schmelzen gebracht. Die betroffenen Eismeere des Polarplateaus brachen und lösten sich auf, Zehntausende geschmolzener Gletscher rund um den Polarkreis, von Grönland und Nordeuropa, Russland und Nordamerika, ergossen sich ins Meer, Millionen Hektar Permafrostboden verflüssigten sich und bildeten reißende Ströme.

Auch hier wäre der Anstieg des globalen Wasserspiegels um wenige Meter nicht lebensbedrohlich gewesen, hätten die riesigen Abflussgebiete nicht Abermilliarden Tonnen Mutterboden mitgerissen. An ihren Mündungen bildeten sich mächtige Deltas, die wiederum die kontinentalen Küstenlinien verlängerten und die Meere eindämmten. Von einst zwei Dritteln der Erdoberfläche schrumpfte die Wasserfläche der Meere auf etwas mehr als die Hälfte.

Die neuen Meere trieben den Schwemmschlick vor sich her und veränderten von Grund auf die Form und Kontur der Kontinente. Das Mittelmeer verwandelte sich in ein System von Binnenseen, die britischen Inseln wuchsen wieder mit Nordfrankreich zusammen, und der Mittlere Westen der Vereinigten Staaten wurde, vom Mississippi und den ausgetrockneten Rocky Mountains gespeist, zu einem riesigen Golf, der in die Hudson Bay mündete, während sich das Karibische Meer in eine Sand- und Salzwüste verwandelte. Europa wurde von einem Netz riesiger Lagunen überzogen, das die tiefer gelegenen Großstädte umgab, die wiederum zusehends mit Schlick überschwemmt wurden, den die anschwellenden Ströme nach Süden trugen.

In den darauffolgenden dreißig Jahren setzte sich die polwärts gerichtete Völkerwanderung fort. Einige wenige befestigte Städte trotzten dem steigenden Wasserspiegel und den vordringenden Dschungelwäldern und errichteten aufwändige Deiche rund um ihre Peripherie, doch auch die brachen einer nach dem anderen. Nur innerhalb des einstigen Polarkreises und der Antarktis war Leben noch möglich. Dort schützte der schräge Einfallswinkel der Sonne vor energiereicherer Strahlung. Höher gelegene Städte in äquatornahen Gebirgsregionen mussten trotz ihrer kühleren Temperaturen aufgegeben werden, weil dort die atmosphärische Schutzschicht fehlte.

Dieser Umstand löste auf ganz eigene Weise das Problem der Wiederansiedlung der migrantischen Bevölkerung in der neuen Welt. Der stete Rückgang der Fruchtbarkeit bei Säugetieren und die zunehmende Verbreitung von Amphibien und Reptilien, die an ein Leben im Wasser der Lagunen und Sümpfe am besten angepasst waren, stellten das ökologische Gleichgewicht auf den Kopf, sodass zum Zeitpunkt von Kerans' Geburt in Camp Byrd, einer Stadt in Nordgrönland mit zehntausend Einwohnern, insgesamt weniger als schätzungsweise fünf Millionen Menschen die Polkappen bewohnten.

Die Geburt eines Kindes war relativ selten geworden, und nur eine von zehn Ehen brachte Nachkommen hervor. Der Stammbaum des Menschen, so rief sich Kerans hin und wieder in Erinnerung, hatte sich systematisch verjüngt und offenkundig in der Zeit zurückbewegt, sodass er jetzt auf einen Endpunkt zusteuerte, an dem ein zweiter Adam und eine zweite Eva sich allein in einem neuen Eden wiederfinden könnten.

Riggs sah, dass Kerans gedankenverloren lächelte. »Was amüsiert dich so, Robert? Lachst du über einen deiner obskuren Scherze? Versuch bloß nicht, ihn mir zu erklären.«

»Ich habe mich nur gerade in einer neuen Rolle gesehen.« Kerans blickte von der Rampe aus auf die Bürogebäude, die in knapp zehn Metern Entfernung vorüberglitten und durch deren offene Fenster entlang der Wasserlinie das Kielwasser des Kutters schwappte. Der penetrante Geruch von nassem Kalk kontrastierte lebhaft mit den honigsüßen Düften der Vegetation. Macready hatte den Kutter auf die Schattenseite der Gebäude gesteuert, und hinter der Gischtwolke des Kielwassers war es angenehm kühl.

Auf der anderen Seite der Lagune konnte er steuerbords, auf der Brücke der Forschungsstation, die gedrungene Gestalt von Dr. Bodkin erkennen, der mit seinem um die nackte Taille geschlungenen Paisley-Kummerbund und dem grünen Zelluloidschirm, mit dem er die Augen vor der Sonne schützte, wie ein Glücksspieler auf einem Flussschiff an seinem freien Vormittag wirkte. Er pflückte apfelsinengroße Beeren von den Baumfarnen, die die Station überdachten, und warf sie den schnatternden, in dem Geäst über seinem Kopf schaukelnden Seidenäffchen zu, die er mit Lockrufen und Pfiffen anfeuerte. Von einem Fenstervorsprung aus, keine zwanzig Meter entfernt, sah ein ungehalten mit den Schwanzspitzen peitschendes Leguan-Trio dem Treiben mit versteinerter Miene missbilligend zu.

Macready drehte ab und steuerte sie durch den aufspritzenden Gischtfächer in den Windschatten eines Hochhauses mit weißer Fassade, das zwanzig Stockwerke hoch aus dem Wasser ragte. Das Dach eines angrenzenden, niedrigeren Gebäudes diente als Anlegestelle, an der eine rostige weiße Motoryacht ankerte. Die schrägen Plexiglasfenster der Steuerkabine waren gesprungen und verschmutzt, und aus den Auspuffrohren tropfte oxidiertes Öl ins Wasser.

Nachdem Macready mit kundiger Hand den Kutter hinter die Motoryacht navigiert hatte, kletterten sie zur Käfigtür, sprangen auf den Steg hinab und gingen eine schmale, metallene Gangway hoch, die zum Apartmenthaus führte. Das Treppenhaus war feucht und glitschig, der Putz mit großen Schimmelflecken übersät, doch der Aufzug, angetrieben von einem Notstrom-Diesel, funktionierte noch. Sie fuhren langsam zum Dachgeschoss hinauf, stiegen im obersten Stock der Maisonettewohnung aus und gingen dann über den Dienstbotengang hinunter zur Außenterrasse.

Unmittelbar darunter befand sich die untere Ebene, eine überdachte Terrasse mit einem kleinen Swimmingpool und hellen Liegestühlen, die aufgereiht im Schatten neben dem Sprungbrett standen. Gelbe Jalousien verhüllten die Fenster an drei Seiten des Pools, doch durch die Lamellen hindurch sahen sie das Funkeln von geschliffenem Glas und Silber auf den Beistelltischen des schattigen, kühlen Salons. Im gedämpften Lichtwurf der blau gestreiften Markise im hinteren Teil der Terrasse sah man einen langen, verchromten Tresen, so einladend wie eine klimatisierte Bar von einer staubigen Straße aus betrachtet, mit Gläsern und Karaffen, deren Bild sich in einem rautenförmigen Spiegel brach. Alles an diesem privaten Zufluchtsort wirkte makellos und dezent, Tausende von

Kilometern entfernt von der fliegenverseuchten Vegetation und dem lauwarmen Dschungelwasser zwanzig Stockwerke tiefer.

Am anderen Ende des Pools, von einer verschnörkelten Terrassenbrüstung weitgehend verdeckt, bot sich ein weiter, offener Blick über die Lagune und die Stadt, die dem wuchernden Dschungelwald zu entwachsen schien, umgeben von silbrig-seichten Gewässern, die sich grünlich schimmernd bis zum südlichen Horizont erstreckten. Gewaltige Schlickbänke ragten rücklings aus dem Wasser, die Kammlinie mit hellgelbem Flaum bedeckt, den ersten Anzeichen neu entstehender, gigantischer Bambushaine.

Der Hubschrauber stieg von seinem Landeplatz auf dem Dach des Stützpunkts auf, beschrieb in der Luft einen Bogen in ihre Richtung, dann schwenkte der Pilot das Heck und flog knatternd über ihre Köpfe hinweg, während zwei Männer in der offenen Luke die Dächer mit Ferngläsern absuchten.

Beatrice Dahl lag rücklings auf einem der Liegestühle, ihr hochgewachsener, eingeölter Körper schimmerte im Schatten wie eine schlafende Python. Die Finger der einen Hand mit ihren pinkfarbenen Nägeln ruhten sacht auf einem mit Eis gefüllten Glas auf dem Tisch neben ihr, während die andere Hand geruhsam in einer Zeitschrift blätterte. Eine breite, blauschwarze Sonnenbrille verbarg ihr glattes, ebenmäßiges Gesicht, doch Kerans entging nicht der leicht missmutige Zug um ihre kräftige Unterlippe. Vermutlich hatte Riggs sie verärgert und gezwungen, die Logik seiner Argumente zu akzeptieren.

Der Colonel blieb am Geländer stehen und betrachtete voller Bewunderung den schönen, geschmeidigen Körper. Als Beatrice ihn bemerkte, nahm sie ihre Sonnenbrille ab und straffte die losen Bikiniträger unter den Armen. Ihre Augen flackerten ein wenig.

»Also gut, ihr beiden, kommt zur Sache. Hier gibt's nichts zu gaffen.«

Riggs kicherte und trottete die weiße Metalltreppe hinab, gefolgt von Kerans, der sich fragte, wie um alles in der Welt er Beatrice davon überzeugen sollte, ihr privates Heiligtum zu verlassen.

»Meine liebe Miss Dahl, Sie sollten sich geschmeichelt fühlen, dass ich Sie immer wieder besuche«, entgegnete ihr Riggs, lüpfte die Markise und nahm auf einem der Stühle Platz. »Außerdem habe ich als Militärgouverneur dieses Gebiets« – hier zwinkerte er Kerans scherzhaft zu – »gewisse Verpflichtungen Ihnen gegenüber. Und umgekehrt.«

Beatrice warf ihm einen bösen Blick zu, streckte die Hand aus und drehte das Radio hinter ihr lauter. »Oh Gott…,« brummte sie, einen weiteren, weniger höflichen Fluch auf den Lippen, und sah zu Kerans auf. »Und was ist mit dir, Robert? Was führt dich so früh am Tag hierher?«

Kerans zuckte mit den Schultern und lächelte sie freundlich an. »Du fehlst mir.«

»Braver Junge. Ich dachte schon, der *Gauleiter* hier hätte dich mit seinen Schauergeschichten erschreckt.«

»Nun, das hat er in der Tat.« Kerans nahm die Zeitschrift, die an Beatrices Knie lehnte, und durchblätterte sie müßig. Es war eine vierzig Jahre alte Ausgabe der Pariser *Vogue*, die, den eiskalten Seiten nach zu urteilen, offenbar irgendwo kühl gelagert worden war. Er ließ sie auf den grün gekachelten Boden fallen. »Bea, es sieht so aus, als müssten wir alle in wenigen Tagen von hier fort. Der Colonel und seine Männer ziehen endgültig ab. Wir können nicht einfach so weitermachen, wenn er weg ist.«

»Wir?«, wiederholte sie trocken. »Ich ahnte ja nicht, dass du vorhattest zu bleiben.«

Kerans blickte unwillkürlich zu Riggs, der ihn nicht aus den Augen ließ. »Will ich auch nicht«, sagte er entschlossen. »Du weißt, was ich meine. In den nächsten achtundvierzig Stunden gibt es eine

Menge zu tun. Mach' also die Dinge mit deiner Renitenz nicht noch komplizierter, als sie ohnehin sind.«

Bevor das Mädchen etwas erwidern konnte, ergänzte Riggs mit sanfter Stimme: »Die Temperatur steigt weiter an, Miss Dahl, und Temperaturen von fünfundfünfzig Grad könnten Sie kaum verkraften, wenn erst einmal der Treibstoff für den Generator ausgeht. Die großen äquatorialen Regenzonen wandern nach Norden und werden in einigen Monaten hier sein. Wenn die weiterziehen und die Wolkendecke schwindet, wird das Wasser in diesem Pool...« – er deutete auf das Becken mit der dampfenden, insektenverseuchten Flüssigkeit – »verdammt noch mal fast kochen. Und die Typ-X-Anopheles-Mücken, die Hautkrebserkrankungen und die Leguane, die da unten die ganze Nacht kreischen, werden Ihnen den Schlaf rauben.«

Er schloss die Augen und setzte nachdenklich hinzu: »Vorausgesetzt, Sie wollen überhaupt noch schlafen.«

Bei dieser letzten Bemerkung zuckte der Mund des Mädchens ein wenig. Kerans verstand nun, dass der Anflug von Zweideutigkeit in Riggs' Stimme, als der ihn unlängst nach seinem Schlaf fragte, nicht auf seine Beziehung zu Beatrice anspielte.

Der Colonel fuhr fort: »Außerdem wird der Umgang mit manchen der aus den Lagunen des Mittelmeers nach Norden vertriebenen menschlichen Aasgeier nicht ganz einfach sein.«

Beatrice warf ihr langes schwarzes Haar mit einer Kopfbewegung über die Schulter zurück.

»Ich werde die Tür abschließen, Colonel.«

Irritiert fauchte Kerans: »Verdammt noch mal, Beatrice, was willst du beweisen? Deine selbstzerstörerischen Impulse sind jetzt vielleicht noch amüsant, aber wenn wir weg sind, ist damit Schluss. Der Colonel versucht nur, dir zu helfen – es ist ihm völlig egal, ob du hier bleibst oder nicht.«

Riggs lachte kurz auf. »Nun, das würde ich so nicht sagen. Aber wenn Sie der Gedanke so sehr beunruhigt, dass es mir ein persönliches Anliegen ist, dann betrachten Sie es doch einfach als meine Pflicht.«

»Das ist interessant, Colonel. Ich habe immer geglaubt, dass es unsere Pflicht sei, so lange wie möglich hier auszuharren und jedes Opfer zu bringen, das dafür notwendig ist. Zumindest…« – und hier blitzte der gewohnt scharfe Humor in ihren Augen auf – »war dies die Begründung, die mein Großvater erhielt, als die Regierung den größten Teil seines Eigentums beschlagnahmte.« Sie sah, dass Riggs über die Schulter zur Bar hinüberspähte. »Was ist los, Colonel? Suchen Sie Ihren *punka-wallah*? Ich werde Ihnen keinen Drink machen, falls Sie das meinen. Ich glaube, ihr kommt immer nur zum Bechern hier hoch.«

Riggs stand auf. »Nun gut, Miss Dahl. Ich geb's auf. Bis später, Doktor.« Er verbeugte sich vor Beatrice mit einem Lächeln. »Irgendwann morgen schicke ich den Kutter vorbei, um Ihre Sachen abzuholen, Miss Dahl.«

Als Riggs gegangen war, lehnte sich Kerans in seinem Stuhl zurück und beobachtete den Hubschrauber, der über der benachbarten Lagune kreiste. Immer wieder kreuzte er am Ufer entlang, wobei der Abwind seiner Rotorblätter die flatternden Wedel der Baumfarne peitschte und die Leguane über die Dächer trieb. Beatrice holte sich einen Drink von der Bar und setzte sich auf den Stuhl zu seinen Füßen.

»Ich wünschte, du würdest mich in Gegenwart dieses Mannes nicht analysieren, Robert.« Sie reichte ihm den Drink, lehnte sich dann gegen seine Knie und stützte ihr Kinn auf ein Handgelenk. Anders als sonst wirkte sie heute nicht gesund und dynamisch, sondern müde und melancholisch.

»Tut mir leid«, sagte Kerans entschuldigend. »Vielleicht habe ich mich ja nur selbst analysiert. Riggs' Ultimatum kam etwas überraschend; ich hatte nicht damit gerechnet, so bald aufbrechen zu müssen.«

»Du wirst also gehen?«

Kerans hielt inne. Das automatisch gesteuerte Radioprogramm wechselte von Beethovens *Pastorale* zur *Siebten Sinfonie*, Toscanini wich Bruno Walter. Ohne Unterbrechung spielte es den ganzen Tag lang den kompletten Zyklus der neun Sinfonien. Er suchte noch nach einer Antwort, als sein unentschlossenes Zögern vom Stimmungswechsel zum abgründigen Eröffnungsmotiv der Siebten überlagert wurde.

»Ich möchte eigentlich gehen, habe aber dafür bisher keinen überzeugenden Grund gefunden. Die eigenen emotionalen Bedürfnissen zu befriedigen, das reicht alleine nicht aus. Es muss ein triftigeres Motiv geben. Vielleicht erinnern mich diese versunkenen Lagunen einfach nur an die versunkene Welt meiner uterinen Kindheit – wenn das so ist, verschwinde ich am besten sofort. Alles, was Riggs sagt, ist wahr. Es gibt wenig Hoffnung, den Regenstürmen und der Malaria zu trotzen.«

Er legte seine Hand auf ihre Stirn und fühlte ihre Temperatur wie bei einem Kind. »Was meinte Riggs, als er sagte, du würdest nicht gut schlafen? Das war das zweite Mal heute Morgen, dass er davon sprach.«

Beatrice wendete sich für einen Moment ab. »Ach, nichts. Ich hatte nur in letzter Zeit ein oder zwei komische Albträume. Die haben viele Leute. Vergiss es. Sag mal, Robert, im Ernst – wenn ich hier bleibe, bleibst du dann auch? Du könntest hier wohnen.«

Kerans grinste. »Hast du vor, mich in Versuchung zu führen, Bea? Was für eine Frage. Vergiss nicht, du bist hier nicht nur die schönste, sondern auch die einzige Frau. Nichts ist so wichtig wie eine Vergleichsgrundlage. Adam hatte kein ästhetisches Gespür, sonst wäre ihm aufgefallen, dass Eva keineswegs ein Prachtstück war.«

»Du bist heute ausgesprochen offenherzig.« Beatrice stand auf und ging hinüber zum Beckenrand. Sie strich sich mit beiden Händen das Haar aus der Stirn, ihr schmaler, geschmeidiger Körper schimmerte im Sonnenlicht. »Aber ist es wirklich so dringend, wie Riggs behauptet? Wir haben die Yacht.«

»Die ist ein Wrack. Der erste richtige Sturm wird sie aufschlitzen wie eine rostige Dose.«

Gegen Mittag war es auf der Terrasse unerträglich heiß geworden, und so standen sie auf und gingen ins Haus. Doppeljalousien hielten das Sonnenlicht ab und ließen nur einen spärlichen Lichtstrahl hinein in den niedrigen, geräumigen Salon, dessen klimatisierte Luft kühl und angenehm war. Beatrice legte sich auf das lange, mit Elefantenhaut überzogene blassblaue Sofa und strich mit einer Hand über den flauschigen Flor des Teppichs. Das Apartment gehörte früher zu den *pieds à terre* ihres Großvaters und war seit dem Tod ihrer Eltern, die kurz nach ihrer Geburt verstarben, Beatrices Zuhause. Sie war bei ihrem Großvater aufgewachsen, einem einsamen, exzentrischen Tycoon. Woher sein Reichtum stammte, hatte Kerans nie herausgefunden: Als er Beatrice einmal danach fragte, kurz nachdem er und Riggs ihren Penthouse-Adlerhorst entdeckt hatten, antwortete sie lapidar: »Sagen wir mal, er hatte Geld«. In seinen frühen Lebensjahren war er zudem ein großer Kunstmäzen. Er fand besonderen Gefallen an experimentellen und bizarren Dingen, und Kerans fragte sich oft, inwieweit seine Persönlichkeit und eigenwilligen Sichtweisen sich auf seine Enkelin übertragen hatten und nun in ihr weiterlebten. Über dem Kamin hing ein großformatiges Gemälde des Surrealisten Paul Delvaux aus dem frühen 20. Jahrhundert, auf dem aschfahle, bis zur Taille nackte Frauen mit dandyhaften Skeletten im Smoking vor einer gespenstischen Knochenlandschaft tanzten. An einer anderen Wand hing wie ein stummer Schrei aus dem Urgrund eines irre gewordenen Unbewussten eines der phantasmagorischen Dschungelbilder von Max Ernst.

Kerans starrte minutenlang schweigend auf den schummrig-gelben Ring der Ernst'schen Sonne, die durch die exotische Pflanzenwelt hindurch bedrohlich glühte und ein eigenartiges Gefühl des Wiedererkennes und der Erinnerung in ihm weckte. Weit mächtiger als Beethovens Musik brannte sich ihm das Bild der archaischen Sonne ein, die flüchtigen Schatten illuminierend, die ruhelos durch die tiefsten Tiefen seines Geistes schwebten.

»Beatrice.«

Sie sah irritiert zu ihm auf, als er zu ihr hinüberging. »Was ist los, Robert?«

Kerans zögerte, wurde ihm doch schlagartig klar, dass ein bedeutsamer Moment verstrichen war, nahezu unmerklich und wie kurz auch immer, der ihn in eine Zone der Eigenverantwortung führte, aus der es kein Zurück mehr gab.

»Dir ist doch klar, dass wir, wenn wir Riggs ziehen lassen, nicht einfach irgendwann später fortgehen können. Wir *bleiben*.«

DRITTES KAPITEL

Eine neue Psychologie

Kerans vertäute den Katamaran an der Landungsbrücke, holte den Außenborder ein und ging dann über die Gangway hinauf zum Stützpunkt. Als er den Drahtverhau öffnete, warf er über die Schulter einen Blick zurück auf die Lagune und erhaschte durch die Hitzewellen hindurch einen kurzen Blick auf Beatrice, die an der Terrassenbrüstung lehnte. Als er winkte, wandte sie sich, wie zu vermuten war, von ihm ab, ohne zu reagieren.

»Wohl einer ihrer launischen Tage, Doktor?«, fragte Sergeant Macready und trat aus der Wachkabine heraus, das schnabelartiges Gesicht humorvoll entspannt. »Sie ist schon eine merkwürdige Person.«

Kerans zuckte die Schultern. »Wissen Sie, Sergeant, diese Junggesellinnen sind starke Frauen. Sie erschrecken einen zu Tode, wenn man nicht aufpasst. Ich habe versucht, sie zu überreden, ihre Sachen zu packen und mit uns zu kommen. Mit ein bisschen Glück wird sie das wohl tun.«

Macready spähte mit scharfem Blick hinüber zum fernen Dach des Apartmenthauses. »Das freut mich zu hören, Doktor«, erwiderte er leichthin, doch Kerans war nicht klar, ob seine Skepsis Beatrice oder ihm galt.

Unabhängig davon, ob sie nun tatsächlich bleiben würden oder nicht, hatte Kerans beschlossen, den Schein zu wahren und so zu tun, als bereite er ihre Abreise vor – brauchte er doch in den nächsten drei Tagen jede freie Minute, um ihre Vorräte aufzustocken und alles, was sie an zusätzlicher Ausrüstung benötigten, aus den Vorratslagern des Stützpunkts zu stehlen. Kerans war immer noch unentschlossen – kaum war Beatrice weg, wurde er wieder wankelmütig (er fragte sich beschämt, ob sie ihn wohl absichtlich verwirren wollte, eine Pandora mit mörderischem Mundwerk und einer Hexenbüchse des Begehrens und der Frustrationen, deren Deckel sich beliebig öffnete und schloss) –, doch statt im Zustand quälender Ungewissheit zu verharren, den Riggs und Bodkin bald durchschauen würden, beschloss er, die endgültige Entscheidung bis zum letzten Moment hinauszuzögern. So sehr er den Stützpunkt auch hasste, wusste er doch, dass der Anblick des abfahrenden Landungsschiffs Angstgefühle und Panikattacken auslösen und bald alle anderen, abstrakteren Gründe seines Zurückbleibens überlagern würde. Im Jahr zuvor sah er sich bei einer außerplanmäßigen geomagnetischen Messung unversehens auf einer kleinen Sandinsel ausgesetzt, weil er mit seinem Kopfhörer in einem alten Luftschutzbunker über seinen Instrumenten gesessen und das Abfahrtssignal überhört hatte. Als er zehn Minuten später herauskam und das Landungsschiff in sechshundert Meter Entfernung auf dem Wasser entdeckte, fühlte er sich wie ein für immer von seiner Mutter verlassenes Kind und konnte gerade noch rechtzeitig seine Panik bändigen und eine Leuchtpatrone aus seiner Signalpistole abfeuern.

»Dr. Bodkin bat mich, Sie zu rufen, sobald Sie da sind, Sir. Lieutenant Hardman geht es heute Morgen gar nicht gut.«

Kerans nickte und blickte auf dem leeren Deck um sich. Er hatte mit Beatrice zu Mittag gegessen, da er wusste, dass der Stützpunkt nachmittags menschenleer sein würde. Die Hälfte der Besatzung war entweder mit Riggs oder dem Hubschrauber unterwegs, alle anderen lagen schlafend in ihren Kojen, und er hatte gehofft, einen privaten Rundgang durch die Lager und die Waffenkammer unternehmen zu können. Nun hatte er bedauerlicherweise Macready an den Fersen, den stets wachsamen Wachhund des Colonels, der ihn über die Kajüttreppe zum Krankenrevier auf das B-Deck begleitete.

Kerans widmete sich eingehend zwei Anopheles-Mücken, die hinter ihm durch den Drahtverhau geschlüpft waren. »Sie kommen immer noch durch«, sagte er zu Macready und deutete auf die Insekten. »Was ist aus dem Doppelgitter geworden, das Sie anbringen sollten?«

Macready schlug mit seine Kappe nach den Mücken und sah sich unsicher um. Ein zweiter Maschendrahtschutz um den Stützpunkt gehörte lange Zeit zu den Lieblingsprojekten von Colonel Riggs. Gelegentlich wies er Macready an, einen Trupp zur Erledigung der Arbeit zusammenzustellen, doch da das bedeutete, im prallen Sonnenlicht auf einem Holzgerüst inmitten einer Wolke von Moskitos zu sitzen, waren bisher nur einige kleinere Abschnitte rings um Riggs' Kabine fertiggestellt worden. Nun, da sie nach Norden aufbrechen würden, war das Vorhaben nicht mehr so dringlich, doch Macreadys presbyterianisches Gewissen ließ ihn, einmal geweckt, nicht ruhen.

»Ich werde die Männer noch heute Abend damit beauftragen, Doktor«, versicherte er Kerans und zog einen Kugelschreiber und ein Notizbuch aus seiner Gesäßtasche.

»Es eilt nicht, Sergeant, nur wenn Sie nichts Besseres zu tun haben. Ich weiß, der Colonel legt großen Wert darauf.« Kerans ließ ihn mit einem Augenzwinkern an der Metallvergitterung stehen und stieg zum Deck hinab. Kaum außer Sichtweite, trat er durch die erste Tür.

Auf dem C-Deck, dem untersten der drei Decks des Stützpunkts, befanden sich die Mannschaftsquartiere und die Kombüse. Zwei oder drei Männer lagen in Tropenausrüstung in ihren Kojen, doch der Aufenthaltsraum war leer, nur ein Radio dudelte in der Ecke neben der Tischtennisplatte vor sich hin. Kerans blieb stehen, lauschte den schrägen Rhythmen der Gitarrenmusik, die vom fernen Dröhnen des über der Nachbarlagune kreisenden Hubschraubers überlagert wurden, und ging dann die Haupttreppe hinab zur Waffenkammer und den im Ponton untergebrachten Werkstätten.

Drei Viertel des Rumpfs waren von den 2000 PS starken Dieselmotoren, welche die beiden Schiffsschrauben antrieben, sowie von Öl- und Kerosintanks belegt, doch die Werkstätten hatte man für die Dauer der letzten Luftraumüberwachungsflüge vorübergehend in zwei leerstehenden Büros auf dem A-Deck neben den Offiziersquartieren untergebracht, damit die Mechaniker den Hubschrauber schnellstmöglich warten konnten.

Die Waffenkammer war verschlossen, als Kerans eintrat, nur in der verglasten Kabine des diensthabenden Corporals brannte ein Licht. Kerans ließ seinen Blick über die schweren, mit Karabinern und Maschinenpistolen bestückten Holzgestelle und Schränke schweifen. Stahlstangen dienten als Triggerschutz und sicherten die Waffen in ihren Koffern. Gedankenverloren berührte er die schweren Schäfte und fragte sich, ob er irgendeine der Waffen würde bedienen können, selbst wenn er sie stehlen sollte. In einer Schublade auf der Forschungsstation gab es einen .45er Colt mit fünfzig Schuss Munition, die man ihm vor drei Jahren ausgehändigt hatte. Einmal im Jahr machte er offiziell Meldung über den Munitionsverbrauch – in seinem Fall: keinen – und tauschte die unbenutzten Patronen gegen ein neues Magazin aus, doch er hatte nie einen Schuss abzufeuern versucht.

Auf dem Weg zum Ausgang fielen ihm dunkelgrüne Munitionskisten ins Auge, die alle doppelt gesichert an der Wand unterhalb der Schränke gestapelt waren. Als er die Kabine passierte, fiel Licht durch die Tür auf die staubigen Etiketten einiger Metallkisten, die unter einer Werkbank lagerten.

›Hy-Dyne‹. Wie angewurzelt blieb Kerans stehen, schob seine Finger durch den Drahtkäfig, wischte den Staub von einem Etikett und zeichnete die Aufschrift mit den Fingern nach: ›Cyclotrimethylentrinitramin: Gasentladungsgeschwindigkeit – 8.000 Meter/ Sekunde.‹

Während er Mutmaßungen über die möglichen Verwendungszwecke des Sprengstoffs anstellte – es wäre eine geniale *tour de force*, nach Riggs' Fortgang eines der Bürogebäude in der Durchfahrtsrinne der Lagune zu sprengen, um den Rückweg zuverlässig zu versperren –, stützte er seine Ellbogen auf die Werkbank und spielte gedankenverloren mit einem 4-Inch-Messingkompass, der repariert werden sollte. Der kalibrierte Ring hatte sich gelockert und um 180 Grad gedreht, wie das Kreidekreuz an der Spitze zeigte.

Kerans war in Gedanken noch ganz mit dem Sprengstoff und der Frage beschäftigt, wie er sich Zünder und Zündschnur beschaffen könnte, und rieb die stumpfen Kreidestriche weg, hob dann den Kompass hoch und wog ihn in der Hand. Als er den Raum verließ und die Treppe hinaufging, entriegelte er den Kompass und ließ die Zeiger tanzen und schweben. Ein Matrose ging auf dem C-Deck vorbei, und Kerans steckte den Kompass schnell in seine Jacken tasche.

Als er, einer plötzlichen Eingebung folgend, sich vorstellte, wie er mit voller Kraft den Griff eines Sprengkastens zieht und Riggs, den Stützpunkt und die Forschungsstation in die nächste Lagune katapultiert, blieb er stehen und suchte Halt an der Reling. Er lächelte reuig ob der Absurdität seiner Phantasie und fragte sich, warum er sich ihr wohl hingegeben hatte.

Dann spürte er, wie das Gewicht des schweren Kompasszylinders an seiner Jacke zerrte. Einen Moment lang blickte er nachdenklich darauf hinab.

»Pass auf, Kerans«, murmelte er vor sich hin. »Du lebst in zwei Welten.«

Als er fünf Minuten später die Krankenstation auf dem B-Deck betrat, erwarteten ihn dringendere Probleme.

Drei Männer wurden dort wegen Hitzegeschwüren behandelt, doch die Hauptstation mit zwölf Betten war leer. Kerans nickte dem Corporal zu, der Penicillinpflaster verteilte, und ging hinüber zu der kleinen Einzelstation auf der Steuerbordseite des Decks.

Die Tür war geschlossen, doch als er die Klinke runterdrückte, vernahm er das ruhelose Knarren der Pritsche, dazwischen das mürrische Gestammel des Patienten und Dr. Bodkins gelassene, aber entschiedene Replik. Sein halblauter Monolog, hin und wieder von einigen achselzuckenden Protesten unterbrochen, endete in müdem Schweigen.

Lieutenant Hardman, der Kapitän des Hubschraubers (jetzt flog ihn sein Kopilot Sergeant Daley), war neben Riggs der einzige Befehlsberechtigte der Aufklärungseinheit und bis vor drei Monaten Riggs' Stellvertreter und erster Offizier, ein kräftiger, intelligenter, aber etwas phlegmatischer Mann um die 30, der sich von den anderen Mitgliedern der Einheit stets weitgehend ferngehalten hatte. Er war eine Art Hobby-Naturforscher und machte anhand eines selbst entwickelten taxonomischen Systems eigene Aufzeichnungen über die Wandlungsprozesse in Flora und Fauna. In einem seiner seltenen unbedachten Momente hatte er Kerans die Notizbücher gezeigt und sie ihm gleich darauf wieder entrissen, als der ihn taktvoll auf eine unstimmige Klassifizierung aufmerksam machte.

In den ersten beiden Jahren war Hardman der perfekte Puffer zwischen Riggs und Kerans gewesen. Der Rest der Besatzung unterstand dem Lieutenant, was aus Kerans' Sicht den Vorteil hatte, dass die Truppe nie jenen innigen Zusammenhalt entwickelte, den ein eher extrovertierter zweiter Kommandant möglicherweise vermittelt hätte, wodurch das Leben an Bord bald unerträglich geworden wäre. Die vielfach unverbindlichen, bruchstückhaften Beziehungen an Bord, wo ein Ersatzmann binnen fünf Minuten als vollwertiges Besatzungsmitglied akzeptiert werden konnte und es mithin niemanden interessierte, ob er schon zwei Tage oder zwei Jahre dort war, entsprachen weitgehend Hardmans Temperament. Organisierte er ein Basketballspiel an Bord oder eine Regatta auf der Lagune, sorgte das nicht für ausgelassene Freude, sondern allenfalls für lakonisches Desinteresse, ungeachtet dessen, ob sich jemand beteiligte oder nicht.

In jüngster Zeit jedoch traten dunklere Elemente in Hardmans Persönlichkeit zutage. Vor zwei Monaten hatte er über zeitweilige Schlaflosigkeit geklagt – und wie oft hatte Kerans ihn von Beatrice Dahls Apartment aus noch weit nach Mitternacht beobachtet, wie er im Mondlicht neben dem Hubschrauber auf dem Dach des Stützpunkts stand und über die stille Lagune blickte – und dann einen Malariaanfall zum Vorwand genommen, um sich vom Flugdienst zu verabschieden. Über eine Woche hatte er in seiner Kabine verbracht und sich immer weiter in seine private Welt zurückgezogen, hatte sich in seine alten Notizbücher versenkt und mit den Fingern wie ein Blinder, der Brailleschrift liest, die Glasvitrinen abgetastet, in denen sich einige aufgespießte Schmetterlinge und riesengroße Nachtfalter befanden.

Der Grund seiner Malaise war nicht schwer zu diagnostizieren. Kerans erkannte die gleichen Symptome, die er an sich selbst beobachtet hatte, nämlich den beschleunigten Eintritt in die eigene »Transitzone«, und so ließ er den Lieutenant in Ruhe, bat Bodkin jedoch, regelmäßig nach ihm zu sehen.

Erstaunlicherweise aber hatte Bodkin die Erkrankung Hardmans viel ernster genommen.

Kerans schob die Tür zurück, betrat leise den abgedunkelten Raum und blieb in der Ecke neben dem Lüftungsschacht stehen, als Bodkin warnend die Hand hob. Die Jalousien an den Fenstern waren herabgelassen und zu Kerans' Überraschung war die Klimaanlage ausgeschaltet. Die mittels Ventilator einströmende Luft lag nur wenig unter der Außentemperatur der Lagune, und normalerweise kühlte die Klimaanlage den Raum auf gleichmäßige zwanzig Grad. Bodkin hatte die Anlage nicht nur ausgeschaltet, sondern zusätzlich einen kleinen elektrischen Heizstrahler eingeschaltet, dessen Stecker in der Rasiersteckdose über dem Spiegel des Handwaschbeckens klemmte. Kerans erinnerte sich, dass er ihn im Labor der

Forschungsstation mit Hilfe eines verbeulten, mit einem Glühfaden umwickelten Parabolspiegels zusammengebaut hatte. Die Heizsonne, nur wenige Watt stark, schien gleichwohl eine ungeheure Wärme auszustrahlen, die wie ein glühender Ofen den kleinen Raum erhitzte, und innerhalb weniger Sekunden spürte Kerans, wie sich Schweiß in seinem Nacken sammelte. Bodkin saß mit dem Rücken zum Heizgerät auf einem Metallstuhl neben dem Nachttisch und trug noch immer seine weiße Baumwolljacke, auf der sich zwei große Schweißflecken abzeichneten, die einander zwischen den Schulterblättern berührten, und in dem schwachen Widerschein des Rotlichts sah Kerans, dass die Feuchtigkeit wie Tropfen weißglühenden Bleis von seinem Kopf abperlte.

Hardman kauerte zusammengesunken auf der Pritsche und stützte sich mit einem Ellbogen ab, während die breite Brust und die Schultern ganz die Kopfseite ausfüllten und seine großen Hände die Kopfhörerkabel auf den Ohren umklammerten. Sein schmales Gesicht mit dem ausgeprägten Kiefer war Kerans zugewandt, doch seine Augen richteten sich auf den Elektrostrahler. Im Widerschein des Parabolspiegels warf die Heizsonne eine kreisförmige Scheibe intensiven Rotlichts mit einem Durchmesser von einem Meter an die Kabinenwand, die Hardmans Kopf wie mit einem riesigen, glühenden Heiligenschein umkränzte.

Von einem tragbaren Plattenspieler am Boden zu Bodkins Füßen, auf dessen Teller eine einzelne acht Zentimeter große Mini-Vinylscheibe rotierte, drang ein schwaches, kratzendes Geräusch. Kerans vernahm die mechanisch durch den Tonabnehmer erzeugten, kaum wahrnehmbaren Klänge tiefer, langsamer Trommelschläge, die sich aber verloren, als die Platte endete und Bodkin das Gerät ausschaltete. Schnell machte er sich auf einer Schreibvorlage ein paar Notizen, dann zog er den Stecker der Heizsonne heraus und schaltete die Nachttischlampe ein.

Hardman schüttelte bedächtig den Kopf, zog die Kopfhörer ab und reichte sie Bodkin.

»Das ist Zeitverschwendung, Doktor. Diese Platten sind reine Narretei; da können Sie alles hineininterpretieren, was immer Sie wollen.« Missmutig ließ er seine schweren Glieder auf die schmale Pritsche sinken. Trotz der Hitze hatte er nur wenig Schweiß auf Gesicht und nackter Brust, und er beobachtete das Erlöschen der Glühfäden mit einer Miene, als bedauere er, sie verglühen zu sehen.

Bodkin stand auf, stellte den Plattenspieler auf seinen Stuhl und wickelte die Kopfhörer um das Gehäuse.

»Darum geht es vielleicht gerade, Lieutenant – um eine Art von akustischem Rorschachtest. Die letzte Platte, glaube ich, war die aussagekräftigste, meinen Sie nicht auch?«

Hardman zuckte mit den Schultern, ganz offenkundig unwillig, mit Bodkin zu kooperieren und auch nur das geringste Zugeständnis zu machen. Dennoch hatte Kerans das Gefühl, dass er sich gerne auf das Experiment eingelassen und es für seine eigenen Zwecke benutzt hatte.

»Vielleicht«, sagte Hardman widerstrebend. »Aber ich fürchte, es hat kein konkretes Bild ergeben.«

Bodkin lächelte, er kannte Hardmans Widerstand, wollte jetzt aber einlenken. »Sie brauchen sich nicht zu entschuldigen, Lieutenant; glauben Sie mir, das war unsere bisher wertvollste Sitzung.« Er winkte Kerans zu sich. »Komm herein, Robert, tut mir leid, dass es so warm ist – Lieutenant Hardman und ich haben zusammen ein kleines Experiment durchgeführt. Ich erzähle dir davon, wenn wir wieder auf der Station sind. Jetzt« – er deutete auf eine Vorrichtung auf dem Nachttisch, die aussah wie zwei miteinander am Rücken verklammerte Wecker, deren plumpe, hervorstehende Metallzeiger sich wie bei einer Greifspinne ineinander verzahnten – »lassen Sie das Ding solange es geht laufen, das sollte nicht allzu schwierig sein, Sie müssen nichts weiter tun, als beide Wecker nach Ablauf von zwölf Stunden neu zu stellen. Sie werden von ihnen alle zehn Minuten geweckt, sodass Sie hinreichend Zeit haben, sich zu erholen, bevor Sie aus dem Bereich des Vorbewussten in Tiefschlaf versinken. Mit etwas Glück sind die Träume dann verschwunden.«

Hardman lächelte skeptisch und blickte kurz zu Kerans hoch. »Ich glaube, Sie sind allzu optimistisch, Doktor. In Wirklichkeit meinen Sie damit doch, dass ich sie nicht mehr *wahrnehmen* werde.« Er griff nach einem zerlesenen grünen Heft, seinem botanischen Tagebuch, und begann mechanisch darin zu blättern. »Manchmal kommt es mir vor, als hätte ich die Träume fortwährend, zu jeder Minute des Tages. Vielleicht geht es uns allen so.«

Sein Tonfall klang entspannt und gelassen, trotz der *fatigue*, die seine Haut um Augen und Mund ausgetrocknet hatte und den ausgeprägten Kiefer zusätzlich betonte. Kerans begriff, dass die *malaise*, welche Ursache sie auch immer gehabt haben mochte, den Wesenskern seines maskulinen Egos kaum berührt hatte. Das Element unerbittlicher Selbstgenügsamkeit war bei Hardman so stark wie eh und je.

Bodkin betupfte sein Gesicht mit einem gelben Seidentaschentuch und musterte Hardman nachdenklich. Mit seiner fleckigen Baumwolljacke, der nachlässigen Kleidung und der aufgeschwemmten, Chinin-gefärbten Haut wirkte er wie ein schäbiger Quacksalber, hinter dem sich jedoch ein scharfer und ruheloser Verstand verbarg. »Vielleicht haben Sie recht, Lieutenant. Tatsächlich behaupten manche Leute sogar, dass das Bewusstsein nichts anderes als eine Unterkategorie des zytoplasmatischen Komas sei und das zentrale Nervensystems im Traumzustand nicht weniger leistungsfähig als im sogenannten Wachzustand. Doch wir müssen empirisch vorgehen und jedes Mittel ausprobieren, das uns zur Verfügung steht. Nicht wahr, Kerans?«

Kerans nickte. Die Temperatur in der Kabine war inzwischen gesunken, und er spürte, dass er nun wieder freier atmen konnte. »Ein

Klimawechsel wird vermutlich auch helfen.« Von draußen war ein dumpfes Geräusch zu vernehmen, als eine der Metallschuten, die der Ladebaum hochhievte, gegen den Rumpf donnerte. Er fügte hinzu: »Das Klima in diesen Lagunen macht jeden ziemlich nervös. In drei Tagen, nach unserer Abreise, wird es uns allen vermutlich deutlich besser gehen.«

Er ging davon aus, dass Hardman über die bevorstehende Abreise informiert worden war, doch der Lieutenant sah ihn scharf an und ließ sein Notizbuch sinken. Bodkin räusperte sich und sprach unvermittelt von der Gefahr durch Zugluft bei Ventilatoren. Sekundenlang starrten Kerans und Hardman einander an, dann nickte der Lieutenant selbstvergessen und nahm seine Lektüre wieder auf, nicht ohne die Zeit auf den Nachttischweckern sorgfältig zu notieren.

Kerans ärgerte sich über sich selbst, ging zum Fenster hinüber und wandte den anderen den Rücken zu. Ihm war klar, dass er Hardman absichtlich hatte informieren wollen, insgeheim hoffend, genau diese Reaktion hervorzurufen, und wohl wissend, warum Bodkin die Nachricht zurückgehalten hatte. Zweifelsfrei hatte er Hardman damit warnen und ihm zu verstehen geben wollen, dass er alle Aufgaben, die er noch zu erledigen hatte, alles, was aus seiner Sicht noch zu tun war, innerhalb der nächsten drei Tage würde abschließen müssen.

Kerans blickte gereizt auf die Weckvorrichtung auf dem Nachttisch, mit sich selbst hadernd wegen seiner fehlenden Impulskontrolle. Erst der sinnlose Diebstahl des Kompasses und nun dieser unnötige Sabotageakt. Wie vielfältig seine Fehler auch sein mochten, so hatte er doch stets geglaubt, sie durch eine besondere Tugend kompensieren zu können – das objektive, uneingeschränkte Wissen um seinen Handlungsantrieb. Wenn er zu manchmal ungebührlichem Zögern neigte, so lag das nicht an seiner Unentschlossenheit, sondern an seiner Abneigung, überhaupt zu handeln, wenn umfassende Selbsterkenntnis nicht möglich war – seine Affäre mit Beatrice Dahl, von so vielen widerstreitenden Leidenschaften beherrscht, war ein täglicher Drahtseilakt von tausend Zwängen und Vorsichtsmaßnahmen.

Um Fassung ringend sagte er zu Hardman: »Vergessen Sie den Wecker nicht, Lieutenant. An Ihrer Stelle würde ich ihn so stellen, dass er ständig klingelt.«

Sie verließen die Krankenstation, gingen zum Steg hinab und stiegen in Kerans' Katamaran. Zu müde, um den Motor zu starten, zog Kerans ihn langsam an der Trosse entlang, die zwischen dem Stützpunkt und der Forschungsstation gespannt war. Bodkin saß im Bug, den Plattenspieler wie eine Aktentasche zwischen den Knien, und blinzelte in das grelle Sonnenlicht, dessen gebrochene Strahlen im trägen, grünen Wasser glitzerten. Sein rundes Gesicht, umrahmt von einem struppigen, grauen Haarschopf, wirkte besorgt und nachdenklich, während seine Augen den umliegenden Ring halb versunkener Gebäude abtasteten wie ein erschöpfter Schiffsausrüster, der zum tausendsten Mal im Hafen umhergerudert wird. Als sie sich der Forschungsstation näherten, flog der Hubschrauber dröhnend über sie hinweg und setzte zur Landung an, wodurch der Stützpunkt durch den Aufprall ins Schwanken geriet und die Trosse unter Wasser setzte, sodass sich, als sie sich kurz darauf wieder strafften, ein gewaltiger Wasserschwall über ihre Schultern ergoss. Bodkin fluchte leise, doch nach wenigen Sekunden war alles wieder trocken. Obwohl es schon weit nach vier Uhr war, stand die Sonne noch hoch am Himmel und verwandelte ihn in eine riesige Fackel, die sie zwang, den Blick starr auf die Wasserlinie zu heften. Hin und wieder sahen sie in den Glasfassaden der umliegenden Gebäude irrlichternde Spiegelungen, die wie gewaltige Flammenwände über die Oberfläche hinweghuschten als wären es die glühenden Facettenaugen gigantischer Insekten.

Die Forschungsstation, ein zweistöckiger Container mit einem Durchmesser von etwa fünzfzehn Metern, hatte ein Eigengewicht von zwanzig Tonnen. Auf dem unteren Deck war das Labor, auf dem oberen das Quartier der beiden Biologen sowie der Kartenraum und die Büros. Eine kleine Brücke überspannte das Dach, auf dem sich die Temperatur- und Feuchtigkeitsanzeiger, der Niederschlagsmesser und die Strahlungsmessgeräte befanden. Die Bitumenplatten des Pontons waren übersät mit verschrumpelten, sonnenverbrannten Klumpen von getrocknetem Seegras und rotem Seetang, über die sie klettern mussten, um die rings um das Labor führende Reling zu erreichen, so dass ein dichter, mit Unrat durchsetzter Pflanzenteppich aus Seetang und Schraubenalgen die Wucht ihres Aufpralls abfederte, als sie an dem schmalen, wie ein nasses Riesenfloß tropfenden und schwankenden Steg anlegten.

Sie betraten die kühle Dunkelheit des Labors, setzten sich an ihre Schreibtische unterhalb des Halbkreises verblassender Arbeitspläne, die hinter der Estrade bis zur Decke reichten, und betrachteten das Durcheinander von Labortischen und -abzügen als wäre es ein verstaubtes Wandgemälde. Die Tabellen und Terminpläne auf der linken Seite, die aus ihrem ersten Arbeitsjahr stammten, waren übersät mit detaillierten Einträgen und minutiös beschrifteten Fähnchen, doch die auf der rechten Seite lichteten sich zusehends, bis zuletzt nur noch einige wenige Bleistiftkritzeleien mit übergroßen Lettern übrig waren. Zahlreiche Pappfähnchen hatten sich von den Reißzwecken gelöst und hingen in der Luft wie lose Rumpfplatten bei einem aufgelassenen Schiff, das, übersät mit klugen und weniger klugen Graffiti, an seiner Endstation ankert.

Gedankenverloren zeichnete Kerans mit dem Finger den Umriss einer großen Kompassnadel auf die staubige Tischplatte und wartete darauf, dass Bodkin ihm seine seltsamen Experimente mit Hardman erklärte. Bodkin freilich machte es sich hinter dem Wirrwarr von Aktenordnern und Ablagen an seinem Schreibtisch bequem, öffnete die Plattenspielerhaube, nahm die Mini-Disc vom Teller und drehte sie nachdenklich zwischen beiden Händen.

Kerans sagte in die Stille hinein: »Es tut mir leid, dass ich mich verplappert und gesagt habe, dass wir in drei Tagen abreisen. Ich wusste ja nicht, dass du es Hardman verschwiegen hast.«

Bodkin zuckte mit den Schultern und tat so, als wäre es absolut unerheblich. »Es ist eine komplizierte Situation, Robert. Manche Dinge konnte ich enträtseln, doch zusätzliche Fallstricke wollte ich nicht legen.«

»Aber warum durfte er es nicht wissen?«, drängte Kerans, der sich indirekt von seinem leichten Schuldgefühl zu befreien hoffte. »Die Aussicht zu gehen hätte ihn doch bestimmt aus seiner Lethargie gelockt?«

Bodkin schob seine Brille auf die Nasenspitze und musterte Kerans spöttisch. »Die hat bei dir doch auch nichts bewirkt, Robert. Wenn ich mich nicht irre, bist du davon eher unbeeindruckt. Warum sollte Hardman dann anders reagieren?«

Kerans lächelte. »*Touché*, Alan. Ich will mich nicht einmischen, nachdem ich dir Hardman mehr oder weniger anvertraut habe, aber was genau ist euer Spiel – wozu das elektrische Heizgerät und die Wecker?«

Bodkin schob die Grammophonplatte in das Regal mit den Mini-Discs hinter ihm. Dann sah er zu Kerans hoch und musterte ihn für einen Moment mit dem nachsichtigen, doch durchdringenden Blick, mit dem er schon Hardman bedacht hatte, und Kerans begriff, dass ihre bisherige kollegiale, vertrauensvolle Beziehung einem Verhältnis von Beobachter und Untersuchungsobjekt gewichen war. Nach einer Weile richtete Bodkin den Blick auf die Diagramme, und Kerans musste unwillkürlich kichern. Im Stillen sagte er sich: Verdammt, der alte Knabe zählt mich bereits zu den Algen und Kopffüßlern; als Nächstes wird er mir noch seine Platten vorspielen.

Bodkin stand auf und deutete auf die dreireihigen Labortische voller Vivarien und Probengefäße, an deren Abzugshauben Notizen gepinnt waren.

»Sag mal, Robert, wenn du ein Fazit der letzten drei Arbeitsjahre ziehen müsstest, was würdest du sagen?«

Kerans zögerte, dann meinte er mit wegwerfender Geste: »Das dürfte nicht allzu schwer sein.« Er sah, dass Bodkin eine ernsthafte Antwort erwartete und ordnete seine Gedanken. »Nun, man könnte einfach sagen, dass die Flora und Fauna dieses Planeten als Reaktion auf den Anstieg der Temperatur, der Luftfeuchtigkeit und der Strahlung allmählich wieder die Formen annehmen, die sie zuletzt hatten, als vergleichbare Bedingungen herrschten – grob gesagt im Zeitalter der Trias.«

»Richtig.« Bodkin schlenderte zwischen den Labortischen hin und her. »In den letzten drei Jahren, Robert, haben wir etwa fünftausend Arten des Tierreichs untersucht und buchstäblich Zehntausende neuer Pflanzenarten entstehen sehen. Überall zeigte sich das gleiche Muster: die Organismen haben sich, um zu überleben, durch Mutation gänzlich transformiert und an die neue Umgebung angepasst. Überall gab es die gleiche Lawine zurück in die Vergangenheit, sodass die wenigen komplexen Organismen, die es verstanden, sich unverändert dem Wandel zu widersetzen, regelrecht anomal wirken – dazu gehören eine Handvoll Amphibien, die Vögel und der *Mensch*. Es ist schon merkwürdig, dass wir zwar die regressive Entwicklung so vieler Pflanzen und Tiere sorgfältig katalogisiert haben, doch das wichtigste Lebewesen auf diesem Planeten ignorierten.«

Kerans lachte. »*Chapeau*, Alan. Aber was willst du damit sagen – dass der *homo sapiens* im Begriff ist, sich in einen Cro-Magnon-Mensch und Java-Mensch und schließlich in einen *Sinanthropus* rückzuverwandeln? Eher unwahrscheinlich. Wäre das nicht umgekehrter Lamarckismus?«

»Zugegeben. Aber das behaupte ich ja gerade *nicht*.« Bodkin lehnte sich an einen der Tische und fütterte ein kleines Seidenäffchen, das in einem zum Käfig umgebauten Abzug eingesperrt war, mit einer Handvoll Erdnüsse. »Obwohl es natürlich dazu kommen könnte, dass nach zwei- oder dreihundert Millionen Jahren der *homo sapiens* ausstirbt und unser kleiner Cousin hier die höchste Lebensform auf dem Planeten darstellt. Aber ein biologischer Prozess ist nicht vollständig umkehrbar.« Er zog ein Seidentaschentuch aus der Tasche und schnippte damit nach dem Seidenäffchen, das ängstlich zurückwich. »Wenn *wir* in den Dschungel zurückkehren, ziehen wir uns zum Dinner um.«

Er ging hinüber zu einem der Fenster und blickte durch das Maschengitter hinaus ins Freie, vom vorspringenden Deck über ihnen bis auf einen schmalen Lichtstreifen abgeschirmt von der intensiven Sonnenstrahlung. In der enormen Hitze lag die Lagune reglos da, Dampfwolken hingen wie elefantöse Geister über dem Wasser.

»Aber ich denke eigentlich an etwas anderes. Wandelt sich denn nur die äußere Landschaft? Wie oft hatten die meisten von uns in letzter Zeit ein Gefühl des *déjà-vu* gehabt, das Gefühl, all dies bereits einmal gesehen zu haben, uns tatsächlich nur allzu gut an diese Sümpfe und Lagunen zu erinnern. Wie selektiv das Bewusstsein auch sein mag, die meisten biologischen Erinnerungen sind unliebsame Erinnerungen, ein Echo von Gefahr und Schrecken. Nichts hat so lange Bestand wie die Angst. Überall in der Natur sieht man Anzeichen von angeborenen Auslösemechanismen, die buchstäblich Jahrmillionen alt sind, die über Tausende von Generationen hinweg geschlummert haben, ohne an Kraft zu verlieren. Ein klassisches Beispiel ist das bei Feldratten ererbte Bild der Falken-Silhouette – selbst ein quer über den Käfig gezogener Scherenschnitt lässt sie hektisch in Deckung gehen. Und wie sonst lässt sich die universelle, doch völlig unbegründete Abscheu vor Spinnen erklären, von denen bekanntlich nur eine einzige Art jemals gestochen hat?

Oder die – angesichts ihres relativ seltenen Vorkommens – ebenso erstaunliche Abneigung gegenüber Schlangen und Reptilien? Ganz einfach, weil wir alle die verschüttete Erinnerung an die Zeit in uns tragen, als Riesenspinnen tödlich waren und Reptilien die vorherrschende Lebensform auf dem Planeten darstellten.«

Kerans spürte das Gewicht des Messingkompasses in seiner Jackentasche und sagte: »Du befürchtest also, dass erhöhte Temperatur- und Strahlenwerte vergleichbare angeborene Auslösemechanismen in unserem Hirn erzeugen?«

»Nicht in unserem Hirn, Robert. Es handelt sich um die ältesten Erinnerungen auf Erden, um Zeitcodes, die in jedem Chromosom und jedem Gen enthalten sind. Jeder Schritt, den wir in unserer Evolution gemacht haben, ist ein Meilenstein, in dem organische Erinnerungen eingeschrieben sind – von Enzymen, die den Kohlendioxidkreislauf steuern bis hin zur Organisation des *plexus brachialis* und der Nervenbahnen der Pyramidenzellen im Mittelhirn, jede davon ein Beleg für Abertausende von Entscheidungen, die angesichts einer plötzlichen, physikalisch-chemischen Krise getroffen wurden. So wie die Psychoanalyse die traumatisierende Ausgangssituation rekonstruiert, um das verdrängte Material freizusetzen, so werden wir jetzt in die archäopsychische Vergangenheit zurückversetzt, die alte, seit Epochen schlummernde Tabus und Triebe freilegt. Die kurze Spanne eines einzelnen Lebens täuscht. Jeder von uns ist so alt wie das gesamte biologische Reich, und unsere Blutströme sind Nebenflüsse des großen Meeres seines Gesamtgedächtnisses. Die uterine Odyssee des heranwachsenden Fötus rekapituliert die gesamte evolutionare Vergangenheit, und sein zentrales Nervensystem ist eine kodierte Zeitskala, wobei jeder neuronale Knotenpunkt und jeder Wirbelsäulenabschnitt eine symbolische Station, eine neuronale Zeiteinheit markiert.

Je weiter man sich im zentralen Nervensystem nach unten bewegt, vom Nachhirn über das Rückenmark in die Wirbelsäule, desto weiter fällt man in die neuronale Vergangenheit zurück. Zum Beispiel ist die Verbindung zwischen Brust- und Lendenwirbel, zwischen dem zwölften Brustwirbel T-12 und dem ersten Lendenwirbel L-1 also, die große Transitzone zwischen den kiemenatmenden Fischen und den luftatmenden Amphibien mit ihren Hohlorganen zur Aufnahme und Resorption der Luft, und genau an diesem Knotenpunkt befinden wir uns heute, an den Ufern dieser Lagune, zwischen Paläozoikum und Trias.«

Bodkin kehrte an seinen Schreibtisch zurück und strich mit der Hand über das Schallplattengestell. Kerans lauschte abwartend Bodkins leiser, ruhiger Stimme und stellte sich vor, die parallel aufgereihten schwarzen Scheiben wären das Modell einer neurophonischen Wirbelsäule. Er erinnerte sich an das vom Plattenspieler in Hardmans Kabine ausgehende leise Getrommel und seine merkwürdigen Untertöne. Vielleicht war die Fiktion der Wahrheit näher als er dachte?

Bodkin fuhr fort: »Man könnte das die Psychologie der Gesamtäquivalenz nennen – oder kurzerhand ›Neuronik‹ – und sie als metabiologisches Hirngespinst abtun. Ich bin jedoch davon überzeugt, dass wir, wenn wir uns in der geophysikalischen Zeit zurückbewegen, auch wieder in den amnionischen Korridor eintreten und in die spinale und archäopsychische Zeit zurückkehren, in der wir die Landschaften jeder Epoche unbewusst erinnern, jede mit ihrem ganz eigenen, geologischen Terrain, ihrer eigenen, einzigartigen Flora und Fauna, so unverwechselbar wie für einen Reisenden in einer Wells'schen Zeitmaschine. Nur dass es sich hier nicht um eine Zugfahrt durch Traumlandschaften handelt, sondern um eine völlige Neuausrichtung der Persönlichkeit. Wenn wir uns jedoch von diesen verschütteten Phantomen beherrschen lassen, die nun wieder an die Oberfläche drängen, wird uns die Flut hilflos wie Treibgut zurückwerfen.« Er nahm eine Schallplatte aus dem Gestell und schob sie dann unsicher zur Seite. »Heute Nachmittag bin ich mit

Hardman vielleicht ein Risiko eingegangen, als ich mit dem Heizstrahler die Sonne simulieren und die Temperatur auf über fünfzig Grad erhöhen wollte, aber das Risiko hat sich gelohnt. In den letzten drei Wochen haben ihn seine Träume fast um den Verstand gebracht, in den letzten Tagen jedoch war er sichtlich weniger verstört, fast so, als habe er die Träume akzeptiert und lasse sich widerstandslos zurücktragen. Ich möchte ihn um seinetwillen so lange wie möglich wach halten – mit den Weckern könnte es gelingen.«

»Sofern er nicht vergisst, sie aufzuziehen«, fügte Kerans leise hinzu.

Draußen auf der Lagune fuhr Riggs' Kutter geräuschvoll vorbei. Kerans, der sich die Beine vertreten wollte, ging zum Fenster hinüber und beobachtete, wie sich das Landungsboot in einem immer kleiner werdenden Bogen dem Stützpunkt näherte. Als es am Steg anlegte, konferierte Riggs über die Gangway hinweg mit Macready. Mehrmals deutete er dabei mit seinem Stöckchen auf die Forschungsstation, und Kerans nahm an, dass sie die Station zum Stützpunkt schleppen wollten. Doch aus irgendeinem Grund ließ ihn die bevorstehende Abreise gleichgültig. Bodkins Mutmaßungen, mochten sie auch noch so nebulös sein, wie auch seine neue Psychologie der Neuronik boten eine überzeugendere Erklärung für die Metamorphose, die sich in seinem Kopf vollzog, als jede andere Theorie. Die stillschweigende Annahme des UN-Direktoriums – dass das Leben innerhalb der neuen Grenzen des nördlichen und südlichen Polarkreises unverändert weitergehe, mit den gleichen sozialen Beziehungen auch innerhalb der Familien und im Großen und Ganzen gleichen Ambitionen und Befriedigungen – war offensichtlich ein Trugschluss, wie das steigende Hochwasser und die steigenden Temperaturen zeigen würden, sobald sie die sogenannten Polarsiedlungen erreichten. Viel wichtiger als die Kartierung der Häfen und Lagunen der äußeren Landschaft war die Kartierung der geisterhaften Deltas und leuchtenden Strände der versunkenen neuronalen Kontinente.

»Alan«, fragte er über die Schulter hinweg, während er weiterhin Riggs beobachtete, der auf dem Landesteg umherstampfte, »wieso schreibst du nicht einen Bericht für Byrd? Ich denke, du solltest sie informieren. Es besteht immerhin die Möglichkeit, dass...«

Doch Bodkin war fort. Kerans hörte, wie er langsam die Treppe hinaufging und in seiner Kabine verschwand, die müden Schritte eines Mannes, der zu alt und zu erfahren war, um sich noch dafür zu interessieren, ob seine Warnungen beherzigt wurden oder nicht.

Kerans ging zum Schreibtisch zurück und setzte sich. Er zog den Kompass aus der Jackentasche, legte ihn auf die Tischplatte und nahm ihn dann in beide Hände. Die gedämpften Geräusche des Labors, das pelzige Getrappel des Seidenäffchens, das Klackern einer Tonbandspule irgendwo, das Knacken einer Drehvorrichtung, die den Phototropismus einer Schlingpflanze aufzeichnete, bildeten die Klangkulisse seiner Gedanken.

Selbstvergessen untersuchte Kerans den Kompass, pegelte die Nadel mit sanfter Hand ein und richtete anschließend Zeiger und Skala aus. Er suchte zu verstehen, warum er ihn wohl aus der Waffenkammer hatte mitgehen lassen. Normalerweise war er in einer der Barkassen installiert, und sein Verschwinden würde man bald bemerken, sodass er vermutlich den peinlichen Diebstahl würde zugeben müssen.

Er arretierte den Kompass, drehte ihn zu sich hin und versank unmerklich in einen kurze Wachtraum, in dem sich sein ganzes Bewusstsein auf das von der Nadel angezeigte schlangenähnliche Symbol fokussierte, das verwirrende, unklare, doch seltsam machtvolle Bild, das dem Begriff »Süden« mit all seiner darin schlummernden Magie und mesmerischen Kraft innewohnte und aus dem Messinggebilde in seinen Händen emporstieg wie berauschender Dampf aus einem geisterhaften Gral.

Viertes Kapitel

Die Wege der Sonne

Am nächsten Tag, aus Gründen, die Kerans erst viel später verstehen sollte, verschwand Lieutenant Hardman.

Nach einer Nacht des tiefen, traumlosen Schlafs stand Kerans zeitig auf und frühstückte gegen sieben Uhr. Dann verbrachte er eine Stunde auf der Terrasse und ließ sich, mit weißen Latexshorts bekleidet, entspannt in einen der Liegestühle sinken, während das Sonnenlicht sich über dem dunklen Wasser ausbreitete und seinen schlanken, ebenholzfarbenen Körper beschien. Der Himmel über ihm war lebhaft bewölkt und kontrastierte mit dem schwarzen Becken der Lagune, das, unendlich tief und reglos daliegend, wie ein riesiges Bernsteinfass wirkte. Die an seinem Rand aufragenden bewaldeten Gebäude schienen Millionen Jahre alt zu sein, durch eine gewaltige Naturkatastrophe aus dem Magma des Erdinnern emporgeschleudert und einbalsamiert über gigantisch lange Zeitläufte hinweg, die seit dem Ausbruch verstrichen waren.

Kerans blieb am Schreibtisch stehen, strich mit dem Finger über den im Dämmerlicht der Suite sanft schimmernden Messingkompass und ging ins Schlafzimmer, um seine khakifarbene Ausgehuniform anzuziehen, ein minimales Zugeständnis an Riggs und seine Aufbruchmaßnahmen. Italienische Sportbekleidung war jetzt wohl kaum *de rigueur* und würde bloß den Verdacht des Colonels wecken, sähe man ihn in einem pastellfarbenen Ensemble mit Ritz-Logo umherschlendern.

Obwohl er die Möglichkeit des Zurückbleibens durchaus in Betracht zog, zögerte Kerans, die dafür notwendigen Vorkehrungen zu treffen. Abgesehen von Treibstoff- und Lebensmittelvorräten, die er in den letzten sechs Monaten vor allem Colonel Riggs' Großzügigkeit verdankte, benötigte er darüber hinaus unendlich viele kleinere Ersatzteile, sei es ein neues Ziffernblatt oder eine komplette Neuverkabelung des Lichtsystems in der Suite. Waren der Stützpunkt und seine Werkstatt erst einmal fort, sähe er sich alsbald mit vielfach banalen Ärgernissen konfrontiert, für deren Beseitigung er keinen hilfreichen Sergeant würde mehr rufen können.

Um das Lagerpersonal zu entlasten und sich selbst unnötige Fahrten vom und zum Stützpunkt zu ersparen, hatte Kerans in seiner Suite einen Monatsvorrat an Konserven angelegt. Der bestand überwiegend aus Kondensmilch und Frühstücksfleisch und war praktisch ohne die Delikatessen aus Beatrices Tiefkühltruhe ungenießbar. Kerans rechnete damit, dass dieser geräumige Schrank mit seinen Reserven an *pâté de fois gras* und *filet mignon* sie über Wasser halten würde, doch der Vorrat reichte bestenfalls für drei Monate. Danach würden sie sich von dem ernähren müssen, was die Erde hergab und ihren Speiseplan auf Holzsuppe und Leguansteak umstellen.

Treibstoff war das größere Problem. Die im Ritz vorhandenen Reservetanks für Dieselöl enthielten kaum mehr als 2000 Liter, ausreichend für den Betrieb der Klimaanlage für bestenfalls einige Monate. Würde er das Schlafzimmer und das Ankleidezimmer schließen und in den Salon ziehen sowie die Raumtemperatur auf fünfunddreißig Grad erhöhen, könnte er die Betriebszeit mit etwas Glück verdoppeln, doch waren die Vorräte erst einmal erschöpft, gab es kaum noch Möglichkeiten, sie aufzufüllen. Sämtliche Reservetanks und Vorräte in den aufgegebenen Gebäuden rings um die Lagunen hatten die in den letzten dreißig Jahren mit ihren Motorbooten und Kajütbooten nach Norden ziehenden Flüchtlingsströme längst geleert und geplündert. Der Tank des Katamaran-Außenbordmotors fasste etwas mehr als hundert Liter, ausreichend für rund fünfzig Kilometer oder einen Monat lang täglich eine Rückfahrt zwischen dem Ritz und Beatrices Lagune.

Aus irgendeinem Grund jedoch löste dieser inverse Crusoeismus – die freiwillige Selbstisolierung ohne Zugriff auf eine voll beladene, an einem leicht zugänglichen Riff zerschellte Karacke – bei Kerans so gut wie keine Angstzustände aus. Als er die Suite verließ, regelte er das Thermostat nicht von der üblichen Temperatur von fünfundzwanzig Grad herunter, obwohl der Generator dadurch unnötig Treibstoff verbrauchte, weil es ihm widerstrebte, die Gefahren und Risiken, die ihm nach Riggs' Fortgang drohten, überhaupt zur Kenntnis zu nehmen. Er sah darin zunächst nur ein Zeichen seines unbewussten Entschlusses, doch die Vernunft siegen zu lassen, als er dann aber den Außenborder startete und den Katamaran durch die kühlen, öligen Wogen zur nächsten Lagune steuerte, wurde ihm klar, dass dieser Gleichmut nur dem besonderen Charakter der Entscheidung entsprach, sich freiwillig zu isolieren. Er würde, um in der symbolischen Sprache von Bodkins Denkschema zu bleiben, den herkömmlichen Zeitbegriff in Hinblick auf seine eigenen physischen Bedürfnisse verlieren und in die Welt der totalen, neuronalen Zeit eintreten, in der seine Existenz im Verhältnis zu den großen Intervallen der geologischen Zeitskala neu justiert werden würde. Die kürzeste Arbeitseinheit umfasste hier eine Million Jahre, und Probleme wie Nahrung und Kleidung waren so irrelevant wie für einen Buddhisten, der im Lotussitz vor einer leeren Reisschüssel unter dem Schutzdach der millionenköpfigen Kobra der Ewigkeit meditiert.

Als er die dritte Lagune erreichte, ein Ruderblatt erhoben, um die drei Meter langen Triebe eines riesigen Schachtelhalmgewächses abzuwehren, dessen Wedel in die Flussmündung hineinragten, sah er teilnahmslos zu, wie ein von Sergeant Macready befehligter Trupp die Anker der Forschungsstation lichtete und sie langsam zum Stützpunkt schleppte. Als sich der Abstand zwischen beiden verringerte, wie ein Vorhang, der am Ende eines Theaterstücks fällt, stand Kerans am Heck des Katamarans unter dem triefenden

Blätterdach, ein Beobachter in den Kulissen, dessen Beitrag zum Schauspiel, wie klein auch immer, nun sein Ende gefunden hatte.

Um durch den Neustart des Motors keine Aufmerksamkeit zu erregen, ruderte er ins Sonnenlicht hinaus, umgeben von riesengroßen Blättern, die bis zu ihren Spitzen in der grün-wässrigen Gallerte versanken, und fuhr langsam am Lagunenrand entlang hinüber zu Beatrices Apartmenthaus. Von Zeit zu Zeit hörte er das Geknatter des Hubschraubers, der seinen Kontrollflug absolvierte und das Wasser rings um die Forschungsstation aufpeitschte, sodass die Wellen an den Bug des Katamarans klatschten und durch die offenen Fenster der Gebäude zu seiner Rechten hineinschwappten, an deren Innenwänden sie sich brachen. Beatrices Motoryacht knarrte jämmerlich in ihrer Verankerung. Der Maschinenraum war überflutet und das Heck stand durch das Gewicht der beiden großen Chrysler-Motoren unter Wasser. Über kurz oder lang würde ein Hitzesturm die Yacht fortreißen und für immer in einer der gefluteten Straßen versenken.

Als er aus dem Aufzug trat, war die Terrasse rund um den Swimmingpool leer, doch die Gläser vom Vorabend standen noch zwischen den Liegestühlen auf dem Tablett. Die ersten Sonnenstrahlen erfassten den Pool und illuminierten die gelben Seepferdchen und blauen Dreizacke, die seinen Boden zierten. Einige Fledermäuse hatten sich im Schatten der Regenrinne unter Beatrices Schlafzimmerfenster niedergelassen, die, als Kerans sich setzte, davonflogen wie blutsaugende Geister, die vor dem anbrechenden Tag fliehen.

Durch die Jalousien hindurch sah Kerans, dass Beatrice ruhelos im Zimmer auf und ab ging, und fünf Minuten später betrat sie den Salon, ein schwarzes Handtuch einmal um die Hüfte geschlungen. Sie war im Dämmerlicht am anderen Ende des Raumes kaum zu sehen, wirkte müde und abweisend und grüßte ihn mit einem angedeuteten Winken. Sie mixte sich einen Drink, den Ellenbogen auf die Bar gelehnt, starrte ausdruckslos auf einen der Delvaux' und zog sich wieder ins Schlafzimmer zurück.

Da sie nicht mehr zurückkam, machte sich Kerans auf die Suche. Als er die Glastüren des Salons zurückschob, schlug ihm heiße Luft wie Dampfwolken aus einer überfüllten Kombüse entgegen. Schon mehrfach hatte die Klimaanlage in den letzten Monaten versagt, und die Temperatur, auf deutlich über dreißig Grad gestiegen, war möglicherweise die Ursache für Beatrices Lethargie und *ennui*.

Sie saß auf der Bettkante, als Kerans hereinkam, das Whiskyglas auf ihren wohlgeformten Knien. Die stickig-heiße Luft im Zimmer erinnerte Kerans an Hardmans Kabine, als Bodkin das Experiment bei dem Piloten durchführte. Er ging hinüber zu dem auf dem Nachttisch befindlichen Thermostat und regelte den Schieber von zwanzig auf fünfzehn Grad herunter.

»Er ist schon wieder kaputt«, sagte Beatrice ganz sachlich. »Der Motor geht immer wieder aus.«

Kerans wollte ihr das Glas aus der Hand nehmen, doch sie wehrte ihn ab. »Lass mich in Ruhe, Robert«, sagte sie mit müder Stimme, »ich weiß, ich bin eine unbeherrschte, betrunkene Frau, aber ich habe die letzte Nacht im Zeitdschungel verbracht und brauche keine Belehrungen.«

Kerans musterte sie eindringlich und sagte lächelnd, mit einer Mischung aus Zuneigung und Verzweiflung: »Mal sehen, ob ich den Motor reparieren kann. Hier riecht es, als hättest du ein ganzes Strafbataillon bei dir einquartiert. Nimm eine Dusche, Bea, und reiß' dich nach Möglichkeit zusammen. Riggs fährt morgen, wir brauchen einen klaren Kopf. Was sind das für Albträume, die dich plagen?«

Beatrice zuckte mit den Schultern. »Dschungelträume, Robert«, murmelte sie mehrdeutig. »Ich lerne gerade wieder mein ABC. Letzte Nacht waren es die Deltadschungel.« Sie schenkte ihm ein freudloses Lächeln und setzte dann leicht maliziös hinzu: »Schau nicht so streng, du wirst sie auch bald haben.«

»Ich hoffe nicht.« Kerans sah missbilligend, wie sie das Glas zum Mund führte. »Und schütte den Drink weg. Ein Scotch-Frühstück mag in den Highlands zum Brauchtum gehören, ruiniert aber gleichwohl die Leber.«

Beatrice winkte ab. »Ich weiß. Alkohol tötet langsam, aber ich hab's nicht eilig. Verschwinde, Robert.«

Kerans gab auf und machte auf dem Absatz kehrt. Er nahm die Treppe von der Küche, die zum darunter befindlichen Lagerraum führte, fand eine Taschenlampe und einen Werkzeugkasten und machte sich am Generator zu schaffen.

Als er eine halbe Stunde später auf die Terrasse kam, hatte sich Beatrice offensichtlich von ihrer Schockstarre erholt und war eifrig dabei, sich aus einer Flaschen blauen Lacks die Nägel zu lackieren. »Hallo, Robert, hast du jetzt bessere Laune?«

Kerans setzte sich auf den gefliesten Boden und wischte sich die letzten Fettspuren von den Händen. Er schlug ihr munter auf die feste Wölbung ihrer Wade und duckte sich, um ihrem auf Rache sinnenden Absatz zu entkommen. »Ich habe den Generator repariert; mit etwas Glück hast du nun keine Probleme mehr. Komischerweise war die Zeitschaltuhr des Zweitaktmotors falsch eingestellt; sie lief tatsächlich rückwärts.«

Er wollte gerade die Ironie des Scherzes in aller Ausführlichkeit erklären, als von der Lagune unten Lautsprecherdurchsagen ertönten. Vom Stützpunkt drang der Lärm geschäftiger Aktivität bis zu ihnen hinauf; Motoren heulten auf und gewannen an Fahrt, Bootskräne quietschten schrill. Als die beiden Reservebarkassen zu Wasser gelassen wurden, war Stimmengewirr und Fußgetrappel auf den Gangways zu hören.

Kerans erhob sich und eilte um das Becken herum zum Geländer. »Sag bloß, sie verschwinden schon heute…? Riggs ist schlau genug, um zu versuchen, uns unverhofft und unvorbereitet zu erwischen.«

Beatrice, das Handtuch vor die Brust gepresst, war neben ihn getreten und gemeinsam blickten sie nun zum Stützpunkt hinab.

Sämtliche Mitglieder der Einheit schienen mobilisiert worden zu sein, und der Kutter und die beiden Barkassen drängten sich um den Landesteg. Die durchhängenden Rotoren des Hubschraubers setzten sich langsam in Bewegung, und Riggs und Macready gingen an Bord. Die anderen Männer standen in Reih und Glied auf dem Anleger und warteten darauf, in eines der drei Boote zu klettern.

Sogar Bodkin hatte sich von seiner Koje erhoben, stand nun mit nacktem Oberkörper auf der Brücke der Forschungsstation und schrie Riggs etwas zu.

Da entdeckte Macready auf einmal Kerans am Terrassengeländer. Er sprach mit dem Colonel, der ein Megaphon ergriff und über das Dach nach vorne ging.

»KER-ANS!! DOK-TOR KER-ANS!!«

Ohrenbetäubend laut dröhnten die verstärkten Wortfetzen über die Dächer und wurden als Echo von den Aluminiumblenden der Fenster zurückgeworfen. Kerans hielt sich die Hand hinters Ohr, um besser hören zu können, was der Colonel ihm zurief, doch dessen Worte gingen im anschwellenden Lärm der Rotoren unter. Schließlich kletterten Riggs und Macready in die Hubschrauberkabine, während der Pilot durch die Windschutzscheibe des Cockpits mit Hilfe eines Semaphors optische Signale an Kerans übermittelte.

Kerans übersetzte die Morsesignale, wandte sich dann schnell vom Geländer ab und machte Anstalten, die Liegestühle in den Salon zu tragen.

»Sie werden mich hier abholen«, sagte er zu Beatrice, als der Hubschrauber sich von seinem Landeplatz erhob und diagonal über die Lagune flog. »Du ziehst dir besser etwas an oder gehst außer Sichtweite. Der Sog wird dein Handtuch wie Seidenpapier wegreißen. Riggs hat jetzt schon genug zu kämpfen.«

Beatrice half ihm, die Markise einzuholen und zog sich in den Salon zurück, als der flackernde Schatten des Hubschraubers über der Terrasse auftauchte und der Abwind sie an der Schulter erfasste.

»Aber was ist denn los, Robert? Warum ist Riggs so aufgeregt?«

Kerans hielt sich beim Knattern der Rotoren die Ohren zu und starrte auf die sich bis zum Horizont erstreckenden, grün umrandeten Lagunen, als auf einmal sein Mundwinkel in einem Anfall von Angst unkontrolliert zuckte.

»Er ist nicht aufgeregt, nur in großer Sorge. Alles um ihn herum bricht zusammen. Lieutenant Hardman ist verschwunden!«

Wie eine riesengroße, schwärende Wunde wirkte der Dschungel durch die offene Luke des Hubschraubers. Mächtige Haine nacktsamiger Pflanzen breiteten sich in dichten Büscheln entlang der Dächer der gefluteten Gebäude aus und begruben die weißen, rechteckigen Konturen unter sich. Hie und da ragte ein alter Wasserturm aus Beton aus dem Morast, oder es schwammen die Überreste eines provisorischen Anlegers neben den Trümmern eines eingestürzten Bürohauses vorüber, überwuchert von gefiederten Akazienblättern und blühenden Tamarisken. Kleine Wasserläufe, von Pflanzen überdacht, strebten wie grün leuchtende Tunnel von den größeren Lagunen weg und mündeten schließlich in nahezu sechshundert Meter breite Kanäle, die sich über den einstigen Vororten der Stadt ausbreiteten. Der Schlick war überall, staute sich zu gewaltigen Dämmen entlang einer Eisenbahnbrücke oder einer halbmondförmigen Büroanlage und wälzte seine faulige Masse wie eine moderne Cloaca Maxima durch eine geflutete Arkade. Viele der kleineren Seen waren inzwischen völlig verschlammt, gelbe Scheiben Pilz befallenen Morasts, auf denen üppige Gebilde konkurrierender Pflanzenformen gediehen, wuchernde Gärten in einem dem Wahnsinn anheimgefallenen Eden.

Mit einem Nylongurt um Hüfte und Schulter in der Kabine gesichert, sah Kerans auf die weite Landschaft und die Wasserläufe hinab, die von den drei zentralen Lagunen wegstrebten. Hundertfünfzig Meter tiefer jagte der Schatten des Hubschraubers über die grün gesprenkelte Wasseroberfläche, sein Augenmerk aber galt der unmittelbaren Umgebung. Eine ungeheure Vielfalt tierischen Lebens bevölkerte die Wasserrinnen und Kanäle; Wasserschlangen tummelten sich zwischen den zerschmetterten Palisaden der unter Wasser stehenden Bambushaine, Fledermauskolonien brachen wie explodierende Rußwolken aus grünen Tunneln hervor, Leguane saßen reglos wie steinerne Sphinxe auf schattigen Gesimsen. Gelegentlich, wie vom Hubschrauberlärm aufgescheucht, schien eine menschliche Gestalt zwischen den auf Wasserhöhe liegenden Fenstern hin und her zu huschen und sich wieder wegzuducken, doch dann zeigte sich, es war ein Krokodil, das nach einem Wasservogel schnappte, oder aber der Stumpf eines einst versunkenen Baumstamms, der im Gewirr der Baumfarne nun Auftrieb bekommen hatte.

In der Ferne verschleierte Frühnebel den Horizont, riesige, goldene Dunstschwaden, die wie durchsichtige Gardinen vom Himmel herabhingen, die Luft über der Stadt hingegen war klar und frisch, und nur die Abgaswolke des Hubschraubers, der in einem langen, sanft geschwungenen Bogen abdrehte, funkelte im Licht. Kerans lehnte an der Luke und betrachtete das glitzernde Schauspiel, während sich der Hubschrauber in spiralförmigen Windungen von den zentralen Lagunen entfernte, die Suche im Dschungel darunter gab er jedoch auf.

Die Chance, Hardman aus der Luft zu entdecken, war verschwindend gering. Falls er sich nicht in einem Gebäude nahe des Stützpunkts versteckt hatte, müsste er über die Wasserwege entkommen sein, wo ihn überhängende Baumfarne vor Luftüberwachung optimal schützten.

Riggs und Macready hielten weiterhin an der Steuerbordluke Ausschau und reichten einander abwechselnd das Fernglas. Ohne seine Schirmmütze, nur die dünnen, sandfarbenen Haare windzerzaust überall im Gesicht, wirkte Riggs wie ein wilder Spatz, der seinen kleinen Schnabel grimmig in die Luft reckt.

Er ertappte Kerans, als der in den Himmel starrte und rief: »Hast du ihn schon entdeckt, Doktor? Konzentriere dich, das Geheimnis einer erfolgreichen Suchaktion ist hundertprozentige Aufklärung und hundertprozentige Konzentration.«

Kerans ließ sich den Tadel gefallen und suchte mit den Augen erneut den im schrägen Winkel vor ihm liegenden Dschungelbereich ab, auch die Hochhaustürme der Hauptlagune, um die der Hubschrauber kreiste. Hardmans Verschwinden war um 8 Uhr an diesem Morgen von einem Sanitäter entdeckt worden, doch sein Bett war kalt gewesen, sodass er mit ziemlicher Sicherheit bereits am Vorabend aufgebrochen war, vermutlich kurz nach dem letzten Stationsrundgang um 21.30 Uhr. Von den kleineren Flachbooten, die an der Anlegestelle vertäut waren, fehlte keines, aber Hardman hätte mit Leichtigkeit einige der leeren Treibstofffässer, die auf einem Stapel neben dem Laderaum des C-Decks lagerten, zusammenzurren und geräuschlos zu Wasser lassen können. Ein solches Gefährt, wie provisorisch auch immer, hätte ihn bis Tagesanbruch schon einige Kilometer weit forttragen können, irgendwohin bis an den Rand eines Suchgebiets von etwa einhundertzwanzig Quadratkilometern, von denen jeder Hektar mit Gebäuderuinen übersät war.

Kerans, der, bevor man ihn an Bord des Hubschraubers holte, keine Gelegenheit mehr gehabt hatte, mit Bodkin zu sprechen, konnte über Hardmans Motive, den Stützpunkt zu verlassen, nur spekulieren, auch ob sie Teil eines größeren Plans waren, der langsam im Kopf des Lieutenants gereift war oder nur eine spontane, unbedachte Reaktion, als er erfuhr, dass sie die Lagunen in Richtung Norden verlassen würden. Die anfängliche Bestürzung, die Kerans zunächst verspürte, hatte sich verflüchtigt, und er fühlte sich sonderbar erleichtert, als wäre eine der widerstreitenden Kraftlinien, die ihn umzingelten, durch Hardmans Verschwinden beseitigt und die systemische Spannung und Ohnmacht urplötzlich verpufft. Wenn überhaupt, dann würde die Frage des Zurückbleibens jetzt nur noch herausfordernder werden.

Riggs löste die Gurte, erhob sich mit einer Geste der Verzweiflung und reichte das Fernglas einem der beiden Soldaten, die im hinteren Teil der Kabine auf dem Boden hockten.

»Aufklärungsflüge in diesem Terrain sind Zeitverschwendung«, rief er Kerans zu. »Wir gehen irgendwo runter und sehen uns die Karte genauer an, und du könntest versuchen, dich in Hardmans Denkweise hineinzuversetzen.«

Sie befanden sich etwa fünfzehn Kilometer nordwestlich der Hauptlagunen, und die Türme waren in den Nebelschwaden am Horizont so gut wie unsichtbar. Ein paar Kilometer weiter, unmittelbar zwischen ihnen und dem Stützpunkt, kreuzte auf einem offenen Kanal eine der beiden Motorbarkassen, deren weiße Kielspur auf der spiegelglatten Wasserfläche zusehends schwächer wurde. In den städtischen Ballungsgebieten des Südens war weniger Schlick eingedrungen, die Vegetation war lichter und zwischen den Hauptachsen der Gebäude lagen ausgedehnte Wasserflächen. Alles in allem war die Zone unter ihnen leer und luftig, und Kerans war überzeugt, auch wenn er nicht sagen konnte warum, dass sie Hardman nicht im nordwestlichen Sektor finden würden.

Riggs kletterte ins Cockpit, und kurz darauf änderte der Hubschrauber Geschwindigkeit und Flugrichtung. Sie setzten zum Tiefflug an, bis sie nur noch dreißig Meter über dem Wasser schwebten und flogen dann zwischen den breiten Kanälen hin und her auf der Suche nach einem geeigneten Landeplatz. Schließlich entdeckten sie die höckrige Rückseite eines halbversunkenen Kinos und ließen sich langsam auf das viereckige, stabile Dach der neoassyrischen Säulenhalle herab.

Sie brauchten einige Minuten, um sich die Beine zu vertreten und ließen den Blick über die Weiten des blauen Wassers schweifen. Das nächstgelegene Bauwerk war ein frei stehendes Kaufhaus in zweihundert Meter Entfernung, und die offene Sicht erinnerte Kerans an Herodots Beschreibung der ägyptischen Landschaft zur

Zeit der Flut, als die Festungsstädte Inseln im Ägäischen Meer glichen.

Riggs öffnete seine Kartentasche und breitete den Polyäthylendruck auf dem Kabinenboden aus. Er stützte den Ellbogen am Lukenrand ab und deutete mit dem Finger auf ihre jetzige Position.

»Na ja, Sergeant«, sagte er zu Daley, »wir sind offenbar schon auf halbem Weg zurück nach Byrd. Außer den Motor zu verschleißen, haben wir nicht viel erreicht.«

Daley nickte, das schmale, ernste Gesicht unter dem Glasfaserhelm verborgen. »Sir, ich denke, unsere einzige Chance sind gezielte Tiefflüge über einigen ausgesuchten Arealen. Wir können nur hoffen, dass wir etwas sehen – ein Floß oder einen Ölfleck.«

»Einverstanden. Das Problem ist nur...« – hier trommelte Riggs mit seinem Stöckchen auf die Karte – »wo? Hardman ist vermutlich nicht mehr als drei oder vier Kilometer vom Stützpunkt entfernt. Was meinst du, Doktor?«

Kerans zuckte die Schultern. »Ich kenne Hardmans Motive nicht, Colonel. Bodkin hatte sich in letzter Zeit um ihn gekümmert. Es könnte sein...«

Er verstummte, da Daley einen weiteren Vorschlag machte, der Riggs' Aufmerksamkeit erforderte. Minutenlang debattierten der Colonel, Daley und Macready nun über die Routen, die Hardman genommen haben könnte, zogen dabei allerdings nur die breiteren Wasserwege in Betracht, so als ob Hardman mit einem Miniaturschlachtschiff unterwegs wäre. Kerans schaute sich auf dem Wasser um, das gemächlich am Kino vorüberfloss. Ein paar Äste und Seegrasbüschel trieben in der Strömung nordwärts, durch die Spiegelung des gleißenden Sonnenlichts auf der Oberfläche nahezu unsichtbar. Das Wasser schwappte gegen den Portikus zu seinen Füßen, erfasste langsam sein Denken und bildete einen immer größer werdenden Kreis von Interferenzmustern, als flösse es in entgegengesetzter Richtung durch ihn hindurch. Er beobachtete das Spiel der Wellen, die gegen das Schrägdach plätscherten, und wünschte, er könnte den Colonel verlassen und geradewegs ins Wasser gehen, um sich selbst und die allgegenwärtigen Phantome aufzulösen, die ihn wie Wächtervögel ins kühle Gemach zauberischer Ruhe des leuchtenden, drachengrünen, von Schlangen bevölkerten Meeres begleiteten.

Blitzartig wurde ihm klar, wo Hardman steckte.

Er wartete, bis Daley fertig war: »…Ich kannte Lieutenant Hardman, Sir, bin fast fünftausend Stunden mit ihm geflogen, er muss wohl einen Anfall geistiger Umnachtung gehabt haben… Er wollte zurück nach Byrd und hat offensichtlich beschlossen, nicht länger zu warten, nicht einmal zwei Tage. Er wird nach Norden aufgebrochen sein und sich irgendwo entlang dieser offenen Kanäle außerhalb der Stadt ausruhen.«

Riggs nickte zweifelnd, offenkundig nicht überzeugt, doch willens, den Rat des Sergeants mangels anderer Vorschläge zu akzeptieren. »Nun, Sie könnten recht haben. Ich denke, es ist einen Versuch wert. Was meinst, du, Kerans?«

Kerans schüttelte den Kopf. »Colonel, es ist reine Zeitverschwendung, die Gebiete nördlich der Stadt abzusuchen. Hardman wäre nicht hierher gekommen; das Gelände ist offen und zu isoliert. Ich weiß nicht, ob er zu Fuß unterwegs ist oder mit einem Floß, doch mit Sicherheit begibt er sich nicht nach Norden – nach Byrd will er um nichts auf der Welt zurück. Es gibt nur eine Richtung, in die Hardman gehen kann – nach Süden.« Kerans deutete auf das Geflecht von Kanälen, die in die Hauptlagunen mündeten, Nebenflüsse einer gewaltigen Wasserstraße südlich der Stadt, deren Lauf durch gigantische Schlickbänke gekrümmt und umgelenkt wurde. »Hardman wird sich irgendwo dort aufhalten. Vermutlich hat er die ganze Nacht gebraucht, um den Hauptkanal zu erreichen, und ich vermute, dass er sich in einer der kleinen Buchten ausruht, bevor er heute Nacht weiterzieht.«

Er brach ab, und Riggs starrte angestrengt auf die Karte, die Schirmmütze über die Augen gezogen, wie um sich zu konzentrieren.

»Aber warum nach Süden?«, protestierte Daley. »Hat er den Kanal erst einmal verlassen, gibt es nichts als dichten Dschungel und offene See. Dazu steigt die Temperatur unentwegt – er wird *braten*.«

Riggs sah zu Kerans auf. »Sergeant Daley hat da nicht ganz unrecht, Doktor. Warum also sollte Hardman in den Süden wollen?«

Kerans, wieder auf das Wasser schauend, antwortete leise: »Colonel, es gibt keine andere Richtung.«

Riggs zögerte, dann blickte er zu Macready hinüber, der sich aus der Gruppe gelöst hatte und jetzt neben Kerans stand, eine hochgewachsene, gebeugte Gestalt, deren Silhouette sich wie eine hagere Krähe vor dem Wasserhintergrund abzeichnete. Fast unmerklich nickte er Riggs zu und beantwortete damit die unausgesprochene Frage. Selbst Daley schien nun von Kerans' Argumenten und Begründungen der Hardman'schen Motive so überzeugt, dass er eilends einen Fuß auf die Einstiegsstufe des Cockpits setzte.

Drei Minuten später hob der Hubschrauber ab und nahm mit Vollgas Kurs auf die Lagunen im Süden.

Wie Kerans vorhergesagt hatte, fanden sie Hardman in den Schlickgebieten.

Sie gingen bis auf hundert Meter herunter und durchkämmten den sieben Kilometer langen Hauptkanal bis in seine entlegensten Winkel. Mächtige Schlickbänke ragten aus dem Wasser empor wie die Rücken gelber Pottwale. Überall dort, wo die Schlickbänke durch die hydrodynamischen Kräfte des Kanals eine gewisse Festigkeit erlangt hatten, nahm der auf den umliegenden Dächern wuchernde Dschungel von ihnen Besitz, verwurzelte sich in dem feuchten Lehm und verdichtete den ganzen Morast zu einem undurchdringlichen Gebilde. Von der Luke aus suchte Kerans die schmalen Sandstreifen an den Ausläufern der Baumfarne ab und hielt Ausschau nach den verräterischen Zeichen eines getarnten Floßes oder einer provisorischen Hütte.

Nach zwanzig Minuten und einem Dutzend sorgfältiger Suchmanöver entlang des Kanals schüttelte Riggs bedauernd den Kopf und entfernte sich von der Luke.

»Du hast wahrscheinlich Recht, Robert, aber es ist ein hoffnungsloses Unterfangen. Hardman ist ja kein Narr, wenn er sich vor uns verstecken will, werden wir ihn nie finden. Selbst wenn er sich aus dem Fenster lehnte und winken würde, wette ich zehn zu eins, dass wir ihn nicht sähen.«

Kerans murmelte eine unhörbare Antwort und sah weiter nach unten. Jeder Suchflug war steuerbords um hundert Meter versetzt, und bei den letzten drei Flügen hatte er die halbkreisförmige Anlage eines offenbar großen Apartmenthauses entdeckt, das im Winkel zwischen dem Kanal und dem Südufer eines kleinen Wasserlaufs stand, der im angrenzenden Dschungel verschwand. Die oberen acht oder neun Stockwerke des Gebäudes ragten aus dem Wasser empor, umgeben von einem niedrigen Kegel schlammbraunen Schlicks. Aus einer Reihe flacher Tümpel floss Wasser über die Oberfläche. Vor zwei Stunden bestand sie aus nichts weiter als einer nassen Schlammschicht, doch um zehn Uhr, als der Hubschrauber sie überflog, begann der Schlamm zu trocknen und fest zu werden. Kerans, mit der Hand die Augen vor dem Sonnenlicht schützend, entdeckte auf der glatten Oberfläche zwei feine, parallele Linien, die im Abstand von etwa zwei Meter zur Überdachung einer nahezu gefluteten Terrasse führten. Als sie darüber hinwegflogen, versuchte er einen Blick unter die Betonplatte zu werfen, aber Unrat und modernde Baumstämmen versperrten die Sicht.

Er packte Riggs' Arm und deutete auf die beiden Linien, so sehr damit beschäftigt, ihren verschlungenen Weg zur Terrasse nicht aus den Augen zu verlieren, dass er die Abdruckspuren fast übersehen hätte, die sich zwischen den Linien auf der trocknenden Oberflä che ebenfalls deutlich abzeichneten und unverkennbar die Schritte eines großen, kräftigen Mannes waren, der eine schwere Last zog.

Als der Rotorenlärm des Hubschraubers auf dem Dach über ihnen verklang, bückten sich Riggs und Macready und inspizierten den primitiven Katamaran, der hinter einer dichten Hecke unter der Terrasse verborgen war. Die beiden grauen Rümpfe des Katamarans, aus zwei Abwurftanks gebaut und an beiden Enden mit einem Bettgestell aus Metall verbunden, waren schlammverkrustet. Von der Terrasse aus führten Lehmspuren quer durch die Räume der Suite und verschwanden im angrenzenden Flur.

»Das ist er, zweifelsfrei – meinen Sie nicht auch, Sergeant?« fragtc Riggs, trat ins Sonnenlicht hinaus und blickte zu der halbmondförmigen Apartmentanlage hinauf. Sie bestand aus einer Kette autonomer Einheiten, die durch kurze Verbindungswege zwischen den Aufzugsschächten am Ende eines jeden Gebäudes miteinander verbunden waren. Die meisten Fenster waren geborsten, die cremefarbenen Fassadenplatten mit riesigen Schimmelflecken übersät, sodass der ganze Komplex aussah wie ein überreifer Camembert.

Macready kniete neben einem der Tanks nieder, säuberte ihn vom Schlick und fand die bugseitig aufgemalte Codenummer. »UNAF 22-H-549 – das sind wir, Sir. Die Abwurftanks wurden gestern ausgelagert und zum C-Deck gebracht. Er muss nach dem letzten Stationsrundgang ein Zusatzbett aus der Krankenstation mitgenommen haben.«

»Gut.« Riggs rieb sich zufrieden die Hände, ging zu Kerans hinüber und lächelte vergnügt, hatte er doch nun sein Selbstvertrauen und seine gute Laune wiedergefunden. »Ausgezeichnet, Robert. Hervorragende Diagnose, du hattest natürlich recht.« Er musterte Kerans durchdringend, als zweifele er an der eigentlichen Quelle dieser bemerkenswerten Erkenntnis, die ihn unsichtbar ausgrenzte.

»Sei unbesorgt! Hardman wird es dir danken, dass wir ihn zurückbringen.«

Kerans stand am Rand der Terrasse, unter ihm der Abhang aus trocknendem Schlick. Er sah hinauf zu den abweisenden, halbrunden Fensterfronten und fragte sich, in welchem der etwa tausend Räume Hardman wohl stecken mochte. »Ich hoffe, du hast recht. Doch noch hast du ihn nicht.«

»Keine Sorge, wir kriegen ihn.« Riggs rief den beiden Männern auf dem Dach etwas zu, die Daley beim Sichern des Hubschraubers halfen.

»Wilson, Sie halten Ausschau am südwestlichen Ende; Caldwell, Sie arbeiten sich nach Norden vor. Behalten Sie beide Seiten im Auge, er könnte versuchen, dorthin zu schwimmen.«

Die beiden Männer salutierten und zogen los, die Karabiner im Anschlag. Macready hielt eine Thompson-Maschinenpistole im Arm, und als Riggs sein Waffenholster aufknöpfte, sagte Kerans leise: »Colonel, wir jagen doch keinen tollwütigen Hund.«

Riggs winkte ab. »Keine Sorge, Robert, ich will nur nicht, dass mir ein schlafendes Krokodil ein Bein abbeißt. Außerdem« – und hier schenkte er Kerans ein strahlendes Lächeln, »hat Hardman einen .45er Colt dabei.«

Damit ließ er Kerans stehen und ergriff das Megaphon.

»Hardman!! Hier spricht Colonel Riggs!!« Er brüllte Hardmans Namen hinaus in die lautlose Hitze, dann setzte er, an Kerans gewendet, augenzwinkernd hinzu: *»Dr. Kerans möchte mit Ihnen sprechen, Lieutenant!!«*

Die Schallwellen, von der halbmondförmigen Apartmentanlage noch verstärkt, hallten über die Sümpfe und Wasserläufe und dröhnten bis hinaus ins weite, leere Watt. Ringsum flimmerte alles in der gewaltigen Hitze, und die Männer auf dem Dach wurden unter ihren Feldmützen allmählich unruhig. Ein ekelerregender Kloakengestank entströmte dem Schlick, über dem eine Korona bestehend aus einer Million Insekten umherschwirrte und hungrig summte. Ein jäher Brechreiz schnürte Kerans die Kehle zu und ließ ihn für einen Moment taumeln. Ein Handgelenk fest gegen die Stirn gepresst, lehnte er sich gegen einen Pfeiler und lauschte dem vielfachen Echo. Vierhundert Meter entfernt ragten zwei weißwandige Turmuhren aus dem Blätterwerk hervor, wie Turmspitzen einer untergegangenen Dschungelreligion, und das Echo seines Namens – »*Kerans… Kerans… Kerans*« –, das sie zurückwarfen, klang in seinen Ohren wie die eindringliche Warnung vor einer drohenden Katastrophe und Gefahr, während die bedeutungslos gewordene Ausrichtung der Uhrzeiger ihm vollkommener als alles, was er bisher erlebt hatte, das vielgestaltige Mandala der kosmischen Zeit mit Myriaden bedrohlicher Schreckgespenster anzukündigen schien, die seinen Verstand allmählich verschatteten.

Sein Name hallte ihm noch leise im Ohr, als sie mit der Durchsuchung des Gebäudes begannen. Er bezog im Treppenhaus Stellung, in der Mitte der Flure, während Riggs und Macready die Apartments inspizierten und beim Treppensteigen weiter Ausschau hielten. Das Gebäude war geplündert worden. Alle Dielen waren entweder morsch oder herausgerissen, und so hangelten sie sich langsam an den gemauerten Zwischendecken entlang und kletterten vorsichtig von einem Betonträger zum anderen. Der Putz war fast überall von den Wänden gebröckelt und lag in grauen Häufchen vor den Sockelleisten. Wo Sonnenlicht eindringen konnte, waren selbst die nackten Balken mit Schlingpflanzen und Drahtmoos überwuchert, und die ursprüngliche Bausubstanz schien allein von der üppigen Vegetation zusammengehalten zu werden, die sich durch alle Räume und Flure zog.

Durch die Fußbodenritzen drang der Gestank von Brackwasser, das durch die tiefer gelegenen Fenster hereinströmte. Fledermäuse hingen an schwenkbaren Bilderschienen, die nun, zum ersten Mal seit vielen Jahren in ihrem Domizil aufgeschreckt, in panischer Eile den Fenstern zustrebten und unter Schmerzensschreien dem gleißenden Sonnenlicht entgegenflogen. Eidechsen flitzten durch Bodenritzen oder irrten in den Badezimmern verzweifelt um trockene Toilettenbecken umher.

Als sie alle Stockwerke bis auf die beiden letzten erfolglos durchsucht hatten, konnte Riggs, auch wegen der Hitze, seine Ungeduld kaum noch zügeln.

»Also, wo ist er?« Riggs lehnte sich ans Treppengeländer, gebot mit einer Handbewegung zu schweigen, schnappte nach Luft und horchte in das stille Gebäude hinein. »Wir ruhen uns fünf Minuten aus, Sergeant. Jetzt heißt es aufpassen. Er ist irgendwo hier in der Nähe.«

Macready hängte sich die Maschinenpistole über die Schulter und kletterte zum Oberlicht des nächsten Treppenabsatzes, durch das ein laues Lüftchen wehte. Kerans lehnte an der Wand, Schweiß rann ihm über Rücken und Brust, während die Schläfen von der Anstrengung des Treppensteigens pochten. Es war 11.30 Uhr, und die Außentemperatur betrug weit über fünfzig Grad. Er sah hinab auf Riggs' erhitztes, rosiges Gesicht und bewunderte die Selbstdisziplin und Zielstrebigkeit des Colonels.

»Guck nicht so herablassend, Robert. Ich weiß, ich schwitze wie ein Schwein, aber ich hatte in letzter Zeit auch nicht so viel Ruhe wie du.«

Die beiden Männer musterten einander, sie wussten beide um ihre je eigene, ambivalente Haltung Hardman gegenüber, und so sagte Kerans leise, sichtlich bemüht, die Gegnerschaft beizulegen: »Vielleicht kriegst du ihn jetzt zu fassen, Colonel.«

Auf der Suche nach einer Sitzgelegenheit ging er den Flur entlang und verschaffte sich Zutritt zum erstbesten Apartment.

Als er die Tür offnete, zerfiel der Rahmen des wurmstichigen Gebälks vor seinen Augen zu Staub. Er stieg über den Unrat hin weg und ging hinüber zu den breiten Flügeltüren, die zur Terrasse führten. Ein kleiner Luftzug strömte herein, den sich Kerans beim Betrachten der Dschungellandschaft zu seinen Füßen über Gesicht und Brust streichen ließ. Die Landzunge, auf der die halbmondförmige Apartmentanlage stand, war früher ein kleiner Hügel gewesen, und manche der Gebäude, die auf der anderen Seite der Schlickebene unter der Vegetation zu sehen waren, hatte die Flut noch nicht erfasst. Kerans starrte auf die beiden Turmuhren, die wie weiße Obeliske über den Farnwedeln aufragten. Die gelbe Luft der Mittagszeit schien sich wie ein riesiges, lichtdurchlässiges Dach über das Blattwerk zu legen, über dem – sobald sich ein Zweig bewegte und die Sonnenstrahlen brach – tausend Lichtflecke wie Diamanten irrlichterten. Die verschwommenen Umrisse eines klassischen Portikus samt Wandelgang unterhalb der Türme ließen vermuten, dass die Gebäude einst zu einem kleinen städtischen Zentrum gehörten. Auf einem der Zifferblätter fehlten die Zeiger; die andere Turmuhr indes war zufällig fast zur aktuellen Zeit stehen geblieben – 11.35 Uhr. Kerans fragte sich, ob die Uhr vielleicht von einem verrückten Einsiedler gewartet wurde, der sich an ein letztes, sinnloses Zeichen von Vernunft klammerte, doch wenn der Mechanismus noch funktionierte, könnte auch Riggs diese Rolle übernommen haben. Wie oft schon hatte er, bevor sie aus einer der gefluteten Städte abzogen, das zwei Tonnen schwere Uhrwerk einer rostigen Kirchturmuhr in Gang gebracht, um sich mit einem letzten Glockenspiel übers Wasser zu verabschieden. Noch Nächte später tauchte Riggs in Kerans' Träumen auf, der als Wilhelm Tell gekleidet durch eine wuchtige Dali'sche Landschaft stapft und riesengroße, tropfende Sonnenuhren wie Dolche in den geschmolzenen Sand pflanzt.

Kerans lehnte am Fenster und wartete, dass die Minuten vergingen, damit sie die Zeit, zu der die Uhr stehen geblieben war – 11.35 Uhr –, hinter sich lassen und wie ein Fahrzeug auf der Überholspur an ihr vorüberziehen würden. Oder stand sie gar nicht still (obwohl sie mindestens zweimal am Tag mit absoluter Präzision die Zeit anzeigte – und damit öfter als die meisten Zeitmesser) und *wirkte* nur so langsam, weil ihre Bewegung kaum wahrnehmbar schien? Je langsamer eine Uhr, desto weiter nähert sie sich dem unendlich langsamen, majestätischen Lauf der kosmischen Zeit – tatsächlich könnte man durch eine Richtungsumkehr, indem man die Uhr rückwärts laufen lässt, einen Chronometer erfinden, der sich gewissermaßen langsamer bewegt als das Universum und damit Teil eines noch größeren raumzeitlichen Systems wäre.

Kerans erheiterte diese Vorstellung, doch seine Heiterkeit verflog rasch, als er zwischen dem Trümmergewirr am gegenüberliegenden Ufer einen kleinen Friedhof entdeckte, der im Wasser zu versinken drohte und dessen Grabsteine, die mit ihrer Kopfseite schief aus dem Wasser ragten, wie eine gesellige Schar Badender wirkte. Er erinnerte sich wieder an jenen gespenstischen Friedhof, über dem sie einst mit ihrem Schiff ankerten und aus dessen prunkvollen florentinischen Grabmälern und Gruften, inzwischen rissig und gesprungen, Skelette in wehenden Leichentüchern an die Oberfläche geschwemmt wurden.

Er wandte sich ab, drehte sich vom Fenster weg und erkannte jählings, dass ein großer, schwarzbärtiger Mann reglos in der Tür hinter ihm stand. Ungläubig und erschrocken starrte Kerans auf die Gestalt und versuchte sich zu sammeln. Der hochgewachsene Mann stand in leicht gebückter, doch entspannter Haltung vor ihm, die kräftigen Arme locker an der Seite. Schwarze Schlammkrusten überzogen Handgelenke und Stirn, klebten an seinen Stiefeln und dem Stoff seiner Drillichhose, und für einen Moment erinnerte er Kerans an eine der wiederauferstandenen Leichen. Das bärtiges Kinn tief auf die Brust gesenkt, wirkte er erschöpft und müde, ein Eindruck, der durch die viel zu enge blaue Baumwolljacke, die er trug, noch verstärkt wurde, die Jacke eines Sanitäters, dessen Dienstabzeichen – das eines Corporals – seine strammen Oberarmmuskeln zierte. Seine Miene war von hungriger Intensität, Kerans aber betrachtete er ernst und teilnahmslos mit Augen, die gleichwohl zu schwelen schienen und nur durch ein kurzes Aufleuchten, das seine innere Kraft verriet, ein gewisses Interesse an dem Biologen offenbarte.

Kerans wartete, bis sich seine Augen an die Dunkelheit im hinteren Teil des Raumes gewöhnt hatten und blickte unwillkürlich zur Schlafzimmertür, durch die der Mann gekommen war. Er streckte ihm eine Hand entgegen, halb befürchtend, der Bann zwischen ihnen könne brechen, halb ihn warnend, sich nicht vom Fleck zu rühren, wofür er im Gegenzug mit einem Blick seltsam verständnisvoller Sympathie bedacht wurde, fast so, als wären ihre Rollen vertauscht.

»Hardman!«, flüsterte Kerans.

Mit einem Hechtsprung stürzte sich Hardman auf Kerans, wobei seine gedrungene Gestalt das halbe Zimmer einnahm, machte kurz vor ihrem Zusammenprall eine Drehung, sprang, bevor Kerans das Gleichgewicht wiedererlangen konnte, auf die Terrasse und kletterte über das Geländer.

»*Hardman!*« In dem Moment, als der Warnschrei von einem der Männer auf dem Dach ertönte, hatte auch Kerans die Terrasse erreicht. Wie ein Akrobat kletterte Hardman das Abflussrohr hinab auf die untere Brüstung. Riggs und Macready stürzten ins Zimmer. Riggs, die Mütze umklammernd, schwang sich über das Geländer und fluchte, als Hardman in einem Apartment verschwand.

»Meine Güte, Kerans, du hättest ihn fast gehabt!« Gemeinsam rannten sie zurück auf den Flur und die Treppe hinab, sahen, wie Hardman sich vier Stockwerke tiefer über das Geländer schwang und mit einem einzigen Satz von einem Treppenabsatz zum nächsten sprang.

Als sie das unterste Stockwerk erreichten, hatte Hardman wohl dreißig Sekunden Vorsprung, und ein wüstes Durcheinander aufgeregter Rufe schall vom Dach herab. Dann blieb Riggs wie angewurzelt auf der Terrasse stehen.

»Großer Gott, er versucht, sein Floß wieder ins Wasser zu ziehen!«

Dreißig Meter weiter zog Hardman den Katamaran mit dämonischer Kraft über die trocknenden Schlickmassen, das Schlepptau geschultert, den Bug in luftiger Höhe.

Riggs knöpfte den Klappverschluss seines Waffenholsters zu und schüttelte bedauernd den Kopf. Es waren noch gut fünfzig Meter bis zum Wasser, doch Hardman, bis zu den Knien im Morast versinkend, achtete nicht auf die Männer auf dem Dach, die ihn beobachteten. Schließlich warf er das Schlepptau fort, packte das Bettgestell mit beiden Händen und zerrte es in kleinen, ruckartigen Bewegungen mühsam weiter, wodurch die Jeansjacke am Rücken riss.

Riggs trat auf die Terrasse und gab Wilson und Caldwell ein Zeichen, vom Dach herunterzukommen. »Der arme Teufel, er sieht völlig fertig aus. Doktor, bleib' du in der Nähe, vielleicht kannst du ihn ja beruhigen.«

Vorsichtig schlichen sie sich an Hardman heran. Die fünf Männer, Riggs, Macready, die beiden Soldaten und Kerans, näherten sich ihm von der abschüssigen, trockenen Schlickseite, die Augen vor der intensiven Sonneneinstrahlung schützend. Wie ein verwundeter Wasserbüffel kämpfte Hardman keine zehn Meter von ihnen entfernt im Schlamm. Kerans bedeutete den anderen zurückzubleiben und ging dann mit Wilson weiter, einem blonden Jungen und früher einmal Hardmans persönliche Ordonnanz. Er fragte sich, was er Hardman sagen sollte, und räusperte sich, um den Knoten im Hals zu lösen.

Auf dem Dach hinter ihnen röhrte plötzlich ein Auspuff stakkatoartig los und zerriss die Stille, die über der Szenerie lag. Kerans, ein paar Schritte hinter Wilson, zögerte und sah, wie Riggs erbost zum

Hubschrauber hinaufschaute. In der Annahme, dass ihre Mission nun beendet sei, hatte Daley den Motor gestartet, sodass die Rotorblätter nun langsam durch die Luft pflügten.

Hardman, aufgeschreckt bei seinem Versuch, das Wasser zu erreichen, sah nun auch die Gruppe, die ihn umzingelte, ließ den Katamaran los und ging dahinter in Deckung. Wilson watete vorsichtig durch den morastigen Schlick am Ufer entlang, den Karabiner an die Brust gedrückt. Als er bis zur Hüfte einsank, rief er nach Kerans, doch seine Stimme ging im Aufheulen des Hubschraubermotors unter, der mit lautem, trockenen Knattern eine Salve von Abgasen über ihre Köpfe hinweg ausspuckte. Auf einmal wankte Wilson, und bevor Kerans ihm zu Hilfe eilen konnte, lehnte sich Hardman über den Katamaran, den großen .45er Colt in der Hand, und nahm sie unter Beschuss. Mündungsfeuer blitzte auf im gleißenden Licht, und mit einem kurzen Aufschrei fiel Wilson über den Karabiner, machte dann eine Rolle rückwärts, hielt seinen blutigen Ellbogen fest und spürte, wie ihm die Druckwelle die Mütze vom Kopf riss.

Als die anderen Männer sich auf den Hang zurückzogen, steckte Hardman den Colt in die Koppel, machte kehrt und rannte am Wassersaum entlang zu den Gebäuden, die sich in hundert Meter Entfernung im Dschungel verloren.

Begleitet vom anschwellenden Dröhnen des Hubschraubers hetzten Riggs und Kerans hinter Hardman her, halfen dem verwundeten Wilson und stolperten dabei immer wieder in Strudellöcher, die die Fußabdrücke der Männer vor ihnen hinterlassen hatten. Am Rand der Schlickebene hatte der Dschungel eine hohe, grüne, terrassenförmige Wand aus Baumfarnen und riesigen Bärlapppflanzen gebildet, die über die Stockwerke wucherten. Ohne zu zögern stürzte sich Hardman in einen schmalen Durchgang zwischen zwei alten Steinmauern und verschwand in einer Gasse, in die ihm Macready und Caldwell mit zwanzig Meter Abstand folgten.

»Bleiben Sie ihm auf den Fersen. Sergeant!«, brüllte Riggs, als Macready stehen blieb, um auf den Colonel zu warten. »Wir haben ihn fast, er macht langsam schlapp.« Doch Kerans gestand er offen: »Gott, was für ein Schlamassel!« Er deutete sorgenvoll auf Hardmans hünenhafte Erscheinung, die sich in großen Schritten eilends entfernte. »Was treibt den Mann an? Ich hätte nicht übel Lust, ihn einfach laufen zu lassen. Soll er doch sehen, wo er bleibt.«

Wilson hatte sich so weit erholt, dass er ohne fremde Hilfe gehen konnte, und so ließ Kerans ihn los und begann zu rennen. »Er schafft es, Colonel; ich werde mit Hardman reden, vielleicht kann ich ihn zurückhalten.«

Von der Gasse aus gelangten sie auf einen kleinen Platz mit einer Reihe wuchtiger, urbaner Bauwerke aus dem 19. Jahrhundert, die auf einen prunkvollen Brunnen herabblickten. Wilde Orchideen und Magnolien rankten sich um die grauen, ionischen Säulen des alten Gerichtsgebäudes, einer Miniaturausgabe des Parthenon mit einem Skulpturen überladenen Portikus, doch ansonsten hatte der Platz die Attacken der letzten fünfzig Jahre unbeschadet überstanden, und seine eigentlichen Fundamente lagen noch weit über dem Wasserspiegel der Umgebung. Neben dem Gerichtsgebäude mit der zeigerlosen Turmuhr befand sich ein weiteres Bauwerk mit einer Kolonnade, vielleicht eine Bibliothek oder ein Museum, dessen weiße Säulen im Sonnenlicht wie eine Ansammlung mächtiger, gebleichter Knochen wirkten.

Es war kurz vor Mittag, die Sonne tauchte das antike Forum in grelles, loderndes Licht, da blieb Hardman stehen, blickte unsicher zu den Mannern zuruck, die ihn verfolgten und stolperte dann die Stufen hoch zum Gerichtsgebäude. Macready gab Kerans und Caldwell ein Zeichen, ging hinter den umliegenden Statuen in Deckung und bezog hinter der Brunnenschale Stellung.

»Doktor, jetzt ist es zu gefährlich! Vielleicht erkennt er Sie nicht. Wir werden warten, bis die Hitze nachlässt, von dort kann er uns nicht entkommen. Doktor…«

Kerans schenkte ihm keine Beachtung. Er ging langsam über das rissige Pflaster hinüber in Hardmans Richtung, mit beiden Unterarmen die Augen beschirmend, und setzte zögernd einen Fuß auf die erste Stufe. Irgendwo im Schatten verborgen hörte er Hardmans erschöpfte Atemzüge, mit denen er die kochend heiße Luft in seine Lungen pumpte.

Als der Hubschrauber langsam über sie hinwegschwebte und mit seinem Dröhnen den Platz zum Erzittern brachte, hasteten Riggs und Wilson die Stufen zum Museumseingang hoch und sahen, dass der Heckrotor die Maschine in einer immer kleiner werdenden Spirale zum Schlingern brachte. Sowohl Hitze als auch Lärm setzten Kerans zu und prügelten wie mit tausend Keulen auf ihn ein, umzingelt von Staubwolken, die um ihn herum aufwirbelten. Plötzlich verlor der Hubschrauber an Auftrieb, drohte mit gequältem Aufheulen des Motors auf den Platz zu stürzen, hob dann kurz vor dem Aufprall wieder ab und gewann erneut an Höhe. Kerans verschanzte sich mit Macready hinter dem Brunnen, als der Hubschrauber über ihnen ins Trudeln geriet. Dann drehte er sich um diese Achse, streifte mit dem Heckrotor den Portikus des Gerichtsgebäudes. Marmorsplitter spritzten hoch wie bei einer Explosion, der Hubschrauber taumelte und krachte mit Wucht auf das Pflaster, während sich der geborstene Heckrotor wie wild drehte. Daley stellte den Motor ab, lehnte sich noch halb betäubt vom Aufprall zurück und versuchte vergeblich, sich aus seinen Gurten zu befreien.

Nachdem auch dieser zweite Versuch gescheitert war, Hardman dingfest zu machen, hockten sie frustriert im Schatten unter dem Portikus des Museums und warteten auf das Abklingen der Mittagshitze. Wie von riesigen Suchscheinwerfern angestrahlt erhellte das blendend weiße Licht das graue Gemäuer der Gebäude rund um den Platz, einer überbelichteten Fotografie nicht unähnlich, die Kerans an die kreideweißen Kolonnaden einer ägyptischen Nekropole erinnerten. Als die Sonne ihren Zenit erreichte, begann das von den Pflastersteinen reflektierte Licht zu flimmern. Von Zeit zu Zeit, während er Wilson versorgte und ihm einige Morphiumkörnchen verabreichte, beobachtete Kerans die anderen Männer, die weiterhin nach Hardman Ausschau hielten und sich in langsamen Bewegungen mit ihren Mützen Luft zufächelten.

Zehn Minuten später, kurz nach Mittag, ließ er den Blick über den Platz schweifen. In gleißendes Licht gehüllt waren die Gebäude auf der anderen Seite des Brunnens nicht mehr durchgehend sichtbar, sondern traten wie Phantome einer Geisterstadt nur noch von Zeit zu Zeit aus der Luft hervor. Auf der Mitte des Platzes, am Rande des Brunnens, stand eine hochgewachsene, einsame Gestalt, die durch die pulsierenden Temperaturgradienten, die normale Perspektive sekundenlang umkehrend, bei flüchtiger Betrachtung noch viel größer wirkte. Hardmans sonnenverbranntes Gesicht und sein schwarzer Bart waren jetzt kreideweiß und seine schlammverkrustete Kleidung glitzerte im gleißenden Sonnenlicht wie Gold.

Kerans kauerte sich nieder und erwartete, dass Macready nun gleich auf Hardman losstürzen würde, doch der Sergeant, neben Riggs an einer Säule lehnend, starrte nur mit leerem Blick zu Boden, als wäre er eingeschlafen oder verzaubert.

Hardman entfernte sich vom Brunnen und bewegte sich zwischen den wechselnden Lichtvorhängen hindurch langsam über den Platz. Er ging ein paar Meter entfernt an Kerans vorbei, der hinter der Säule kauerte, eine Hand auf Wilsons Schulter, um den leise stöhnenden Mann zu beruhigen. Hardman machte einen weiten Bogen um den Hubschrauber, gelangte zum anderen Ende des Gerichtsgebäudes, verließ dort den Platz und kletterte einen schmalen Hang hinauf zu den Schlickbänken, die sich entlang des Ufers erstreckten.

Die Intensität des Sonnenlichts ließ ein wenig nach, wie um ihm zur Flucht zu gratulieren.

»Colonel Riggs!«

Seine Augen vor dem grellen Licht schützend stürzte Macready die Treppe hinunter und deutete mit seiner Thompson über die Schlickebene. Riggs folgte ihm, ohne Kopfbedeckung, die schmalen Schultern zusammengepresst, müde und niedergeschlagen.

Er legte eine Hand sachte auf Macreadys Ellbogen. »Lassen Sie ihn gehen, Sergeant. Wir kriegen ihn jetzt ohnehin nicht mehr. Das macht doch alles keinen Sinn.«

In sicherer Entfernung von zweihundert Meter schritt Hardman, von der Backofenhitze unbeirrt, kraftvoll aus. Er erreichte die erste Kuppe, die, teilweise unsichtbar hinter riesigen Dampfwolken verborgen, über der Mitte der Schlickebene aufragte und hinter der er allmählich verschwand wie ein Mensch im dichten Nebel. Vor ihm erstreckte sich die endlose Weite des Binnenmeers und verschmolz an der Horizontlinie mit dem glühenden Himmel, sodass Kerans meinte, er wandere über Dünen aus weißglühender Asche direkt in den Schlund der Sonne.

Die nächsten zwei Stunden verharrte er schweigend im Museum, wartete auf die Ankunft des Kutters und hörte sich Riggs' gereiztes Murren und Daleys lahme Ausreden an. Von der Hitze entkräftet, versuchte Kerans zu schlafen, doch das gelegentliche Stoßfeuer eines Karabiners schreckte ihn immer wieder auf und marterte sein geschundenes Gehirn wie Tritte mit einem Lederstiefel. Der Lärm des Hubschraubers hatte einen Schwarm Leguane angelockt, die nun am Rand des Platzes entlangschlichen und die Männer auf den Stufen des Museums anfauchten. Ihre raues Gekreisch erfüllte Kerans mit dumpfer Angst, die auch nach Ankunft des Kutters und während der Rückfahrt zum Stützpunkt anhielt. Selbst unter dem Drahtverhau, wo es vergleichsweise kühl war und die grünen Ufer des Kanals an ihnen vorüberzogen, konnte er ihr lautes Fauchen hören.

Am Stützpunkt angelangt, brachte er Wilson auf die Krankenstation, suchte dann Dr. Bodkin auf, schilderte ihm die Ereignisse des Morgens und erwähnte dabei beiläufig das Fauchen der Leguane. Bodkin nickte nur geheimnisvoll vor sich hin und sagte dann: »Pass auf, Robert, du könntest sie wieder hören.«

Zu Hardmans Flucht äußerte er sich nicht.

Da Kerans Katamaran noch immer auf der anderen Seite der Lagune ankerte, beschloss er, auf der Forschungsstation zu übernachten. Er verbrachte einen geruhsamen Nachmittag in seiner Kabine, kurierte sein leichtes Fieber aus, dachte an Hardman und seine sonderbare Odyssee in den Süden und an die Schlickbänke, die in der Mittagssonne wie leuchtendes Gold erglühten, abweisend und einladend zugleich, wie die verlorenen, aber ewig lockenden und unerreichbaren Gestade des amnionischen Paradieses.

Fünftes Kapitel

Abstieg in die Tiefenzeit

Später am Abend, als Kerans schlafend in seiner Koje auf der Forschungsstation lag und die dunklen Gewässer der Lagune draußen durch die geflutete Stadt strömten, suchte ihn der erste der Träume heim. Er hatte seine Kabine verlassen, war an Deck gegangen und blickte nun, über die Reling gebeugt, auf die schwarz glänzende Scheibe der Lagune hinab. Dichte Schwaden eines undurchsichtigen Gases wirbelten nur rund 30 Kilometer entfernt am Himmel vorüber, durch die hindurch er den matten Umriss einer gigantischen Sonne erkennen konnte. Ein tiefes Dröhnen ging von ihr aus, während sie die Lagune in dumpfes Licht tauchte und in kurzen Abständen die aufragenden Kalksteinfelsen illuminierte, die den Ring weiß getünchter Gebäude ersetzt hatte.

Das dunkle Wasserbecken, in dem sich dieses periodisch aufflackernde Licht spiegelte, erstrahlte dann in einem diffusen, opalisierenden Glanz, hervorgerufen von Myriaden phosphoreszierender Lebewesen, die dort in dichten Schwärmen wie versunkene Lichthöfe schwebten. Dazwischen wimmelte es von Tausenden ineinander verknäulter Schlangen und Aale, die sich in wildem Gewirr umeinander ringelten, sodass die glatte Oberfläche der Lagune zu brodeln schien.

Als das Dröhnen der große Sonne immer näher kam und fast den ganzen Himmel erfasste, riss urplötzlich die dichte Pflanzendecke entlang der Kalksteinklippen auf und brachte die schwarzen und steingrauen Köpfe riesiger triassischer Reptilien zum Vorschein. Sie stürmten zum Klippenrand und heulten gemeinsam die Sonne an, ein Geheul, das sich allmählich steigerte, bis es vom vulkanischen Dröhnen und Grollen der Sonneneruptionen nicht mehr zu unterscheiden war. Kerans spürte den gewaltigen, hypnotischen Lockruf der jaulenden Reptilien wie seinen eigenen Puls und begab sich ins Wasser des Sees, das nur eine Erweiterung seines eigenen Blutkreislaufs zu sein schien. Als das dumpfe Grollen und rhythmische Pochen stärker wurde, spürte er, wie sich die Grenzen auflösten, die seine eigenen Zellen von dem Medium trennten, das ihn umgab, und er schwamm los und verlor sich im schwarzen, tosenden Wasser.

Er erwachte in der stickigen Koje seiner Kabine, zu erschöpft, um auch nur die Augen zu öffnen und mit einem Gefühl, als sei sein Kopf ein aufgeplatzter Eierkürbis. Selbst als er sich im Bett aufsetzte und das Gesicht mit lauwarmem Wasser aus dem Krug benetzte, sah er noch immer die gewaltige Flammenscheibe der gespenstischen Sonne vor sich und vernahm ihr unheimliches Pochen und Dröhnen. Am Takt erkannte er, dass die Frequenz seinem eigenen Herzschlag entsprach, doch auf irgendeine verrückte Weise wurden die Geräusche so verstärkt, dass sie knapp über der Hörschwelle lagen und dumpf von den Metallwänden und der Decke widerhallten wie das Gewisper einer unsichtbaren Unterströmung, die gegen die Rumpfplatten eines U-Boots prallt.

Die Geräusche schienen ihm zu folgen, als er die Kabinentür öffnete und den Korridor hinunter zur Kombüse ging. Es war kurz nach sechs Uhr morgens, und auf der Forschungsstation herrschte Totenstille, als die ersten Lichtreflexe der trügerischen Morgendämmerung die staubigen Reagenzienbänke und die bis zur Decke im Korridor gestapelten Kisten erfasste. Einige Male blieb Kerans stehen und versuchte, die Echos abzuschütteln, die ihn so hartnäckig verfolgten, wobei er sich beklommen fragte, wer wohl seine neuen Verfolger in Wirklichkeit sein mochten. Sein Unbewusstes entwickelte sich zusehends zu einem gut bestückten Pantheon übermächtiger Phobien und Zwangsvorstellungen, die wie eine Horde verirrter Telepathen von seiner ohnehin schon überreizten Psyche

Besitz ergriffen. Früher oder später würden selbst die Archetypen aufbegehren und sich gegenseitig bekämpfen, Anima gegen Persona, Ich gegen Es…

Dann fiel ihm ein, dass Beatrice Dahl den gleichen Traum gehabt hatte, und er beruhigte sich wieder. Er ging an Deck, sah über das träge Wasser der Lagune hinüber zur fernen Spitze des Apartmenthauses und überlegte, ob er sich eines der am Steg vertäuten Flachboote ausleihen und zu ihr hinüberfahren sollte. Nachdem er nun selbst einen der Träume erlebt hatte, begriff er, wie viel Mut und Eigenständigkeit Beatrice gezeigt hatte, als sie jede Form von Mitgefühl zurückwies.

Kerans wusste wohl, dass er aus irgendeinem Grund nie imstande gewesen war, Beatrice echtes Mitgefühl entgegenzubringen, hatte er ihr doch nur ganz selten Fragen zu ihren Albträumen gestellt und nie eine Behandlung oder ein Beruhigungsmittel angeboten. Er hatte sich auch nie mit Bodkins oder Riggs' versteckten Anspielungen auf die Träume und ihre Gefahren befassen wollen, fast so, als hätte er gewusst, dass er sie bald teilen und als unabänderliche Komponente seines Lebens akzeptieren würde, wie die Vorstellung des eigenen Todes, die jede und jeder in den geheimsten Winkeln des Herzens in sich trägt. (Logischerweise – denn welche Zukunftsprognose wäre düsterer als das Leben? Sollte man tatsächlich allmorgendlich zu seinen Freunden sagen: »Ich betrauere deinen unabänderlichen Tod«, wie zu jedem, der an einer unheilbaren Krankheit leidet, und wäre die universelle Versagung dieser minimalen Geste des Mitgefühls ein Grund für die vorherrschende Abneigung, über Träume zu sprechen?)

Bodkin saß am Tisch in der Kombüse, als Kerans eintrat, und trank seelenruhig Kaffee, der auf dem Herd in einem großen, angeschlagenen Kochtopf vor sich hin brodelte. Aus klugen, flinken Augen musterte er Kerans unauffällig, der sich in einen Stuhl fallen ließ und mit fiebriger Hand bedächtig die Stirn massierte.

»Du gehörst jetzt also auch zu den Träumern, Robert. Du hast die Fata Morgana der Endlagune gesehen. Du siehst müde aus. War es ein intensiver Traum?«

Kerans erwiderte mit gequältem Lachen: »Willst du mir Angst einjagen, Alan? Ich weiß es nicht genau, doch er schien mir intensiv genug. Gott, ich wünschte, ich hätte die letzte Nacht nicht hier verbracht. Im Ritz gibt es keine Albträume.« Nachdenklich nippte er an dem heißen Kaffee. »Das hat Riggs also gemeint. Wie viele seiner Männer haben diese Träume?«

»Riggs selbst hat sie nicht, doch mindestens die Hälfte der Besatzung. Und Beatrice Dahl natürlich. Ich habe sie schon seit drei Monaten. Es ist im Grunde genommen bei allen ein und derselbe wiederkehrende Traum.« Bodkin sprach mit leiser, bedächtiger Stimme und in sanfterem Tonfall als sonst, als gehöre Kerans nunmehr zu einem erlesenen, inneren Kreis. »Du hast lange durchgehalten, Robert, das liegt an der Kraft deiner unbewussten Filter. Wir haben uns alle schon gefragt, wann du so weit sein würdest.« Er lächelte Kerans zu. »Im übertragenen Sinne, natürlich. Ich habe nie mit jemandem über die Träume gesprochen. Außer mit Hardman, der arme Kerl wurde von den Träumen ja regelrecht verfolgt.« Dann setzte er hinzu: »Hast du die solare Impulsgleichung entdeckt? Hardmans Grammophonplatte war eine verstärkte Wiedergabe seines eigenen Pulses, um die Krise sofort auszulösen. Glaube ja nicht, ich hätte ihn vorsätzlich in diese Dschungel geschickt.«

Kerans nickte und blickte durch das Fenster auf den gewölbten Rumpf des schwimmenden Stützpunkts, der längsseits vertäut war. Hoch oben auf dem Oberdeck stand Sergeant Daley, der Hubschrauber-Kopilot, reglos an der Reling und starrte über die kühle Wasserfläche des frühen Morgens. Vielleicht war auch er gerade aus dem kollektiven Albtraum erwacht und genoss nun das olivgrüne Panorama der Lagune in der vergeblichen Hoffnung, damit das Bild der brennenden triassischen Sonne auszulöschen. Kerans senkte den Kopf und blickte hinab zu den dunklen Schatten unter dem Tisch, ein Widerschein der schwach schimmernden phosphoreszierenden Wasserflächen. Wie aus weiter Ferne hörte er das Trommelfeuer der Sonne über den Tiefen des Wassers. Nachdem er seine anfänglichen Ängste überwunden hatte, merkte er, dass den Klängen auch etwas Tröstliches innewohnte, fast so beruhigend und aufmunternd wie sein eigener Herzschlag. Nur die Riesenechsen waren furchterregend gewesen.

Er erinnerte sich an die Leguane, die fauchend über die Stufen des Museums preschten. So wie der Unterschied zwischen latentem und manifestem Trauminhalt sich verwischt hatte, so war auch die Grenze zwischen Realem und Surrealem in der Außenwelt außer Kraft gesetzt. Phantome schlüpften unmerklich vom Albtraum in die Realität und wieder zurück, terrestrische und psychische Landschaften wurden eins, nicht anders als damals in Hiroshima und Auschwitz, in Golgatha und Gomorrah.

Trotz seiner Vorbehalte gegenüber Bodkins Heilmittel sagte er zu ihm: »Leihe mir lieber Hardmans Wecker aus, Alan. Oder besser noch: Erinnere mich daran, heute Abend Phenobarbital zu nehmen.«

»Mach' das nicht«, warnte ihn Bodkin eindringlich. »Es sei denn, du willst die Wirkung verdoppeln. Nur mit dem Rest an bewusster Kontrolle, der dir geblieben ist, kannst du den Dammbruch aufhalten.« Er knöpfte sich die Baumwolljacke über der nackten Brust zu. »Das war kein echter Traum, Robert, sondern eine organische, Jahrmillionen alte Erinnerung.«

Er deutete auf den Rand der über den Nacktsamer-Hainen aufgehenden Sonne. »Die angeborenen Auslösemechanismen, die vor Millionen von Jahren in deinem Zytoplasma angelegt wurden, sind erwacht, die expandierende Sonne und die steigende Temperatur treiben dich durch alle Segmentebenen der Wirbelsäule hinab zu den unterirdischen Meeren, die noch weit unter den tiefsten Schichten deines Unbewussten liegen, hinein in die völlig neue Zone der neuronalen Psyche. Das ist der Lumbaltransfer, die totale biopsychische Erinnerung. Wir *erinnern* uns wirklich an diese Sümpfe und Lagunen. Nach ein paar Nächten wirst du die Träume nicht mehr fürchten, trotz ihrer vermeintlichen Schrecken. Darum hat Riggs auch den Befehl zum Aufbruch erhalten.«

»Der Pelycosaurus…?«, fragte Kerans.

Bodkin nickte. »Der Scherz ging nach hinten los. Sie haben unseren Bericht in Camp Byrd nur deshalb nicht weiter beachtet, weil es nicht der erste war, der sie erreichte.«

Auf der Treppe waren Schritte zu hören, die sich über das metallene Außendeck zügig näherten. Colonel Riggs stieß die Pendeltür auf, frisch gewaschen und frühstückssatt.

Er winkte ihnen mit seinem Stöckchen freundlich zu und sah missmutig auf den Berg ungewaschener Tassen und auf seine beiden untätigen Untergebenen.

»Gott, was für ein Saustall! Guten Morgen, ihr beiden. Wir haben einen anstrengenden Tag vor uns, also packen wir's an. Ich habe die Abfahrtszeit für morgen früh Punkt zwölf festgelegt; um zehn Uhr ist der letzte Appell vor der Einschiffung. Ich will nicht mehr Treibstoff verschwenden als nötig, also schmeißt alles, was ihr könnt, über Bord. Alles in Ordnung, Robert?«

»Bestens«, erwiderte Kerans matt und richtete sich auf.

»Freut mich zu hören. Du siehst ein wenig mitgenommen aus. Also gut, wenn du dir den Kutter ausleihen willst, um das Ritz zu räumen…«

Kerans hörte ihm wie abwesend zu, während er den prächtigen Sonnenaufgang beobachtete, der hinter der Silhouette des gestikulierenden Colonels aufschien. Was sie jetzt beide grundlegend voneinander trennte, war die Tatsache, dass Riggs den Traum nicht gesehen und seine immense halluzinatorische Kraft selbst nicht erlebt hatte. Noch immer gehorchte er den Gesetzen von Vernunft und Logik, erteilte Befehle und Anweisungen und schwirrte in seiner überschaubaren, unbedeutenden Welt umher wie eine fleißige Arbeitsbiene, die zum heimischen Stock zurückkehren will. Nach einigen Minuten ignorierte er den Colonel völlig und hörte nur noch auf das tiefe, unterschwellige Dröhnen in seinen Ohren, die Augen halb geschlossen, sodass er sah, wie die flimmernde Wasserfläche des Sees gesprenkelte Flecken auf die beschattete Unterseite des Tisches warf.

Bodkin, der ihm gegenüber saß, schien es ihm gleichzutun, die Hände über dem Bauchnabel verschränkt. Bei wie vielen ihrer letzten Gespräche mochte er in Gedanken schon kilometerweit woanders gewesen sein?

Als Riggs aufbrach, begleitete ihn Kerans zur Tür. »Natürlich, Colonel, alles wird bereit sein. Danke, dass du uns Bescheid gesagt hast.«

Als der Kutter über die Lagune davonfuhr, kehrte er zu seinem Stuhl zurück. Minutenlang starrten die beiden Männer einander über den Tisch hinweg an, und je höher die Sonne stieg, desto emsiger schwirrten draußen die Insekten umher, die am Drahtgitter abprallten. Dann sagte Kerans: »Alan, ich weiß noch nicht, ob ich mitfahre.«

Bodkin zog schweigend seine Zigaretten hervor. Bedächtig zündete er eine davon an, lehnte sich dann zurück und rauchte sie in aller Ruhe. »Weißt du eigentlich, wo wir sind?«, fragte er nach einer Weile. »In welcher Stadt?« Als Kerans verneinte, sagte er: »Es ist zwar nicht von Bedeutung, aber einen Teil davon nannte man früher London. Seltsamerweise wurde ich hier geboren. Gestern bin ich in das alte Universitätsviertel gerudert, inzwischen ein Gewirr kleiner Rinnsale, und habe tatsächlich das Labor gefunden, in dem mein Vater früher lehrte. Wir zogen von hier fort, als ich sechs Jahre alt war, doch ich kann mich noch genau daran erinnern, dass ich ihn dort eines Tages besuchte. Ein paar hundert Meter weiter gab es ein Planetarium, ich habe da mal einer Vorführung beigewohnt – das war, bevor sie den Projektor neu fokussieren mussten. Die große Kuppel ist immer noch da, knapp zehn Meter unter Wasser. Sie sieht aus wie eine riesengroße Muschel, die überall mit Blasentang überwuchert ist, wie in dem Film *The Water Babies*. Komisch, als ich auf die Kuppel hinabsah, schien mir meine Kindheit wieder sehr nah. Ehrlich gesagt hatte ich sie mehr oder weniger vergessen – in meinem Alter erinnert man nur die Erinnerungen. Nachdem wir von hier fortzogen, führten wir nurmehr ein Nomadendasein, und diese Stadt ist gewissermaßen das einzige Zuhause, das ich je gekannt habe…« Er verstummte auf einmal, müde geworden.

»Sprich weiter«, sagte Kerans glcichmütig.

Sechstes Kapitel

Die geflutete Arche

Die beiden Männer huschten auf leisen Sohlen unbemerkt und schnell über die Metallplanken des Decks. Ein weißer Mitternachtshimmel wölbte sich über der dunklen Lagune, vermischt mit einigen reglosen Kumuluswölkchen, die aussahen wie schlafende Galeonen. Hauchzarte Nachtgeräusche wehten vom Dschungel her über das Wasser; dann und wann schnatterte ein Seidenäffchen los oder fauchten von fern Leguane in ihren Schlupfwinkeln in den gefluteten Bürogebäuden. Entlang der Wasserlinie tummelten sich Myriaden von Insekten, die zerstoben, sobald Brecher gegen den Stützpunkt schwappten oder gegen die abgeschrägten Seiten des Pontons klatschten.

Kerans löste ein Haltetau nach dem anderen und nutzte die Brecher, um die Schlaufen über die rostigen Poller zu hieven. Als die Forschungsstation langsam an Fahrt gewann, starrte er besorgt hinüber zu dem dunklen Umriss des Stützpunkts. Nach und nach kamen die drei Rotorblätter des Hubschraubers auf dem Oberdeck in Sicht, dann der schlanke Heckrotor. Er zögerte, bevor er das letzte Haltetau löste, und wartete darauf, dass ihm Bodkin von der Steuerbordbrücke aus grünes Licht gab.

Die Spannung, die auf dem Haltetau lag, hatte sich verdoppelt, und Kerans brauchte mehrere Minuten, um die Metallschlaufe an der geschwungenen Lippe des Pollers hochzuhieven, wobei ihm die Brecher zu Hilfe kamen, die die Station wie auch den Stützpunkt gelegentlich ins Schwanken brachten. Er hörte, wie Bodkin über ihm ungeduldig etwas flüsterte – sie befanden sich nun genau auf dem schmalen Wasserstreifen hinter dem Stützpunkt, den Bug zur Lagune gerichtet, und sahen das einsame Licht in Beatrices Penthouse. Schließlich gelang es ihm, das schwere Tau über den Pflock zu ziehen, das hinab ins strömungslose Wasser glitt und dann zurück zum Stützpunkt schnellte.

Von der gewaltigen Last befreit und weil sich durch den Hubschrauber auf dem Dach der Schwerpunkt verlagert hatte, kippte der riesige Container um volle fünf Grad zur Seite, geriet aber bald wieder ins Lot. In einer der Kabinen ging ein Licht an und nach wenigen Augenblicken wieder aus. Kerans ergriff den Bootshaken, der neben ihm auf dem Deck lag, als die Wasserbreite erst zwanzig, dann fünfzig Meter betrug. Eine leichte Strömung wogte unbeirrt durch die Lagunen, die sie entlang des Ufers zu ihrem früheren Liegeplatz tragen würde.

Sie hielten die Station auf Abstand zu den Gebäuden, die sie passierten, zerdrückten dabei manchmal Baumfarne, die aus den Fenstern sprossen, und legten so bald zweihundert Meter zurück.Als die Strömung in der Kurve nachließ, verlangsamte sich die Fahrt, bis sie schließlich in einer schmalen Bucht landeten.

Kerans beugte sich über die Reling und sah in knapp zehn Meter Tiefe durch die dunklen Fluten das kleine Filmtheater, dessen Flachdach zum Glück nicht mit Aufzugsschächten oder Feuerleitern zugebaut war. Er winkte Bodkin auf dem Oberdeck zu, betrat das Labor und ging an den Probenbehältern und Ausgussbecken vorbei zum Niedergang, der zum Flutventil hinabführte.

Im Boden der Flutkammer war nur ein Absperrventil eingebaut, doch als er das Handrad bewegte, schoss ein kräftiger Strahl kalten Wassers schäumend um seine Beine nach oben. Als er zum Unterdeck zurückkehrte, um das Labor noch einmal zu überprüfen, lief das Wasser bereits knöcheltief durch die Speigats und ergoss sich über Becken und Bänke. Er befreite das Seidenäffchen eilends aus seinem Käfig und schob das pelzige Säugetier zu einem der Fenster hinaus. Die Station sackte wie ein Aufzug nach unten, sodass er bis zum Niedergang bereits durch hüfttiefes Wasser waten musste, kletterte dann aufs nächste Deck, wo ihn Bodkin erwartete, der frohlockend gewahrte, wie die Fenster der benachbarten Bürogebäude immer höher zu steigen schienen.

Sie ließen sich etwa einen Meter unterhalb der Deckhöhe auf einem flachen Längsbalken nieder, von wo aus sie leichten Zugang zur Steuerbordbrücke hatten. Von unten hörten sie undeutlich, wie die eingeschlossene Luft aus den Retorten und Glasgerätschaften des Labors entwich und sahen, wie sich durch eines der gefluteten Fenster der schaumige Farbstoff eines Laborreagens an der Wasseroberfläche ausbreitete.

Kerans beobachtete, wie die indigoblauen Blasen verblassten und sich auflösten, und er dachte an die riesigen, im Halbkreis angeordneten Tafeln mit Programmaufzeichnungen und Diagrammen, die, als er das Labor verließ, im Wasser versanken – ein perfekter, fast possenhafter Kommentar zu den biophysikalischen Mechanismen, die sie zu beschreiben versuchten und der vielleicht am besten die Unwägbarkeiten symbolisierte, denen sie sich nun ausgesetzt sahen, jetzt, da er und Bodkin beschlossen hatten, zurückzubleiben. Damit betraten sie mit nur wenig mehr als ein paar Faustregeln, die ihnen zur Orientierung dienten, *aqua incognita*.

In seiner Kabine zog Kerans ein beschriebenes Blatt Papier aus der Schreibmaschine und heftete es fest an die Kombüsentür. Bodkin setzte seine Unterschrift unter die Nachricht, dann gingen die beiden Männer wieder an Deck und ließen Kerans' Katamaran zu Wasser.

Langsam paddelnd – den Außenborder hatten sie hochgekippt – glitten sie über das schwarze Wasser und verschwanden wenig später im tiefblauen Schatten des Lagunenrands.

Während der Abwind seiner Rotoren wütend über den Swimmingpool hinwegfegte und an der gestreiften Terrassenmarkise zerrte, kreiste der Hubschrauber mit ohrenbetäubendem Lärm über dem

Penthouse, unablässig auf und ab steigend auf der Suche nach einem geeigneten Landeplatz. Kerans schmunzelte, als er im Salon durch die Kunststofflamellen der Fensterjalousien das Manöver beobachtete, wusste er doch, dass der schwankende Stapel Kerosinfässer, den er und Bodkin auf dem Dach aufgetürmt hatten, den Piloten abschrecken würde. Ein oder zwei der Fässer kippten auf die Terrasse und fielen in den Pool, der Hubschrauber drehte ab, kam dann aber langsamer und in stetem Schwebeflug wieder näher.

Der Pilot, Sergeant Daley, schwenkte den Rumpf so, dass die Luke sich auf gleicher Höhe mit den Fenstern des Salons befand, und dann erschien die barhäuptige Gestalt von Riggs in der Öffnung, wobei zwei der Soldaten ihn festhielten, und brüllte etwas in ein Megaphon.

Beatrice Dahl eilte von ihrem Beobachtungsposten am anderen Ende des Salons zu Kerans hinüber und hielt sich die Ohren zu.

»Robert, er will uns was sagen!«

Kerans nickte, doch die Stimme des Colonels ging im Rotorenlärm völlig unter. Als Riggs verstummte, setzte der Hubschrauber zurück und entschwebte über der Lagune, und mit ihm schwanden auch der Lärm und die Vibrationen.

Kerans legte seinen Arm um Beatrices Schulter, deren nackte, geölte Haut sich unter seiner Hand weich anfühlte. »Nun, wir wissen ja auch so, was er uns sagen wollte.«

Sie gingen hinaus auf die Terrasse und winkten Bodkin zu, der aus dem Aufzughaus gekommen war und den Stapel Fässer zurechtrückte. Unter ihnen, auf der anderen Seite der Lagune, ragten das Oberdeck und die Brücke der gefluteten Forschungsstation aus dem Wasser, umgeben von Treibgut, einigen hundert Seiten alten Briefpapiers, das fortgeschwemmt wurde. Vom Terrassengeländer aus deutete Kerans auf den gelben Rumpf des Stützpunkts, der weit draußen, in der letzten der drei großen Lagunen nahe des Ritz', vertäut worden war.

Nach einem vergeblichen Versuch, die Forschungsstation wieder flott zu machen, war Riggs wie geplant zur Mittagszeit aufgebrochen und hatte den Kutter zum Apartmenthaus geschickt, in dem er das Versteck der beiden Biologen vermutete. Weil aber der Aufzug nicht funktionierte und seine Männer sich weigerten, zu Fuß die zwanzig Stockwerke hinaufzugehen – auf den unteren Treppenabsätzen hatten sich bereits einige Leguane häuslich niedergelassen –, war Riggs schließlich mit dem Hubschrauber zu ihnen gekommen. Weil er dort aber nicht landen konnte, hatte er sie dann im Ritz heimgesucht.

»Gott sei Dank ist er weg«, sagte Beatrice erleichtert. »Er hat mich irgendwie schon genervt.«

»Das hast du ja ziemlich deutlich gemacht. Ich bin nur überrascht, dass er dich nicht heftiger zusammengestaucht hat.«

»Aber Darling, der war doch unerträglich. Dieses ganze Getue und Gewese, mit dem er sich mitten im Dschungel sogar zum Dinner noch umzog – ihm fehlte jegliche Anpassungsfähigkeit.«

»Riggs war in Ordnung«, bemerkte Kerans leise. »Er wird es vermutlich schaffen.« Jetzt, da Riggs fort war, begriff er, wie abhängig er vom Elan und der Frohnatur des Colonels gewesen war. Ohne ihn wäre die Moral der Einheit im Handumdrehen zusammengebrochen. Es musste sich erst noch zeigen, ob Kerans seinem eigenen kleinen Trio das gleiche Maß an Zuversicht und Zielstrebigkeit würde vermitteln können. Klar war jedoch, dass er die Führung übernehmen musste; Bodkin war zu alt und Beatrice zu egoman.

Kerans warf einen Blick auf den Temperaturfühler, den er neben seiner Armbanduhr trug. Es war nach 15.30 Uhr, doch die Temperatur betrug noch immer fünfundvierzig Grad, und die Sonne trommelte wie mit Faustschlägen auf seine Haut ein. Sie gesellten sich zu Bodkin, und gemeinsam gingen sie in den Salon.

Kerans nahm das vom Hubschrauber unterbrochenen Gespräch wieder auf und sagte: »Bea, du hast noch etwa vierttausend Liter im Dachtank, das reicht für drei Monate – oder sagen wir zwei, da es mit Sicherheit noch viel heißer werden wird –, ich rate dir, das Apartment zu schließen und hier in den Salon zu ziehen. Hier bist du auf der Nordseite der Terrasse und durch den Aufzugschacht vor schweren Regenfällen geschützt, die mit den Stürmen aus dem Süden kommen. Zehn zu eins, dass die Fensterläden und Abdichtungen im Schlafzimmer dem nicht standhalten. Was ist mit Lebensmitteln, Alan? Wie lange werden die Vorräte in der Tiefkühltruhe reichen?«

Bodkin verzog das Gesicht. »Na ja, die meisten der Lammzungen in Aspik wurden verspeist, jetzt gibt es also hauptsächlich noch Corned Beef, und das nahezu ›unbegrenzt‹. Willst du das Zeug aber tatsächlich essen – sechs Monate. Ich würde Leguan vorziehen.«

»Zweifellos würde der Leguan uns vorziehen. Aber na gut, das klingt doch gar nicht mal schlecht. Alan bleibt auf der Station, solange der Wasserpegel nicht steigt, und ich bleibe weiterhin im Ritz. Sonst noch was?«

Beatrice ging um das Sofa herum in Richtung Bar. »Ja, Darling. Halt' die Klappe. Du klingst schon wie Riggs. Das militärische Gehabe steht dir nicht.«

Kerans salutierte ironisch und schlenderte hinüber zum anderen Ende des Salons, um das Gemälde von Max Ernst zu betrachten, während Bodkin vom Fenster aus auf den Dschungel hinabblickte. Beide Szenerien wurden einander immer ähnlicher und verwandelten sich in eine dritte nächtliche Landschaft, die jede und jeder von ihnen in sich trug. Sie sprachen nie über ihre Träume, die gemeinsame Grauzone, in der sie sich nachts wie Phantome aus dem Delvaux-Gemälde bewegten.

Beatrice hatte auf dem Sofa Platz genommen und ihm den Rücken zugekehrt, woraus Kerans scharfsinnig schloss, dass das gegenwärtige Einvernehmen der Gruppe wohl nicht lange währen würde. Beatrice hatte recht; das militärische Gehabe passte nicht zu ihm, dazu war er als Person zu passiv und introvertiert, zu egozentrisch. Noch wichtiger war jedoch, dass sie eine neue Zone betraten, in der die gewohnten Verbindlichkeiten und Loyalitäten nicht mehr galten. Jetzt, da sie ihre Entscheidung getroffen hatten, begannen auch die Bindungen untereinander zu bröckeln, und sie würden nicht nur aus Gründen der Bequemlichkeit getrennt voneinander leben. So sehr er Beatrice Dahl auch brauchte, so sehr beeinträchtigte sie als Individuum doch die absolute Freiheit, die er für sich beanspruchte. Alles in allem würden jede und jeder von ihnen ihren eigenen Weg durch die Dschungel der Zeit finden müssen, ihren eigenen Punkt, von dem aus es kein Zurück mehr gab. Wohl würden sie sich gelegentlich noch in der Umgebung der Lagunen oder auf der Forschungsstation treffen, doch wahrhaft begegnen würden sie einander jetzt nur noch in ihren Träumen.

Siebtes Kapitel

Karneval der Alligatoren

Ein Höllenlärm zerriss die frühmorgendliche Stille über der Lagune und zog ohrenbetäubend laut unter den Fenstern der Hotelsuite vorbei. Kerans hievte sich mühevoll aus seinem Bett und stolperte schlaftrunken über die überall am Boden verstreuten Bücher. Er schob die Gittertür zur Terrasse auf und sah gerade noch, wie ein riesiges Wasserflugzeug mit weißem Rumpf über die Lagune raste und mit seinen beiden langen Tragflächen schnurgerade Linien in die glitzernde Gischt schnitt. Als die schweren Brecher gegen die Hotelfassade schwappten, wodurch die Kolonien von Wasserspinnen hinweggefegt und in vermoderten Baumstämmen nistende Fledermäuse aufgescheucht wurden, erhaschte er einen flüchtigen Blick auf einen großen, breitschultrigen Mann im Cockpit, der, mit weißem Helm und ärmelloser Lederjacke bekleidet, kerzengerade am Steuer stand.

Er lenkte das Wasserflugzeug mit lässiger Nonchalance. Als es auf die Dünungswellen der Lagune traf, ließ er die beiden mächtigen Propellerturbinen laut aufheulen, sodass es sich wie ein Motorboot durch gewaltige Wogen kämpfen musste und regenbogenfarbene Gischtwolken emporschleuderte. Der Mann passte sich geschmeidig der schaukelnden Bewegung des Wasserflugzeugs an, die langen Beine gelenkig und entspannt wie bei einem Panzerkommandanten eines *Charioteer*, der souverän seine unerschrockene Besatzung anführt.

Unsichtbar hinter den Kalamiten versteckt, jenen baumartigen Schachtelhalmgewächsen, die die Terrasse überwucherten – sie zurückzuschneiden war schon lange sinnlos geworden –, konnte Kerans ihn unbemerkt beobachten. Als das Wasserflugzeug ein zweites

Mal vorbeirauschte, sah Kerans sein verwegenes Profil, die blitzenden Augen und leuchtend-weißen Zähne, den Ausdruck freudentrunkenen Eroberungswillens.

Die silbernen Nieten eines Patronengurts blitzten in Hüfthöhe auf, und als er die andere Seite der Lagune erreichte, kam es zu einer Reihe kurzer Explosionen. Signalraketen stiegen über dem Wasser auf, aus denen rote Fallschirme herabregneten, deren Fetzen sich weit über das Ufer verstreuten.

Mit höchster Schubkraft und laut aufheulenden Triebwerken machte das Wasserflugzeug einen Schwenk und raste den Kanal hinab zur nächsten Lagune, im Kielwasser viel Blattwerk, das durch die Verwirbelungen abgerissen wurde. Kerans umklammerte das Terrassengeländer und sah, wie das aufgewühlte Wasser in der Lagune sich allmählich wieder beruhigte und die riesigen Sporenpflanzen und Schuppenbäume am Ufer von den noch vorhandenen Luftwirbeln hin und her geschüttelt wurden. Ein dünner, roter Dunstschleier zog nach Norden, der mit den schwindenden Geräuschen des Wasserflugzeugs verblasste. Der gewaltsame Einbruch von Lärm und Energie und die Ankunft dieser seltsamen, weißgekleideten Gestalt verunsicherten Kerans für einen Moment und rüttelten ihn unsanft aus seiner Trägheit und Erstarrung.

In den sechs Wochen seit Riggs' Abreise hatte er fast immer allein in seiner Penthouse-Suite im Hotel gelebt und sich immer tiefer in die stille Welt des umliegenden Dschungels versenkt. Der kontinuierliche Temperaturanstieg – das Thermostat auf der Terrasse verzeichnete inzwischen um die Mittagszeit eine Temperatur von fünfundfünfzig Grad – und die lähmende Luftfeuchtigkeit machten es fast unmöglich, das Hotel nach zehn Uhr morgens zu verlassen; die Lagunen und der Dschungel glühten bis vier Uhr vor Hitze, doch dann war er in der Regel zu müde, um noch etwas anderes zu tun, als wieder ins Bett zu gehen.

Den ganzen Tag saß er hinter den verrammelten Fenstern der Suite und lauschte im Dunkeln auf das Knacken des Maschenkäfigs, der sich in der Hitze ausdehnte und zusammenzog. Zahlreiche Gebäude rings um die Lagune waren unter der üppig wuchernden Vegetation bereits verschwunden; riesige Bärlappgewächse und Sporenpflanzen machten die weißen, rechteckigen Fassaden unsichtbar und spendeten den in den Fensterhöhlen siedelnden Echsen Schatten.

Jenseits der Lagune hatten die endlosen, schlammigen Fluten mächtige, glänzende Schlickbänke aufgetürmt, die hie und da sogar die Küstenlinie wie riesige Abraumhalden einer fernen Goldmine überragten. Das Licht trommelte auf sein Gehirn, überflutete die unterirdischen Kammern seines Bewusstseins und zog ihn hinab in warme, diaphane Tiefen, in denen die nominelle Realität von Zeit und Raum nicht mehr existierte. Sich seinen Träumen überlassend wanderte er rückwärts durch die jäh aufbrechende Vergangenheit, durch eine Abfolge von immer fremder werdenden Landschaften im Zentrum der Lagune, von Landschaften, die jeweils, wie von Bodkin vorhergesagt, einen seiner eigenen Wirbelsäulenabschnitte zu verkörpern schienen. Zuweilen schillerte das Gewässer munter in allen Farben, dann wieder wirkte es matt und trüb, und das Ufer, aus Schiefer bestehend, sah aus wie die stumpfe Metallhaut eines Reptils. Dann wieder leuchteten die weichen Sandstrände einladend in karminrotem Glanz, warm und durchscheinend der Himmel, und der Anblick der endlosen, leeren Sandstrände, so vollkommen und absolut, weckte in ihm ein Gefühl bittersüßer Pein.

Er sehnte das Ende dieses Abstiegs durch die archäopsychische Zeit herbei und verdrängte dabei völlig, dass ihm die Außenwelt dann gänzlich fremd und unerträglich werden würde.

Manchmal machte er hastig ein paar Eintragungen in sein botanisches Tagebuch über neue Pflanzenformen oder besuchte Dr. Bodkin und Beatrice Dahl, wie er das in den ersten Wochen mehrfach zu tun pflegte. Doch beide waren nun zunehmend mit ihrem eigenen Abstieg in die Tiefenzeit beschäftigt. Bodkin verlor sich in seinen privaten Träumereien und irrte ziellos auf den engen Wasserstraßen auf der Suche nach der versunkenen Welt seiner Kindheit umher. Einmal sah Kerans, wie er sich, auf ein Ruder gestützt, im Heck seines kleinen Metallkahns ausruhte und mit leerem Blick auf die noch nicht gefluteten Gebäude um sich herum starrte. Er hatte keinerlei Notiz von Kerans genommen, durch ihn hindurch geblickt und seinen Gruß nicht erwidert.

Doch mit Beatrice gab es trotz ihrer äußeren Entfremdung eine intakte, unterschwellige Verbindung, ein unausgesprochenes Wissen um ihre symbolischen Rollen.

Signalraketen explodierten, diesmal nahe der Lagune, an der sich die Forschungsstation und Beatrices Apartmenthaus befanden, und Kerans schützte die Augen vor den gleißend-hellen Feuerbällen, die den Himmel übersäten. Wenige Sekunden später folgte einige Kilometer entfernt, zwischen den Schlickbänken im Süden, eine Serie weiterer Detonationen, deren kaum sichtbare Schwaden sich bald auflösten.

Der Fremde, der das Wasserflugzeug steuerte, war also nicht allein. Angesichts dieser bevorstehenden Invasion suchte Kerans einen kühlen Kopf zu bewahren. Die Entfernung zwischen den einzelnen Antwortsignalen war so groß, dass es sich offenkundig um mehr als nur eine Gruppe handelte und das Wasserflugzeug nur die Vorhut bildete.

Er schloss die Gittertür hinter sich, ging zurück in die Suite und zog seine Jacke vom Stuhl. Aus alter Gewohnheit begab er sich ins Bad, stellte sich vor den Spiegel und betastete wie abwesend die eine Woche alten Bartstoppeln. Mit seinem perlweißen Haar, seiner ebenholzfarbenen Bräune und den nachdenklichen Augen wirkte er wie ein vornehmer und kultivierter Strandgutsammler. Aus der defekten Filteranlage auf dem Dach war schmutzigbraunes Wasser in den Eimer im Bad getropft, aus dem er nun eine Handvoll schöpfte und damit das Gesicht benetzte, eine symbolische Handlung, die er, soweit er das beurteilen konnte, nur aus Gewohnheit vollzog.

Mit der Metallspitze des Bootshakens vertrieb er zwei kleine Leguane, die auf dem Landesteg herumlungerten, ließ den Katamaran zu Wasser und legte ab, wobei der kleine Außenborder ihn sicher durch die träge Dünung trug. Unter dem Rumpf wogten riesige Algenbüschel, und an den Bugspitzen tummelten sich Stabkäfer und Wasserspinnen. Es war kurz nach sieben, und die Temperatur war mit unter dreißig Grad vergleichsweise kühl und angenehm, die Luft frei von den riesigen Mückenschwaden, die später, durch die Hitze, aus ihren Nestern gelockt werden würden.

Als er den hundert Meter langen Wasserlauf hinabfuhr, der in die südliche Lagune mündete, explodierten über ihm weitere Signalraketen, und er hörte das Wasserflugzeug, wie es hin und her brauste, und konnte, während es vorüberraste, gelegentlich einen Blick auf die weiß gekleidete Gestalt am Steuer erhaschen. Kerans stellte den Außenborder an der Mündung der Lagune ab und glitt leise an den überhängenden Farnwedeln vorüber, nach Wasserschlangen Ausschau haltend, die durch die Wellen aus dem Geäst gespült wurden.

Nach fünfundzwanzig Metern am Ufer entlang vertäute er den Katamaran zwischen Schachtelhalmgewächsen, die auf dem Schrägdach eines Kaufhauses wucherten und watete die abschüssige Betonfläche hinauf zur Feuerleiter des Nachbargebäudes. Fünf Stockwerke kletterte er bis zum Flachdach hoch, verschanzte sich hinter einem niedrigen Giebel und blickte hinüber zum unweit gelegenen Apartmenthaus von Beatrice.

Das Wasserflugzeug kreiste geräuschvoll über einer Bucht auf der anderen Seite der Lagune, und wie ein Reiter, der sein Pferd zügelt, navigierte der Pilot es geschickt hin und her. Weitere Leuchtraketen wurden abgefeuert, manche nur ein paar hundert Meter entfernt. Während er Ausschau hielt, vernahm Kerans ein leises, dann immer lauter werdendes Gebrüll, ein raues, tierisches Geräusch, das von Leguanen stammen könnte. Es kam näher, vermischte sich mit dem Dröhnen der Motoren und dem Geräusch niedergewalzten Blattwerks. Entlang der Strecke unweit der Mündung waren tatsächlich riesige Baumfarne und Kalamiten einer nach dem andern umgepflügt worden, deren abgeschlagene Wedel im Fallen wie erbeutete Fahnen wehten. Der ganze Dschungel war in Aufruhr. Fledermäuse flogen panisch in Scharen auf und flatterten hektisch kreischend über der Lagune, übertönt vom Aufheulen der Motoren des Wasserflugzeugs und den explodierenden Leuchtraketen.

Blitzartig stieg der Wasserspiegel an der Mündung um mehrere Meter an. Etwas, das wie ein riesiger Baumstamm aussah, stürzte in die Tiefe, riss die Vegetation mit sich und versank in der Lagune. Ein Miniatur-Niagara aus schäumendem Wasser stürzte kaskadenartig hervor, angetrieben durch die Flutwelle hinter ihm, die mehrere quadratische Boote mit schwarzem Rumpf hertrug, Colonel Riggs' Kutter nicht unähnlich, von deren riesigen Drachenaugen die Farbe abblätterte und deren Buge mit Zähnen gespickt waren. Bemannt mit einem Dutzend dunkelhäutiger Gestalten in weißen Shorts und ärmellosen Trikots hielten die Flachboote Kurs auf das Zentrum der Lagune und feuerten inmitten des Höllenspektakels ihre letzten Leuchtraketen von Deck ab.

Halb betäubt vom Lärm starrte Kerans auf den Riesenschwarm langer, brauner Leiber, die kraftvoll durch das brodelnde Wasser schwammen und mit ihren gewaltigen Schwänzen den Schaum aufpeitschten. Es waren die bei weitem größten Alligatoren, die er jemals gesehen hatte, viele von ihnen über zwei Meter lang, sodass sie heftig zusammenprallten, als sie sich ihren Weg ins klare Wasser bahnten und im Pulk um das jetzt zum Stehen gekommene Wasserflugzeug scharten. Der Mann im weißen Anzug stand in der offenen Luke, die Hände in die Hüften gestemmt, und betrachtete freudestrahlend diese Reptilienbrut. Er winkte den Besatzungen der drei

Flachboote lässig zu und beschrieb mit der Hand einen weiten Kreis um die Lagune, um ihnen zu zeigen, wo sie ankern sollten.

Während seine *Negro lieutenants* die Motoren erneut starteten und auf das Ufer zuhielten, musterte er die umliegenden Gebäude mit kritischem Blick, sein markantes Gesicht fast schon übermütig zur Seite geneigt. Die Alligatoren versammelten sich wie Jagdhunde um ihren Herrn, darüber schwebte ein Schwarm von Wächtervögeln, Nilregenpfeifer und Großer Brachvogel, deren kreiselnde Rufe die Morgenluft durchdrangen. Immer mehr Alligatoren gesellten sich dem Pulk hinzu, formierten sich Schulter an Schulter zu einer rechtsdrehenden Spirale, bis es zuletzt mindestens zweitausend waren, eine gigantische Gruppeninkarnation des reptilischen Bösen.

Mit lautem Schrei schwang sich der Pilot zurück in sein Cockpit, und zweitausend Mäuler streckten sich anerkennend in die Höhe. Die Propeller setzten sich in Bewegung und hoben das Wasserflugzeug vorwärts über das Wasser. Die scharfkantigen Propellerflügel zerhackten die unglücklichen Geschöpfe, die seinen Weg kreuzten, dann nahm es Kurs auf die Fahrrinne zur nächsten Lagune, gefolgt von der Mehrheit der Alligatoren. Einige jedoch lösten sich aus dem Pulk und zogen paarweise durch die Lagune, kundschafteten im Wasser versunkene Fenster aus und vertrieben allzu neugierige Leguane. Andere glitten zwischen Gebäuden umher und gingen auf nahezu wasserfreien Dächern in Position. Hinter ihnen, in der Mitte der Lagune, wogte das aufgewühlte Wasser unruhig hin und her und erbrach gelegentlich den schneeweißen Bauch eines toten, vom Wasserflugzeug zermalmten Alligators.

Als die vorrückende Armada auf einen Wasserlauf zu seiner Linken zusteuerte, kletterte Kerans die Feuerleiter hinab und eilte über die Dachschräge zum Katamaran. Doch bevor er ihn erreichen konnte, hatten die schweren Brecher, die das Wasserflugzeug erzeugte, das Gefährt erfasst und in das Gewirr der anstürmenden Tierleiber getrieben. Binnen weniger Sekunden war es umzingelt, wurde hochgestemmt und von der Masse der Alligatoren, die darum kämpften, in den Wasserzulauf zu gelangen, zerquetscht und von ihren schnappenden Kiefern zermalmt.

Ein großer Kaiman, der die Nachhut bildete, hatte Kerans entdeckt, der hüfttief im Wasser zwischen den ufernahen Schachtelhalmgewächsen stand, und steuerte mit starrem Blick auf ihn zu. Sein rauer, schuppiger Rücken mit dem knöchernen Kamm am Schwanz zuckte wild, als er durch das Wasser auf ihn zuschoss. Eilends zog sich Kerans über die Dachschräge zurück, rutschte aus, versank bis zu den Schultern wieder im Wasser und erreichte gerade noch rechtzeitig die Feuerleiter, bevor der Kaiman, auf kurzen Hakenbeinen aus dem seichten Wasser hervorschießend, nach seinen Füßen schnappen konnte. Keuchend lehnte Kerans am Geländer und sah in die kalten Augen, die ihn ungerührt anstarrten.

»Du bist ein gut trainierter Wachhund«, sagte er anerkennend. Er nahm einen losen Ziegelstein aus der Wand und warf ihn mit beiden Händen auf den Höcker an seiner Maulspitze. Er grinste, als der Kaiman aufbrüllte und zurückwich und dabei gereizt nach den Schachtelhalmgewächsen und einigen im Wasser treibenden Spieren des Katamarans schnappte.

Nach einer halben Stunde und einigen kleineren Kollisionen mit zurückweichenden Leguanen gelang es ihm, die zweihundert Meter bis zum Ufer zu überwinden und Beatrices Apartmenthaus zu erreichen. Mit schreckgeweiteten Augen eilte sie ihm entgegen, als er aus dem Aufzug trat.

»Robert, was geht hier vor?« Sie umfasste seine Schultern und drückte ihren Kopf an seine durchnässte Hemdbrust. »Hast du die Alligatoren gesehen? Es sind Tausende!«

»Nicht nur *gesehen* – einer davon hätte mich vor deiner Türschwelle um ein Haar gefressen.« Kerans löste sich aus ihrer Umarmung, eilte zum Fenster und schob die Plastiklamellen der Jalousie zur Seite. Das Wasserflugzeug hatte die Einfahrt zur Hauptlagune erreicht und fuhr nun mit hoher Geschwindigkeit im Kreis umher, in seinem Kielwasser ein Riesenschwarm Alligatoren, von denen sich einige am Ende des Pulks nun lösten und sich an verschiedenen Stellen des Ufers positionierten. Mindestens dreißig oder vierzig waren in der unteren Lagune geblieben und schwammen wie auf Patrouille in kleinen Gruppen langsam auf und ab, wobei sie gelegentlich einen vorwitzigen Leguan verjagten.

»Diese teuflischen Biester sind ganz offensichtlich ihre Wachposten«, bemerkte Kerans. »Wie eine Gruppe gezähmter Taranteln. Bei näherer Betrachtung eigentlich ziemlich schlau.«

Beatrice stand neben ihm und nestelte nervös am Kragen des jadefarbenen Seidenhemdes, das sie über ihrem schwarzen Badeanzug trug. Auch wenn das Apartment inzwischen ein wenig verwahrlost und unordentlich wirkte, war Beatrice doch nach wie vor hingebungsvoll auf ihr makelloses Aussehen bedacht. Die wenigen Male, die Kerans sie besuchte, saß sie auf der Terrasse oder vor dem Spiegel im Schlafzimmer, sorgfältig Schicht um Schicht auftragend, wie ein blinder Maler, der ein Porträt, an das er sich kaum noch erinnern kann, immer wieder retuschiert, weil er befürchtet, es sonst ganz zu vergessen. Ihr Haar war stets makellos frisiert, das Make-up exquisit, doch ihr weltabgewandter, entrückter Blick verlieh ihr die wächserne, kalte Schönheit einer leblosen Schaufensterpuppe. Doch jetzt, endlich, war sie erwacht.

»Was sind das für Leute, Robert? Der Mann in dem Schnellboot macht mir Angst. Wäre Colonel Riggs doch bloß hier.«

»Der wird schon tausende Kilometer weit weg sein, sofern er Byrd nicht bereits erreicht hat. Keine Sorge, Bea. Sie sehen zwar wie eine Piratenbande aus, aber bei uns ist nichts zu holen.«

Ein großer Dreidecker, ein Raddampfer mit Schaufelrädern vorne und achtern, war in die Lagune eingelaufen und fuhr gemächlich zu den drei Flachbooten hinüber, die einige Meter von der Stelle entfernt ankerten, an der Riggs' Stützpunkt einst vertäut war. Das Schiff war mit Gerätschaften und Fracht beladen, die Decks vollgestopft mit großen Ballen und in Segeltuch verpackten Maschinen, sodass mittschiffs nur fünfzehn Zentimeter Freibord verblieben.

Kerans nahm an, dass es sich um das Mutterschiff der Gruppe handelte und dass sie, wie die meisten anderen Freibeuter, die nach wie vor in den Lagunen und Archipelen Äquatorialafrikas kreuzten, die gefluteten Städte plündern und schwere Spezialmaschinen wie Stromgeneratoren und Schaltanlagen, von der Regierung zwangsweise zurückgelassen, bergen wollten. Nominell wurden solche Plünderungen streng bestraft, tatsächlich aber entrichteten die Behörden für jedes geborgene Gut bereitwillig eine hohe Summe.

»Schau doch!«

Beatrice packte Kerans' Ellbogen. Sie deutete hinunter zur Forschungsstation und zur knorrigen, zottelmähnigen Gestalt von Dr. Bodkin auf dem Dach, der den Männern auf der Brücke des Raddampfers freundlich zuwinkte. Einer von ihnen, ein halbnackter *Negro* mit weißer Hose und weißer Schirmmütze, rief ihm durch ein Megaphon etwas zu.

Kerans zuckte mit den Schultern. »Alan hat recht. Wir sollten uns zeigen. Wenn wir ihnen helfen, werden sie bald wieder verschwinden und uns in Ruhe lassen.«

Beatrice zögerte, doch Kerans ergriff ihren Arm. Das Wasserflugzeug, inzwischen ohne Gefolgschaft, glitt auf dem Rückweg in die Hauptlagune anmutig auf einer Schaumkrone schaukelnd über das Wasser.

»Komm schon, wenn wir rechtzeitig am Landesteg sind, nimmt er uns vielleicht mit.«

Achtes Kapitel

Der Mann mit dem weißen Lächeln

Mit finsterer Miene und einer Mischung aus Misstrauen und heiterer Verachtung sah der gutaussehende Mann sie an und zog sich wieder in den Schatten der Markise zurück, die das Achterdeck des Mutterschiffs überdachte. Strangman trug jetzt einen strahlend weißen Anzug, dessen seidige Oberfläche das goldene Rückenteil seines hochlehnigen Renaissance-Throns spiegelte, den er vermutlich aus einer venezianischen oder florentinischen Lagune geborgen hatte und der seiner befremdlichen Persönlichkeit eine fast magische Aura verlieh.

»Ihre Motive scheinen sehr komplex zu sein, Doktor«, sagte er zu Kerans gewandt. »Aber vielleicht haben Sie die Hoffnung längst aufgegeben, sie zu verstehen. Nennen wir sie doch einfach das totale Strandsyndrom und belassen es dabei.«

Er schnippte mit den Fingern hinüber zum Steward, der hinter ihm im Schatten stand, und wählte eine Olive vom gereichten Tablett mit Snacks. Beatrice, Kerans und Bodkin saßen im Halbkreis auf niedrigen Sofas und wurden abwechselnd gekühlt und gebraten, weil die unberechenbaren Ventilatoren über ihnen ständig die Richtung wechselten. Draußen, eine halbe Stunde vor Mittag, wirkte die Lagune wie eine Feuerschale, deren Widerschein das hohe Apartmenthaus am gegenüberliegenden Ufer nahezu verdeckte. Der Dschungel war in der ungeheuren Hitze wie erstarrt, und die Alligatoren suchten Zuflucht im Schatten, wo immer sie ihn finden konnten.

Dennoch machten sich einige von Strangmans Männern an einem der Flachboote zu schaffen und schleppten auf Befehl eines hünenhaften, buckligen *Negros* in grünen Baumwollshorts schwere Taucherausrüstungen an Land. Hin und wieder nahm er, die groteske Parodie eines Riesen, seine Augenklappe ab und stieß in einem Gemisch aus Grunzlauten und Flüchen, die durch die dampfende Luft waberten, wüste Beschimpfungen aus.

»Aber sagen Sie mir, Doktor«, drängte Strangman, mit Kerans' Antworten sichtlich unzufrieden, »wann werden Sie aufbrechen?«

Kerans zögerte und überlegte, ob er ein Datum erfinden sollte. Nachdem sie eine Stunde auf Strangman hatten warten müssen, der sich umkleiden wollte, hatte er ihn im Namen aller begrüßt und zu erklären versucht, warum sie noch da waren. Strangman schien die Erklärung nicht ernst nehmen zu können, ihn erheiterte ihre Naivität, die jäh umschlug in tiefes Misstrauen. Kerans beobachtete ihn aufmerksam und hütete sich, auch nur eine falsche Bewegung zu machen. Was auch immer seine wahre Identität war, Strangman war kein gewöhnlicher Freibeuter. Eine merkwürdig bedrohliche Atmosphäre umgab das Mutterschiff, seine Besatzung und seinen Kapitän. Vor allem Strangman mit seinem weißen, lächelnden Gesicht, dessen grausame Züge sich beim Grinsen wie Pfeile zuspitzten, beunruhigte Kerans.

»Wir haben diese Möglichkeit nicht wirklich in Betracht gezogen«, sagte Kerans. »Wir alle hoffen, für immer bleiben zu können. Und haben noch einen kleinen Vorrat.«

»Aber, guter Mann«, wandte Strangman ein, »die Temperatur wird bald auf über neunzig Grad steigen. Der gesamte Planet kehrt unaufhaltsam ins Mesozoikum zurück.«

»Genau«, schaltete sich Dr. Bodkin ein, für einen Moment von seiner Innenschau abgelenkt. »Und da wir ein Teil des Planeten sind, ein Stück des Ganzen, kehren auch wir zurück. Dies hier ist unsere Transitzone, hier passen wir uns erneut unserer eigenen biologischen Vergangenheit an. Darum haben wir uns zum Bleiben entschlossen. Andere Gründe gibt es nicht, Strangman.«

»Natürlich nicht. Doktor, ich bin von Ihrer Aufrichtigkeit völlig überzeugt.« Strangmans Mienenspiel drückte heftige Stimmungsschwankungen aus, sodass er abwechselnd gereizt, liebenswürdig, gelangweilt und abwesend wirkte. Er lauschte den Geräuschen einer Luftpumpe, die von dem Flachboot kamen, dann fragte er: »Dr. Bodkin, haben Sie als Kind in London gelebt? Da müssen Sie doch vielerlei herzerwärmende Erinnerungen an die großen Paläste und Museen haben, die Sie bestimmt wieder aufleben lassen wollen.« Dann setzte er hinzu: »Oder haben Sie nur pränatale Erinnerungen?«

Kerans sah erstaunt hoch und war überrascht, mit welcher Leichtigkeit Strangman Bodkins Jargon beherrschte. Er merkte, dass Strangman nicht nur Bodkin genauestens beobachtete, sondern auch von ihm und Beatrice eine Reaktion erwartete.

Doch Bodkin schüttelte den Kopf. »Nein, ich fürchte, ich erinnere mich an nichts. Die unmittelbare Vergangenheit interessiert mich nicht.«

»Wie schade«, erwiderte Strangman leichthin. »Das Problem mit Leuten wie euch ist doch, dass ihr schon seit dreißig Millionen Jahren hier seid und immer noch diesen verdrehten Blick auf die Dinge habt. Ihr verpasst so viel von der vergänglichen Schönheit des Lebens. Mich fasziniert die unmittelbare Vergangenheit – die Schätze der Trias sind im Vergleich zu den letzten Jahres des zweiten Jahrtausends ziemlich unbedeutend.«

Er stützte sich auf einen Ellbogen und lächelte Beatrice an, die mit den Händen ihre nackten Knie zu bedecken suchte, wie eine Maus, die vor einer besonders schönen Katze sitzt. »Und was ist mit Ihnen, Miss Dahl? Sie wirken ein wenig bedrückt. Ein Anflug von Zeitkrankheit etwa? Chronoklasmische Dekompressionsschmerzen?« Er kicherte, amüsiert über seinen eigenen Witz, und Beatrice erwiderte leise:

»Wir sind hier meist ziemlich müde, Mister Strangman. Im Übrigen mag ich Ihre Alligatoren nicht.«

»Die tun Ihnen nichts.« Strangman lehnte sich zurück und musterte das Trio. »Das ist alles sehr merkwürdig.« Er wandte den Kopf, erteilte dem Steward einen kurzen Befehl und verharrte stirnrunzelnd auf seinem Platz. Kerans sah, dass seine Haut im Gesicht und an den Händen gespenstisch weiß war und keinerlei Pigmentierung aufwies. Kerans' tiefdunkle Sonnenbräune hingegen machte ihn wie auch Beatrice und Dr. Bodkin praktisch ununterscheidbar vom Rest der *Negro crew*, und selbst die feinen Unterschiede zwischen Mulatten und Quadroons waren verschwunden. Nur Strangman hatte seine ursprüngliche Blässe behalten, die durch den weißen Anzug, den er trug, noch verstärkt wurde.

Der halbnackte *Negro* mit der Schirmmütze trat hinzu, Schweiß strömte über seine ausgeprägten Muskeln. Er war etwa einsachtzig groß, doch durch die breiten Schultern wirkte er stämmig und kompakt. Er war respektvoll und aufmerksam, sodass Kerans sich fragte, wie Strangman es wohl anstellte, seine Autorität gegenüber der Crew zu wahren und warum sie gegen seinen barschen, herrischen Kommandoton nicht aufbegehrten.

Strangman stellte den *Negro* kurz vor. »Das ist der Admiral, mein *chief whip*, mein bester Mann. Wenn ich nicht da bin und Sie mich brauchen, wenden Sie sich an ihn.« Er stand auf und ging von der Bühne. »Bevor Sie gehen, möchte ich Sie noch kurz durch mein Schatzschiff führen.« Mit raubtierhaft funkelnden Augen streckte er Beatrice galant den Arm entgegen, die ihn schüchtern ergriff.

Früher einmal, so jedenfalls mutmaßte Kerans, war das Mutterschiff ein Glücksspieldampfer gewesen, eine schwimmende Lasterhöhle, die jenseits der Fünf-Meilen-Zone vor Messina oder Beirut oder im Schutz einer Flussmündung unter dem milderen, freigebigeren Himmel südlich des Äquators vor Anker lag. Als sie von

Deck gingen, war ein Arbeitskommando gerade dabei, eine alte, reich verzierte Gangway ans Ufer zu hieven, deren vergoldetes, rissiges Geländer von einem weißen, mit Goldquasten und Drapierungen versehenen schindelbedeckten Vorbau überdacht war, der auf seinen Rollen wie die Gondel einer Seilbahn hin und her wankte. Der Innenraum des Schiffes war in ähnlich pseudobarockem Stil ausstaffiert. Die nunmehr dunkle, geschlossene Bar im vorderen Bereich des Aussichtsdecks sah aus wie der Heckaufbau einer prunkvollen Galeere, deren Portikus von nackten, vergoldeten Karyatiden getragen wurde. Halbsäulen aus falschem Marmor bildeten kleine Loggien, die zu den Separees und Speisesälen führten, während die zweigeteilte Haupttreppe wie eine schnöde Filmkulisse von Versailles wirkte, ein luftiges Wirrsal staubiger Amoretten und schmutziger, mit Schimmel und Grünspan überzogener Messingkandelaber.

Die einstigen Roulette- und Baccaratische waren jedoch verschwunden, und auf dem verkratzten Parkettboden stapelten sich haufenweise Kisten und Kartons, aufgetürmt vor den drahtvergitterten Fenstern, sodass nur wenig Licht von außen hereindrang. Alles war gut und wasserdicht verpackt, doch auf einem alten Mahagonitisch in einer Ecke sah Kerans eine Sammlung von Einzelteilen beschädigter Bronze- und Marmorfiguren, Fragmente von Statuen, die darauf warteten, sortiert zu werden.

Strangman blieb am Fuß der Treppe stehen und riss einen Streifen verblassender Temperafarbe von einem der Wandgemälde ab. »Hier fällt alles auseinander. Nicht so wie im Ritz, Doktor. Ich beneide Sie um Ihren gesunden Menschenverstand.«

Kerans zuckte mit den Schultern. »Die Mieten dort sind gegenwärtig günstig.« Er wartete, bis Strangman eine Tür aufgeschlossen hatte, dann betraten sie das Hauptlager, eine düstere, stickige Höhle, vollgestopft mit großen Holzkisten auf einem mit Sägespänen übersäten Boden. Sie befanden sich jetzt nicht mehr im Kühlbereich des Schiffes, und der Admiral und ein anderer Matrose folgten ihnen dicht auf den Fersen und besprühten sie immer wieder mit eiskalter Luft aus einer Leitung in der Wand. Strangman schnippte mit den Fingern, und der Admiral zog eilfertig die Segeltuchplanen zwischen den Kisten herunter.

In dem trüben Licht am Ende des Laderaums erkannte Kerans die schimmernden Umrisse eines riesigen, verzierten Altaraufsatzes, versehen mit kunstvollen Schnitzereien und hoch aufragenden Delphinleuchtern, gekrönt von einem neoklassizistischen Proszenium, unter dem ein kleines Haus Platz gefunden hätte. Daneben standen ein Dutzend Statuen, zumeist aus der Spätrenaissance, an denen große Stapel schwerer Goldrahmen lehnten. Weiter hinten gab es mehrere kleinere Altarbilder und Triptychen, eine intakte, goldgetäfelte Kanzel, drei große Reiterstatuen, in deren Mähnen noch einige Seegrasbüschel hingen, mehrere Paare riesengroßer, gold- und silberbeschlagener Portale von Kathedralen und einen großen Schalenbrunnen aus Marmor. Die Metallregale an den Seitenwänden des Laderaums enthielten Unmengen kleinerer Kunstgegenstände sowie Zierrat, darunter Votivurnen, Kelche und Pokale, Schilde und Präsentierteller, Zierrüstungen, prunkvolle Tintenfässer und dergleichen.

Strangman, der Beatrice immer noch am Arm hielt, deutete mit ausholender Geste auf einen wenige Meter entfernten Gegenstand. Kerans hörte, wie er »Sixtinische Kapelle« und »Grabmal der Medici« sagte, doch Bodkin murmelte nur leise vor sich hin: »Ästhetisch gesehen ist das meiste hier Schrott und wurde nur wegen seines Goldgehalts geborgen. Doch viel ist das ja nicht. *Was* also hat der Mann vor?«

Kerans nickte und betrachtete Strangman in seinem weißen Anzug, neben ihm die barfüßige Beatrice. Plötzlich erinnerte er sich an das Delvaux-Gemälde mit den Skeletten im Smoking. Strangmans kreideweißes Gesicht glich dem eines Totenschädels und hatte etwas von der Eleganz eines Skeletts. Ohne ersichtlichen Grund erfasste ihn auf einmal eine tiefe Abneigung und Feindseligkeit gegenüber dem Mann, die eher allgemeiner als persönlicher Natur war.

»Nun, Kerans, was halten Sie davon?« Strangman drehte sich am Ende des Gangs um, blickte zurück und befahl dem Admiral, die Exponate wieder einzupacken. »Beeindruckt, Doktor?«

Kerans riss sich von Strangmans Anblick los und betrachtete die geplünderten Relikte der Vergangenheit.

»Mir kommen sie vor wie Knochen«, sagte er lahm.

Verblüfft schüttelte Strangman den Kopf. »Knochen? Wovon in aller Welt reden Sie da? Kerans, Sie sind wahnsinnig! Knochen, guter Gott!«

Er stöhnte gequält auf, der Admiral wiederholte den Refrain, murmelte das Wort zunächst leise vor sich hin, als müsse er einen fremden Gegenstand untersuchen, dann wiederholte er es stakkatoartig, wie um die nervöse Anspannung loszuwerden, um gleich darauf in schallendes Gelächter auszubrechen. Der andere Matrose stimmte ein, und gemeinsam skandierten sie, wie Schlangentänzer sich über den Feuerwehrschlauch krümmend: *»Bones! Ja, Mann, alles nur Knochen! Dem bones, dem bones, dem…!«*

Strangman sah sie zornig an, seine Gesichtszüge entgleisten. Angewidert von dem primitiven Schauspiel wandte sich Kerans zum Gehen. Erbost setzte Strangman ihm nach, drückte Kerans die Hand in den Rücken und schob ihn den Gang entlang aus dem Laderaum.

Fünf Minuten später, als sie in einem der Flachboote ablegten, säumten der Admiral und ein halbes Dutzend anderer Besatzungsmitglieder noch immer singend und tanzend die Reling. Strangman hatte seinen Humor wiedergefunden und stand in seinem weißen Anzug, abgesondert von den anderen, lässig und ironisch winkend daneben.

Neuntes Kapitel

Die Wasser des Thanatos

In den nächsten zwei Wochen, als sich der Horizont durch die aufziehenden Regenwolken von Süden zunehmend verdunkelte, sahen Kerans und Strangman einander recht häufig. Gewöhnlich kurvte er in rasantem Tempo mit seinem Wasserflugzeug durch die Lagunen, statt des weißen Anzugs trug er nun Overalls und Helm, und überwachte die Arbeit der Bergungsteams. In jeder der drei Lagunen war ein Flachboot mit sechs Mann Besatzung im Einsatz, deren Taucher die gefluteten Gebäude systematisch erkundeten. Gelegentlich wurde die stille Routine des Tauchgangs und der Pumpen durch Gewehrschüsse unterbrochen, wenn ein Alligator den Tauchern zu nahe kam und erlegt wurde.

Kerans saß in seiner dunklen Hotelsuite, fernab der Lagune, und hatte sich mit Strangmans Raubzügen in der Hoffnung abgefunden, dass er dann bald wieder verschwinden würde. Schon hatten sich die Träume weit in seinem Wachleben eingenistet, er war erschöpft und zog sich immer mehr in sich selbst zurück. Die eindimensionale Zeitebene, auf der Strangman und seine Männer lebten, war so durchschaubar, dass sie kaum Anspruch auf Realität beanspruchen konnte. Manchmal, wenn Strangman ihn aufsuchte, ließ er sich für einige Minuten auf dieses unbedeutende Geplänkel ein, doch sein eigentliches Bewusstseinszentrum war anderswo.

Merkwürdigerweise hatte Strangman, nach anfänglicher Irritation, eine gewisse Sympathie für Kerans entwickelt. Die ruhige Art und der wache Geist des Biologen waren eine perfekte Zielscheibe für Strangmans trockenen Humor. Manchmal ahmte er Kerans Verhalten auf subtile Weise nach, packte ihn bei einem ihrer Gespräche mit ernster Miene am Arm und sagte mit lammfrommer

Stimme: »Wissen Sie, Kerans, dass wir das Meer vor zweihundert Millionen Jahren verlassen mussten, hat uns vielleicht so tief traumatisiert, dass wir uns nie ganz davon erholt haben…«

Ein andermal schickte er zwei seiner Männer mit einem Ruderboot hinüber zur Lagune, und auf eines der höchsten Gebäude am gegenüberliegenden Ufer malten sie in zehn Meter großen Buchstaben:

ZEITZONE

Kerans nahm diese Frotzeleien gelassen hin und ignorierte sie schließlich ganz, als die Tauchgänge ohne Erfolg blieben und die Bosheiten immer ätzender wurden. Rückwärts durch die Vergangenheit sinkend wartete er geduldig auf den großen Regen.

Erst nach der von Strangman ausgerichteten Tauchparty verstand Kerans so richtig, warum er diesen Mann fürchtete.

Angeblich hatte Strangman die Party aus sozialen Gründen geplant, um die drei Exilanten wieder zusammenzubringen. Auf lakonische, beiläufige Art und Weise belagerte er Beatrice und benutzte Kerans, um sich ein leichteres *entrée* zu ihrem Apartment zu verschaffen. Als er mitbekam, dass die drei sich einander nur noch selten begegneten, entschied er sich offenbar für eine andere Taktik und bestach Kerans und Bodkin mit der Aussicht auf reiche Genüsse aus Küche und Keller. Beatrice jedoch lehnte diese Einladungen zum Lunch oder Mitternachtsfrühstück stets ab – Strangman und seine Entourage aus Alligatoren und einäugigen Mulatten machten ihr immer noch Angst –, und so wurden die Partys immer wieder vertagt.

Der eigentliche Grund für seine ›Tauchgala‹ war jedoch ganz praktischer Natur. Seit einiger Zeit schon hatte er beobachtet, dass Bodkin in den Wasserstraßen des einstigen Universitätsviertels umherfuhr – dabei wurde der alte Mann oftmals auf sein Geheiß und zu seiner Belustigung von einem der mit Drachenaugen verzierten Flachboote durch die engen Kanäle verfolgt, vom Admiral oder Big Caesar gesteuert und mit Farnwedeln getarnt, sodass es aussah wie ein aus der Zeit gefallener Karnevalswagen –, und wähnte ihn, ihm seine eigenen Motive unterstellend, auf der Suche nach einem lang vergrabenen Schatz. Sein Verdacht richtete sich schließlich ganz auf das geflutete Planetarium, das einzige Gebäude unter Wasser, zu dem man leicht Zugang hatte. Strangman postierte eine ständige Wache an dem rund zweihundert Meter südlich der Hauptlagune befindlichen kleinen See, in dem sich das Planetarium befand, doch als Bodkin selbst bis Ende der Nacht nicht in Flossen und Taucherbrille erschienen war, verlor Strangman die Geduld und beschloss, ihm zuvorzukommen.

»Wir holen Sie morgen früh um sieben Uhr ab«, sagte er zu Kerans. »Champagner-Cocktails, kaltes Buffet, wir wollen herausfinden, was der alte Bodkin da unten versteckt hat.«

»Ich kann es Ihnen sagen, Strangman. Nur seine verlorenen Erinnerungen. Sie sind für ihn mehr wert als alle Schätze der Welt.«

Doch Strangman hatte nur skeptisch gelacht, war mit dem Wasserflugzeug davongebraust und hatte Kerans hilflos an der heftig schwankenden Anlegestelle zurückgelassen.

Pünktlich um sieben Uhr am nächsten Morgen holte ihn der Admiral ab. Dann sammelten sie Beatrice und Doktor Bodkin ein und fuhren zum Mutterschiff zurück, wo Strangman letzte Vorbereitungen für den Tauchgang traf. Ein zweites Flachboot wurde mit Tauchausrüstung – Atemgerät und Tauchanzug –, Pumpen und einem Telefon beladen. Am Schiffskran hing ein Tauchkäfig, doch Strangman versicherte ihnen, dass der See frei von Leguanen und Alligatoren sei und sie unter Wasser nicht im Käfig bleiben müssten.

Kerans war skeptisch, aber diesmal hielt Strangman ausnahmsweise Wort. Der See war vollständig geräumt worden. Die unter

Wasser liegenden Eingänge waren mit schweren Stahlgittern gesichert, und rittlings auf den Auslegern saßen mit Harpunen und Schrotflinten bewaffnete Wachen. Als sie zum See gelangten und an einer schattigen Terrasse an der Ostseite anlegten, wurde der letzte von mehreren Sprengkörpern im Wasser gezündet, dessen gewaltige Druckwellen Aale, Garnelen und Stachelhäuter betäubten und wie Treibgut aufwirbelten, das sofort beiseitegeräumt wurde.

Der schäumende Unterwasserkessel löste sich auf, das Wasser wurde wieder klar, und von ihren Plätzen an der Reling sahen sie auf das ausladende Kuppeldach des Planetariums hinab, das, wie Bodkin gesagt hatte, von Spiraltang umrankt, aussah wie ein riesiger Muschelpalast aus einem Kindheitsmärchen. Ein schwenkbarer Metallschirm bedeckte das kreisrunde Oberlicht an der Kuppelspitze, und man hatte versucht, einen Teil davon anzuheben, doch zu Strangmans Leidwesen war er durchgerostet. Der Haupteingang zur Kuppel befand sich auf dem ursprünglichen Straßenniveau, zu weit unten, um von oben sichtbar zu sein, doch eine erste Bestandsaufnahme hatte ergeben, dass sie ohne Schwierigkeiten hineingelangen würden.

Als die Sonne über dem Wasser aufging, starrte Kerans in die durchscheinenden, grünen Tiefen hinab, in die warme, amnionische Gallerte, durch die er in seinen Träumen schwamm. Er entsann sich, dass er, obwohl von Wasser stets umgeben, seit zehn Jahren nicht mehr im Meer gewesen war, und rekapitulierte im Geiste die langsamen Brustschwimmzüge, mit denen er im Schlaf durch das Wasser glitt.

Ein Meter unterhalb des Wasserspiegels schwamm eine kleine Albino-Python auf der Suche nach einem Ausgang aus dem geschützten Gewässer. Als er sah, wie ihr kräftiger Kopf hin- und herzuckte, um den Harpunen zu entgehen, hatte Kerans auf einmal Bedenken, sich dem tiefen Wasser anzuvertrauen. Auf der anderen Seite des Sees, hinter einem der Stahlgitter, kämpfte ein großes Leistenkrokodil mit einer Gruppe von Matrosen, die es zu vertreiben suchten. Big Caesar, die langen Beine auf die Schmalseite des Auslegers gestemmt, trat wie wild auf die Amphibie ein, die nach den Speeren und Bootshaken schnappte und sich ihrer erwehrte. Es war über zehn Meter lang, vermutlich älter als neunzig Jahre und hatte einen Brustumfang von mindestens zwei Metern. Sein schneeweißer Unterbauch erinnerte Kerans daran, dass er seit Strangmans Ankunft auffallend viele Albino-Schlangen und -echsen gesehen hatte, die aus dem Dschungel aufgetaucht waren, als hätte seine Anwesenheit sie hergelockt. Sogar einige Albino-Leguane waren darunter. Einer, der aussah wie eine Alabaster-Eidechse, hatte am Morgen davor auf seinem Landesteg gesessen, sodass er automatisch annahm, er überbringe ihm eine Botschaft von Strangman.

Kerans sah zu Strangman hoch, der in seinem weißen Anzug am Bug des Schiffes stand und erwartungsvoll zusah, wie das Krokodil gegen das Gitter schlug und der hünenhafte *Negro* ins Wasser zu stürzen drohte. Strangmans Mitgefühl galt offenkundig dem Krokodil, aber nicht aus sportlichen Gründen oder sadistischer Lust, einen seiner wichtigsten Lieutenants aufgespießt und getötet zu sehen.

Unter großem Geschrei und Gefluche reichte man schließlich Big Caesar, der inzwischen wieder Halt gefunden hatte, eine Schrotflinte, und aus beiden Läufen feuerte er auf das unglückliche Krokodil zu seinen Füßen. Mit lautem Schmerzensschrei zog es sich, heftig mit dem Schwanz um sich schlagend, in die Flachgewässer zurück.

Beatrice und Kerans wendeten sich ab und warteten auf den Gnadenschuss, während Strangman, auf der Suche nach der besten Sicht, vor ihnen an der Reling entlanglief.

»Wenn sie in der Falle sitzen oder sterben, schlagen sie mit dem Schwanz aufs Wasser, um die anderen zu warnen.« Er legte Beatrice den Zeigefinger an die Wange, als wolle er sie zwingen, das Spektakel zu betrachten. »Schauen Sie nicht so angewidert, Kerans! Zeigen Sie verdammt nochmal ein wenig Mitgefühl für die Bestie. Es gibt sie seit hundert Millionen Jahren, sie zählen zu den ältesten Lebewesen auf diesem Planeten.«

Auch nachdem man das Tier weggeschafft hatte, verharrte er hochgestimmt an der Reling, auf den Fußballen auf und ab wippend, so als hoffte er, es würde sich wieder berappeln und zurückkommen. Erst als der abgeschlagene Kopf, auf einen Bootshaken gespießt, fortgebracht wurde, wandte er sich leicht gereizt wieder seinen Tauchgeschäften zu.

Unter Aufsicht des Admirals machten zwei aus der Crew einen Probetauchgang mit Atemgeräten. Sie kletterten die Metallleiter hinab ins Wasser und glitten auf das gewölbte Kuppeldach zu. Sie inspizierten das Oberlicht, untersuchten die halbkreisförmig angeordneten Gebäuderippen und hangelten sich an den Rissen an der Oberfläche des Kuppeldachs entlang. Nach ihrer Rückkehr ging ein dritter Matrose mit Tauchanzug und Leine hinunter. Er stapfte langsam über den wolkenverhangenen Boden, Helm und Schultern reflektierten schwach das Licht. Als die Abstiegsleinen abgespult waren, betrat er das Gebäude durch den Haupteingang und verschwand aus dem Blickfeld, war jedoch per Telefon mit dem Admiral verbunden, der seinen Bericht für alle hörbar in sattem, saftigem Bariton wiederholte: »*In de pay-box… now in de main lounge… Jomo says de seats in de church. Captain Strang', but de altar gone.*«

Alle lehnten an der Reling und warteten auf Jomos Rückkehr, nur Strangman lehnte sich missmutig in seinem Stuhl zurück, das Gesicht in eine Hand gestützt.

»Kirche!«, schnaubte er spöttisch. »Gott! Schickt einen anderen runter. Jomo ist ein verdammter Narr.«

»Ja, Kapitän.«

Weitere Taucher stiegen hinab, und der Steward reichte der Runde die ersten Champagner-Cocktails. Kerans, der später selbst tauchen wollte, nippte nur leicht an der berauschenden Brause.

Beatrice berührte seinen Ellbogen und musterte ihn aufmerksam. »Gehst du runter, Robert?«

Kerans lächelte. »In den Keller, Bea. Keine Sorge. Ich werde den großen Anzug nehmen, der ist absolut sicher.«

»Das meine ich nicht.« Sie blickte hinauf zu der sich ausdehnenden Sonnenellipse, die gerade über dem Dach hinter ihnen aufging. Das durch die schweren Farnwedel hervorbrechende olivgrüne Licht überzog den See mit einem gelben, sumpfartigen Dunst, der wie Dampf über einer Wanne an der Oberfläche waberte. Nur wenige Momente zuvor hatte das Wasser noch kühl und einladend gewirkt, doch jetzt war es eine hermetisch verschlossene Welt und der Wasserspiegel die Trennlinie zwischen zwei Dimensionen. Der Tauchkäfig wurde ausgeschwenkt und zu Wasser gelassen, seine roten Gitterstäbe schimmerten, die Konturen verschwammen, bis zuletzt das ganze Gebilde völlig verzerrt wirkte. Selbst die Männer, die unterhalb der Oberfläche schwammen, wurden durch das Wasser verwandelt, ihre umeinander kreiselnden Körper wurden zu schimmernden Chimären, hell funkelnde Geisterscheinungen in einem neuronalen Dschungel.

Weit unter ihnen ragte die große Kuppel des Planetariums aus dem gelben Licht hervor, und Kerans fühlte sich an ein kosmisches Raumschiff erinnert, das vor Millionen von Jahren auf der Erde gestrandet war und erst jetzt von der See freigegeben wurde. Er lehnte sich hinter Beatrice über die Reling und sagte zu Bodkin: »Alan, Strangman sucht den Schatz, den du da unten versteckt hast.«

Bodkin lächelte flüchtig. »Ich hoffe, er findet ihn«, sagte er milde. »Wenn er das schafft, kriegt er das gesamte Losegeld des Unbewussten.«

Strangman stand am Bug des Schiffes und befragte einen der zurückgekehrten Taucher, dem man gerade aus dem Anzug half, wobei das von seiner kupferfarbenen Haut abperlende Wasser über das Deck strömte. Während er den Mann laut brüllend mit Fragen bedrängte, bemerkte er, dass Bodkin und Kerans miteinander flüsterten. Mit gerunzelter Stirn pirschte er sich über das Deck an sie heran, beobachtete sie misstrauisch mit halb geschlossenen Augen und schlich sich dann hinter sie wie ein Gefängniswärter, der ein Trio potenzieller Störenfriede im Auge behält.

Kerans prostete ihm mit seinem Champagner-Cocktail zu und sagte scherzhaft: »Ich habe Dr. Bodkin gerade gefragt, wo er seinen Schatz versteckt hat, Strangman.«

Strangman hielt inne und starrte ihn kalt an, während Beatrice unbehaglich lachte und ihr Gesicht in den Flügelkragen ihres Strandhemdes verbarg. Er stützte beide Hände auf Kerans' Korbstuhllehne, das Gesicht weiß wie Feuerstein. »Keine Sorge, Kerans«, fauchte er leise. »Ich weiß, wo er ist, und brauche Ihre Hilfe nicht, um ihn zu finden.« Schwungvoll drehte er sich zu Bodkin um. »Nicht wahr, Doktor?«

Bodkin, der sich der schneidenden Stimme wegen das Ohr zuhielt, murmelte: »Sie werden es wohl wissen, Strangman.« Er schob seinen Stuhl zurück in den schwindenden Schatten. »Wann beginnt die Gala?«

»*Gala*?« Strangman sah sich gereizt um, offenbar hatte er vergessen, dass er den Ausdruck selbst geprägt hatte. »Hier gibt es keine Badeschönheiten, Doktor, das hier ist nicht das heimische Aquadrom. Doch warten Sie, ich will nicht ungalant sein und die schöne Miss Dahl vergessen.« Er beugte sich mit salbungsvollem Lächeln über sie. »Kommen Sie, meine Liebe. Ich mache Sie zur Königin des Wasserballetts mit einer Eskorte von fünfzig göttlichen Krokodilen.«

Beatrice wich dem Blick seiner funkelnden Augen aus. »Nein danke, Strangman. Das Meer macht mir Angst.«

»Aber Sie müssen. Kerans und Dr. Bodkin erwarten das von Ihnen. Und ich auch. Sie werden die Venus sein, die ins Meer hinabsteigt und bei ihrer Rückkehr doppelt so schön sein wird.« Er griff nach ihrer Hand, doch Beatrice wich stirnrunzelnd vor ihm zurück, angewidert von seinem schmierigen Grinsen. Kerans drehte sich auf seinem Stuhl herum und hielt ihren Arm fest.

»Ich schätze, das ist heute nicht Beatrices Tag, Strangman. Wir schwimmen nur abends, bei Vollmond. Es ist, wissen Sie, eine Frage der Stimmung.«

Er lächelte Strangman an, der Beatrice nur noch fester packte und dabei ein Gesicht machte wie ein über alle Maßen verärgerter weißer Vampir.

Kerans stand auf. »Hören Sie, Strangman, ich werde an ihrer Stelle gehen. Einverstanden? Ich würde mir gerne das Planetarium ansehen.« Beschwichtigend sagte er zu Beatrice: »Keine Sorge, Strangman und der Admiral werden gut auf mich aufpassen.«

»Selbstverständlich, Kerans.« Strangman fand zu seiner guten Laune zurück und strahlte geflissentlich, allein seine Augen verrieten, wie sehr es ihn freute, Kerans in seinen Fängen zu haben. »Wir stecken Sie in den großen Anzug, dann können Sie über Lautsprecher mit uns sprechen. Entspannen Sie sich, Miss Dahl, es besteht keinerlei Gefahr. Admiral! Anzug für Dr. Kerans! Hopp, hopp!«

Kerans wechselte einen kurzen, warnenden Blick mit Bodkin, dann wendete er sich ab, als er sah, wie überrascht Bodkins war, dass er sich in aller Eile freiwillig gemeldet hatte. Seltsamerweise fühlte er sich leicht benommen, obwohl er seinen Cocktail kaum angerührt hatte.

»Bleib' nicht zu lange unten, Robert«, rief Bodkin ihm nach. »Die Wassertemperatur ist hoch, mindestens fünfunddreißig Grad, das strengt an.«

Kerans nickte, dann folgte er Strangman, der eilends dem Vorderdeck zustrebte. Zwei Männer spritzten Anzug und Helm ab, während der Admiral und Big Caesar sowie die Matrosen, die sich auf den Pumprädern niedergelassen hatten, Kerans' Herannahen mit gleichmütigem Interesse verfolgten.

»Versuchen Sie, ins Auditorium zu gelangen«, sagte Strangman zu ihm. »Einer der Jungs hat einen Spalt in einem der Ausgänge entdeckt, doch der Rahmen ist verrostet.« Er musterte Kerans prüfend und wartete, dass ihm der Helm übergestülpt wurde. Der war nur bis zu einer Tiefe von fünf Faden ausgelegt und bestand aus einer durch zwei Querstreben verstärkten Plexiglashaube, die ihm optimale Rundsicht bot. »Die steht Ihnen, Kerans, Sie sehen aus wie ein Astronaut aus dem Universum der Seele.« Ein fratzenhaftes Lachen verzerrte sein Gesicht. »Doch versuchen Sie nicht, bis zum Unbewussten vorzudringen, Kerans; denken Sie daran, die Ausrüstung ist für eine solche Tiefe nicht geeignet!«

Kerans stampfte langsam zur Reling, hinter ihm die Matrosen, dic die Leinen trugen, blieb dann stehen, winkte Beatrice und Dr. Bodkin schwerfällig zu, erklomm die schmale Leiter und näherte sich langsam dem trägen, grünen Wasser. Es war kurz nach acht Uhr, und die Sonne prallte mit voller Wucht auf die klebrige PVC-Hülle, die ihn umschloss und Brust und Beine feucht umklammerte, und so freute er sich darauf, seine brennende Haut zu kühlen. Die Oberfläche des Sees war jetzt gänzlich opak. Ein Wust aus Blättern und Seegras trieb träge umher, dazwischen Luftblasen, die gelegentlich aus dem Inneren der Kuppel aufstiegen.

Zu seiner Rechten sah er Bodkin und Beatrice, die ihm, das Kinn auf die Reling gestützt, erwartungsvoll zusahen. Direkt über ihm, auf dem Dach des Flachboots, sah er die große, hagere Gestalt von Strangman, die Jackenschöße nach hinten geschoben, die Hände in die Hüfte gestemmt, das kreideweiße Haar von einer leichten Brise umspielt. Er grinste still in sich hinein, doch als Kerans' Füße das Wasser berührten, rief er etwas, das Kerans über die Kopfhörer nur undeutlich hörte. Daraufhin wurde das Zischen der durch die Ansaugventile in den Helm einströmende Luft schlagartig lauter und der interne Schaltkreis des Mikrofons aktiviert.

Das Wasser war heißer als vermutet. Statt eines kühlen, belebenden Bades erwartete ihn ein Becken voller warmer, klebriger Gallerte, die sich gleich der aasigen Umarmung eines gigantischen Protozoen-Monsters an seine Waden und Oberschenkel schmiegte. Rasch stieg er bis zu den Schultern hinab, nahm dann die Füße von den Sprossen und ließ sich von seinem Gewicht langsam in die grün schimmernde Tiefe gleiten, hangelte sich an der Stange entlang und machte an der Zwei-Faden-Markierung Halt.

Hier war das Wasser kühler, dankbar streckte er Arme und Beine aus und gewöhnte seine Augen an das fahle Licht. Einige kleine Engelfische schwammen vorüber, ihre Körper wie silberne Sterne in dem blauen Lichtfleck schimmernd, der sich von der Oberfläche bis zu einer Tiefe von ein Meter fünfzig erstreckte, ein ›Himmel‹ aus Licht, millionenfach von Staub- und Pollenpartikeln reflektiert. In zwölf Meter Entfernung ragte der blasse, gewölbte Rumpf des Planetariums vor ihm auf, weitaus größer und geheimnisvoller, als von der Oberfläche aus zu vermuten war, wie das Heck eines alten Schiffswracks. Das einst polierte Aluminiumdach war stumpf und fleckig, Mollusken und zweischalige Muscheln klebten an den schmalen Vorsprüngen des Quergewölbes. Weiter unten, dort, wo die Kuppel auf dem quadratischen Dach des Auditoriums ruhte, wogte sanft ein Wald aus gestieltem Riesentang, einige der Wedel über drei Meter hoch, exquisite Meeresgeister, die einander umspielten wie Chimären eines heiligen Hains.

Rund acht Meter über dem Boden endete die Leiter, doch Kerans war jetzt nahezu austariert. Er ließ sich nach unten sinken, bis er gerade noch mit den Fingerspitzen die Leiter über seinem Kopf berühren konnte, dann ließ er sie los und glitt rückwärts zum Grund des Sees, wobei die Zwillingsfühler seines Luftschlauchs und seines Telefonkabels durch die schmale, von dem aufgewühlten Wasser reflektierte Lichtsäule nach oben strebten zum silbrigen, rechteckigen Rumpf des Flachboots.

Unter Wasser von allen anderen Lauten abgeschnitten, hatte er unablässig das trommelnde Geräusch der Sauerstoffzufuhr und seines eigenen Atems im Ohr, das sich mit steigendem Luftdruck noch verstärkte. Die Geräusche schienen ihn in dem dunklen, olivgrünen Wasser zu umzingeln, und sie erinnerten ihn an das Dröhnen des ungeheuren Gezeitenpuls, den er in seinen Träumen gehört hatte.

Eine Stimme krächzte aus seinen Kopfhörern: »Strangman hier, Kerans. Wie geht's unserer großen, süßen Mutter?«

»Fühlt sich an wie zu Hause. Ich bin schon fast unten. Der Tauchkäfig ist drüben beim Eingang.«

Er versank bis zu den Knien in der weichen Lehmerde, die den Boden bedeckte und hielt sich an einem Laternenpfahl voller Seepocken fest. Mit entspannten, anmutigen Schritten bewegte er sich wie ein Astronaut auf dem Mond durch den von seinen Schritten gaswolkenartig aufgewirbelten Schlamm. Zu seiner Rechten erhoben sich die schummrigen Gebäude entlang des Trottoirs, vor deren Fenster sich bis zum ersten Stock weiche Schlammdünen auftürmten. In den Lücken zwischen den Gebäuden waren die Hügel fast acht Meter hoch, die Schutzgitter wie riesige Fallgatter darin eingeschlossen. Die meisten Fenster waren voller Unrat, übersät mit Bruchstücken von Möbeln, Metallschränken und Bohlen, miteinander verflochten und verwoben durch Seetang und Kopffüßer.

Der Tauchkäfig schwang über der Straße gemächlich an seinem Verbindungskabel hin und her, am Boden ein Satz Sägen und Schraubenschlüssel, die dort lose befestigt waren. Kerans näherte sich dem Eingang zum Planetarium, die Verbindungsschläuche hinter sich herziehend, die ihn, sobald sie sich überdehnten, leicht in die Höhe zogen.

Wie ein riesiger Unterwassertempel ragte das weiße Gebäude des Planetariums im Widerschein der Wasseroberfläche hell vor ihm auf. Die stählernen Barrieren am Eingang hatten Taucher bereits abgebaut, und der halbkreisförmige Torbogen, der in das Foyer führte, stand offen. Kerans schaltete seine Helmlampe an und ging hinein. Er sah sich vorsichtig zwischen allen Säulen und Nischen um und erklomm dann die ins Zwischengeschoss führende Treppe. Die Metallgeländer und verchromten Ausstellungstafeln waren verrostet, doch das gesamte Innere des Planetariums, durch die Stahlgitter von der Pflanzen- und Tierwelt der Lagunen hermetisch abgeschottet, schien gänzlich unberührt, so sauber und makellos wie an dem Tag, an dem die letzten Deiche brachen.

Am Ticketschalter vorbei ließ er sich langsam durch das Zwischengeschoss treiben, machte am Geländer Halt, um die Hinweisschilder über den Garderoben- und Toilettenräumen zu lesen, deren Leuchtbuchstaben das Licht reflektierten. Ein Gang führte rings um das Auditorium herum, und die Lampe warf einen blassen Lichtkegel hinab auf das undurchdringliche schwarze Wasser. In der stillen Hoffnung, dass die Deiche repariert werden würden, hatte die Direktion des Planetariums innen einen zweiten stählernen Schutzring um das Auditorium errichten lassen, gesichert durch verschließbare Querriegel, die inzwischen aber so verrostet waren, dass sie sich nicht mehr öffnen ließen.

Rechts oben an der Ecke des zweiten Schotts war die Platte etwas zurückgebogen, sodass man durch ein kleines Guckloch ins Auditorium spähen konnte. Zu erschöpft durch den Druck des Wassers auf Brust und Bauch, um sich mit dem schweren Anzug hochzuhangeln, begnügte sich Kerans mit einem kurzen Blick auf einige Lichtflecke, die durch die Ritzen der Kuppel drangen.

Als er eine Säge aus dem Tauchkäfig holen wollte, fiel ihm auf dem Weg dorthin eine schmale Freitreppe hinter dem Ticketschalter auf, an deren oberem Ende sich eine kleine Tür befand, die offensichtlich über dem Auditorium lag und entweder in die Kabine eines Filmvorführers oder zum Chefbüro führte. Er hangelte sich am Geländer hoch, denn mit den Metallstollen an seinen schweren Tauchboots wäre er auf dem schlickigen Teppichboden ausgerutscht. Die Tür war verschlossen, doch als er sich mit der Schulter dagegen warf, lösten sich die beiden Scharniere wie von selbst, und die Tür glitt anmutig wie ein Papiersegel zu Boden.

Als Kerans stehen blieb, um seine Verbindungsschläuche zu ordnen, registrierte er, dass sich der Rhythmus der Pumpgeräusche merklich verändert hatte, was darauf hindeutete, dass ein anderes Bedienerpaar die Arbeit übernommen hatte. Sie arbeiteten langsamer, und vermutlich waren sie unerfahren, mit höchstem Druck Luft nach unten zu pumpen. Aus irgendeinem Grund verspürte Kerans ein leichtes Unbehagen. Trotz Strangmans Bösartigkeit und Unberechenbarkeit war er sicher, dass er nicht versuchen würde, ihn auf so plumpe Weise wie durch die Drosselung der Luftzufuhr zu töten. Sowohl Beatrice als auch Bodkin waren vor Ort, und wenn auch Riggs und seine Männer weit entfernt waren, so bestand doch immer die Möglichkeit, dass eine Spezialeinheit der Regierung den Lagunen eine Stippvisite abstattete. Wenn er nicht auch Beatrice und Bodkin tötete – was aus einer Reihe von Gründen unwahrscheinlich schien (er vermutete offenkundig, dass sie mehr über die Stadt wussten, als sie zugaben) –, würde Kerans' Tod ihm unverhältnismäßig viel Ärger bereiten.

Als die Luft wieder gleichmäßig durch seinen Helm strömte, durchquerte Kerans den leeren Raum und ging nach vorn. An einer Wand hingen einige Regale herab, ein Aktenschrank stand in einer Ecke. Plötzlich sah er voller Schrecken einen Mann in einem überdimensionalen Raumanzug vor sich, der ihn mit drohend erhobenen Händen aus drei Meter Entfernung anstarrte, während weiße Blasen aus seinem froschartigen Kopf aufstiegen und ein Lichtstrahl seinem Helm entströmte. »Strangman!«, schrie er angesichts der Erscheinung unwillkürlich auf.

»Kerans! Was ist los?« Strangmans Stimme, näher als das Raunen seines eigenen Bewusstseins, durchbrach seine Panik. »Kerans, Sie Narr ...!«

»Tut mir leid, Strangman.« Kerans riss sich zusammen und ging langsam auf die näherkommende Gestalt zu. »Ich habe mich gerade im Spiegel gesehen. Ich bin oben im Chefbüro oder im Vorführraum, so genau weiß ich das nicht. Es gibt einen privaten Aufgang vom Zwischengeschoss, vielleicht ein Zugang zum Auditorium.«

»Ausgezeichnet. Sehen Sie nach, ob Sie den Safe finden. Er müsste hinter dem Bilderrahmen direkt über dem Schreibtisch sein.«

Kerans ignorierte ihn, legte seine Hände auf die Glasfläche und schwenkte den Helm ruckartig von links nach rechts. Er befand sich in der Kontrollkabine mit Blick auf das Auditorium, deren schalldichte Glasscheibe sein Bildnis spiegelte. Vor ihm befand sich das Regiepult mit sämtlichen technischen Vorrichtungen, doch die Anlage war entfernt worden, und nun stand der Drehstuhl des dort einst Tätigen im leeren Raum wie der einsame Thron eines mysophoben Potentaten. Vom Druck des Wassers völlig erschöpft, ließ sich Kerans auf dem Sitz nieder und blickte hinab auf das Rund des Auditoriums.

Im trüben Licht seiner Helmlampe sah er verschwommen das dunkle Gewölbe, das mit seinen schlammbedeckten Wänden über ihm aufragte wie eine riesige, samtig gepolsterte Gebärmutter in einem surrealistischen Albtraum. Es schien, als fiele das schwarze, undurchsichtige Wasser wie ein schwerer Vorhang vertikal herab und verhülle die Bühne in der Mitte des Auditoriums, wie um das Allerheiligste in seinen Tiefen zu verbergen. Aus irgendeinem Grund wurde der gebärmutterartige Eindruck des Raums durch die kreisförmig angeordneten Sitzreihen eher noch verstärkt als gemindert, und als Kerans wieder das Pochen in seinen Ohren vernahm, wusste er auf einmal nicht mehr, ob er nicht dem düsteren, unterschwelligen Requiem seiner Träume lauschte. Er öffnete die kleine Flügeltür, die ins Auditorium hinabführte, und löste das Telefonkabel von seinem Helm, um Strangmans Stimme nicht mehr hören zu müssen.

Eine dünne Schlammschicht bedeckte die mit Teppich ausgelegten Stufen des Ganges. In der Kuppelmitte war das Wasser deutlich wärmer als im Kontrollraum, erhitzt durch eine Art Wärmeübertragung, die seine Haut wie heißer Balsam labte. Die Bühne, auf der der Projektor einst stand, war leer, doch durch die Risse in der Kuppel funkelten einige Lichtpunkte wie galaktische Umrisse eines fernen Universums. Er starrte hinauf zu diesem unbekannten Zodiakus, dessen Anblick ihm wie die Urvision eines pelagischen Cortés erschien, der, aus Meerestiefen emporsteigend, erstmals die ozeanische Weite des Firmaments erblickt.

Auf der Bühne stehend betrachtete er die leeren Stuhlreihen und fragte sich, welchen uterinen Ritus er dem unsichtbaren Publikum, das ihn zu beobachten schien, darbieten sollte. Der Luftdruck in seinem Helm war enorm gestiegen, seit die Männer an Deck den telefonischen Kontakt zu ihm verloren hatten. Die seitlich angebrachten Ventile des Helms rauschten, silberne Luftbläschen sprudelten hervor und schossen wie entfesselte Phantome nach oben.

Minuten vergingen, in denen Kerans allmählich zu der Gewissheit gelangte, dass die Bewahrung dieses fernen Tierkreises, der möglicherweise genau der Konfiguration von Sternbildern entsprach, die die Erde in der Trias umspannte, wichtiger war als alles andere, das vor ihm lag. Er stieg von der Bühne herab und begab sich, den Luftschlauch hinter sich herziehend, zurück zum Kontrollraum. Als er die Flügeltür erreichte, spürte er, wie der Schlauch seinen Händen entglitt, und in einem Anfall von Wut und Raserei formte er daraus eine Schlaufe und verankerte sie am Türgriff. Er wartete, bis sich der Schlauch straffte, dann wickelte er eine zweite Schlaufe um den Griff, sodass ihm noch ein Radius von drei Meter fünfzig verblieb. Er ging die Treppe wieder hinab, blieb auf halbem Weg stehen und lehnte den Kopf zurück, fest entschlossen, sich die Konstellation der Sternbilder für alle Ewigkeit auf die Netzhaut zu brennen. Schon jetzt schienen ihm ihre Muster vertrauter als die der klassischen Konstellationen. Eine Milliarde siderischer Tage wurden durch die unermesslich große, konvulsivische Regression der Äquinoktien wiedergeboren und Nebel und Inseluniversen in ihrer ursprünglichen Perspektive wiederhergestellt.

Ein stechender Schmerz fuhr ihm durchs Ohr, sodass er unwillkürlich schlucken musste. Er merkte auf einmal, dass das Lufteinlassventil im Helm nicht mehr funktionierte. Alle zehn Sekunden zischte es schwach, doch der Druck war drastisch gesunken. Benommen stolperte er den Gang hinauf und versuchte, den Luftschlauch vom Türgriff zu lösen, denn er war sicher, dass Strangman die Gelegenheit nutzte, um einen Unfall zu provozieren. Atemlos stolperte er über eine der Stufen und fiel so unbeholfen und sacht wie ein Luftballon über die Sitze.

Als sein Helmlicht das Kuppeldach streifte und den riesigen, leeren Mutterleib ein letztes Mal erhellte, fühlte Kerans, wie die warme, blutgefüllte Ursuppe der Gebärmutterhöhle ihn überflutete. Er legte sich auf die Stufen, Arme und Beine weit von sich gestreckt, die empfindungslose Hand gegen die Schlaufe um den Türgriff gepresst und überließ sich dem wohligen Druck des Wassers, das seinen Anzug durchdrang, sodass zwischen seinem eigenen Blutkreislauf und der gewaltigen Embryonalhülle keine Grenzen mehr zu existieren schienen. Die tiefe Wiege aus Schlick trug ihn sanft wie eine riesige Plazenta, unendlich viel weicher als jedes Bett, das er je gekannt hatte. Als sein Bewusstsein schwand, gewahrte er hoch oben die uralten Sternennebel und Galaxien, die durch die uterine Nacht leuchteten, doch schließlich wurde auch ihr Licht trüber, und dann war da nur noch aus den tiefsten Tiefen seines Verstandes der schwache Abglanz einer Identität. Bedächtig bewegte er sich darauf zu und näherte sich langsam dem Zentrum der Kuppel, wohl wissend, dass sich dieses matte Leuchtfeuer schneller entfernte, als er sich ihm nähern konnte. Als es nicht mehr zu sehen war, bewegte er sich allein durch die Dunkelheit weiter, wie ein blinder Fisch in einem endlosen, vergessenen Meer, getrieben von einem Impuls, dessen Wesen er niemals ergründen würde…

Epochen zogen vorüber. Mächtige Wellen rollten unendlich langsam heran, umfingen ihn, brachen und spülten ihn hilflos treibend an die sonnenlosen Gestaden des Zeitmeers. Er trieb in der Vorhölle der Ewigkeit von einem Becken zum anderen, sein Bildnis im Spiegel des Wassers tausendfach reflektiert. In seinen Lungen schien ein riesiger Binnensee zu bersten, sein Brustkorb blähte sich auf wie bei einem Wal, um die ozeanischen Wassermassen aufzunehmen.

»Kerans …«

Er sah zu dem hellen Deck hinauf, auf das strahlende Lichtspiel des Sonnensegels über ihm, in das wachsame, ebenholzfarbene Gesicht des Admirals, der über ihm hockte und ihm mit seinen gewaltigen Pranken den Brustkorb massierte.

»Strangman, er …« Würgend erbrach Kerans die aus seiner Kehle herausgepresste Flüssigkeit und ließ, vom Sonnenlicht geblendet, den Kopf auf das heiße Deck zurücksinken. Ein Kreis von Gesichtern blickte besorgt auf ihn herab – Beatrice mit schreckgeweiteten Augen, Bodkin mit ernster Miene und gerunzelter Stirn, dazu ein bunter Haufen brauner Gesichter unter khakifarbenen Képis. Plötzlich trat ein einzelnes weißes, feixendes Gesicht dazwischen. Kaum einen Meter von ihm entfernt grinste es ihn anzüglich an wie eine obszöne Statue.

»Strangman, Sie…«

Das Grinsen ging in ein gewinnendes Lächeln über. »Nein, habe ich nicht, Kerans. Versuchen Sie nicht, mir die Schuld zu geben. Doktor Bodkin kann das bezeugen.« Er wies mit dem Finger auf Kerans. »Ich habe Sie gewarnt, nicht zu tief runterzugehen.«

Der Admiral stand auf, offenkundig erleichtert, dass Kerans sich erholt hatte. Das Deck fühlte sich an wie glühendes Eisen, und Kerans, auf einen Ellbogen gestützt, zog sich hoch und saß ermattet in der Wasserlache. Etwas weiter, nahe der Speigatten, lag sein Taucheranzug, in sich zusammengefallen wie die leere Hülle eines Leichnams.

Beatrice drängte sich durch den Kreis der Schaulustigen und hockte sich neben ihn. »Robert, entspanne dich, denk' jetzt nicht darüber nach.« Sie legte ihren Arm um seine Schultern und blickte argwöhnisch zu Strangman auf. Der stand schadenfroh grinsend hinter Kerans, die Hände in die Hüften gestemmt.

»Das Kabel hat sich verfangen…« Kerans versuchte sich zu sammeln und holte tief Luft, um seine Lungen zu beruhigen und wie zwei beschädigte, zarte Blumen wieder aufzurichten. »Sie haben von oben daran gezogen. Habt ihr nicht…«

Bodkin brachte Kerans' Jacke und hängte sie ihm um die Schultern. »Ganz ruhig, Robert, das spielt jetzt keine Rolle. Es war nicht Strangmans Schuld, dessen bin ich mir sicher; Beatrice und ich haben uns mit ihm unterhalten, als es passierte. Das Kabel hatte sich an einem Hindernis verfangen, es sieht so aus, als wäre es ein Unfall gewesen.«

»Nein, das war es nicht. Doktor«, schaltete sich Strangman ein. »Verbreiten Sie keine Märchen, Kerans wird die Wahrheit wohl zu schätzen wissen. Er selbst hat dieses Kabel festgezurrt, ganz bewusst. Warum?« Hier hob Strangman gebieterisch den Zeigefinger. »Er *wollte* ein Teil der versunkenen Welt werden.«

Er begann zu lachen und klopfte sich amüsiert auf die Schenkel, als Kerans mit letzter Kraft zu seinem Sitz humpelte. »Und der Witz dabei ist, dass er nicht einmal weiß, ob ich die Wahrheit sage oder nicht. Ist Ihnen das klar, Bodkin? Schauen Sie ihn doch an; er weiß es wirklich nicht! Gott, was für eine Ironie!«

»Strangman!«, fauchte Beatrice wütend, ihre Furcht vor ihm überwindend. »Hören Sie auf damit! Es könnte ein Unfall gewesen sein.«

Strangman zuckte theatralisch mit den Schultern. »Es *könnte*«, wiederholte er mit Nachdruck. »Zugegeben. Das macht es sogar noch interessanter – insbesondere für Kerans. *Wollte ich mich umbringen oder nicht?* Ein existenzielles Absolutum, eines von wenigen, und weitaus bedeutsamer als ›Sein oder Nichtsein?‹, das lediglich die Ungewissheit des Selbstmörders betont, nicht aber die ewige Ambivalenz seines Opfers.« Er lächelte Kerans gönnerhaft zu, der reglos auf seinem Stuhl saß und an dem Getränk nippte, das Beatrice ihm gereicht hatte. »Kerans, ich beneide Sie um die Aufgabe, das herauszufinden – falls Sie es können.«

Kerans rang sich ein schwaches Lächeln ab. Da er sich rasch erholte, begriff er, dass er noch einmal mit heiler Haut davongekommen war. Die restliche Crew war, ohne sich weiter um ihn zu kümmern, zu ihren Aufgaben zurückgekehrt.

»Danke, Strangman. Ich werde es Sie wissen lassen, wenn ich die Antwort habe.«

Auf dem Rückweg zum Ritz saß er schweigend im Heck des Flachboots und dachte an die große Gebärmutterhöhle des Planetariums und die vielschichtigen, einander überlagernden Assoziationen, während er versuchte, das abscheuliche ›Entweder/Oder‹, das Strangman so treffend benannt hatte, aus seinem Gedächtnis zu tilgen. Hatte er die Luftzufuhr unbewusst gedrosselt, weil er wusste, dass die Kabelspannung ihn ersticken würde, oder war es tatsächlich ein Unfall, vielleicht gar ein Versuch Strangmans, ihn zu verletzen? Ohne die beiden Bergungstaucher (vielleicht hatte er auch damit gerechnet, dass sie ihn suchen würden, nachdem die Telefonverbindung abgebrochen war) hätte er die Antwort wohl gefunden. Warum er den Tauchgang überhaupt unternommen hatte, blieb indes sein Geheimnis. Es stand jedoch außer Frage, dass ein seltsamer Drang ihn veranlasst hatte, sich Strangmans Gnade auszuliefern, fast so, als hätte er vorgehabt, seine eigene Ermordung zu inszenieren.

Auch in den nächsten Tagen löste sich das Rätsel nicht auf. War die versunkene Welt als solche und die geheimnisvolle Suche nach dem Süden, von der Hardman so besessen war, nur ein suizidaler Impuls, ein unbewusstes Einverständnis mit der Logik seines eigenen devolutionären Abstiegs, die ultimative neuronale Synthese des archäopsychischen Nullpunkts? Doch statt mit einem weiteren Rätsel zu leben, verdrängte Kerans systematisch seine Erinnerungen an den Unfall und fürchtete zunehmend die eigentliche Rolle, die Strangman in seinem Denken spielte. Auch Bodkin und Beatrice erwähnten den Unfall nicht mehr, als akzeptierten sie, dass eine Antwort auf diese Frage auch zahlreiche der anderen mysteriösen Rätsel lösen würde, die sie jetzt allein am Leben hielten, Trugbilder, die sie, wie alle mehrdeutigen, aber notwendigen Mutmaßungen über ihre eigene Person, nur ungern opfern wollten.

Zehntes Kapitel

Überraschungsparty

»Kerans…! »

Vom tiefen Dröhnen des Wasserflugzeugs geweckt, das sich dem Landesteg näherte, wälzte sich Kerans, den Kopf auf das muffige Kissen gebettet, unruhig hin und her. Er konzentrierte sein Augenmerk auf die hellgrünen Parallelogramme, die Flecken auf die Decke über den Jalousien warfen, hörte von draußen den Umkehrschub von Triebwerken und erhob sich dann mühsam vom Bett. Es war bereits nach 7.30 Uhr, eine Stunde später, als er noch vor einem Monat erwacht war, und das grelle Sonnenlicht, das sich in der Lagune spiegelte, stieß wie ein gefräßiges, goldenes Ungeheuer seine Finger in den abgedunkelten Raum.

Es ärgerte ihn ein wenig, dass er vergessen hatte, vor dem Einschlafen den Ventilator neben dem Bett auszuschalten. Er fiel jetzt häufig ganz unvermittelt in den Schlaf, wenn er beispielsweise halb gebückt auf dem Bett saß, um seine Schuhe aufzuschnüren. Um Energie zu sparen, hatte er das Schlafzimmer aufgegeben und das schwere, goldgerahmte Doppelbett in den Salon gestellt, doch sein Schlafdrang war so stark, dass er sich bald gezwungen sah, es wieder zurückzustellen.

»Kerans…!«

Strangmans Stimme hallte warnend durch den unteren Korridor. Kerans humpelte langsam ins Bad und schaffte es gerade noch, das Gesicht mit Wasser zu benetzen, bevor Strangman sich Zutritt zur Suite verschaffte.

Strangman warf seinen Helm auf den Boden und holte eine Kanne mit heißem, schwarzen Kaffee und eine mit Grünspan überzogene Dose Gorgonzola hervor.

»Ein Geschenk für Sie.« Er musterte Kerans' stumpfe Augen mit liebenswürdigem Stirnrunzeln. »Nun, wie geht's denn so in der Tiefenzeit?«

Kerans saß auf der Bettkante und wartete darauf, dass das Dröhnen der Phantomdschungel in seinem Kopf verklang. Schier endlos zerdehnten sich die Traumreste dicht unter der Oberfläche der Realität. »Was führt Sie her?«, fragte er barsch.

Strangman setzte eine gekränkte Miene auf.

»Kerans, ich mag Sie. Das vergessen Sie immer wieder.« Er drehte die Klimaanlage hoch und lächelte Kerans an, der aufmerksam sein schiefes, anzügliches Grinsen registrierte. »Doch eigentlich bin ich aus einem anderen Grund hier – ich möchte, dass Sie heute mit mir zu Abend essen. Schütteln Sie nicht gleich den Kopf. Ich muss ja immer wieder hierherkommen; es wird Zeit, dass ich mich für Ihre Gastfreundschaft revanchiere. Beatrice und der alte Bodkin kommen auch; da wird allerhand los sein – Feuerwerk, Bongo-Trommeln und eine Überraschung.«

»Was denn genau?«

»Das werden Sie schon sehen. Etwas wirklich Spektakuläres, glauben Sie mir, ich mache keine halben Sachen. Ich könnte sogar diese *'gators* auf ihren Schwanzspitzen zum Tanzen bringen, wenn ich es wollte.« Er nickte feierlich. »Kerans, Sie werden beeindruckt sein. Und es könnte Ihnen mental sogar gut tun und diese verrückte Zeitmaschine stoppen, in der Sie sich befinden.« Seine Stimmung änderte sich, er wurde distanziert und zerstreut. »Doch ich sollte mich nicht über Sie lustig machen, Kerans, ich könnte nicht ein Zehntel der Verantwortung tragen, die Sie persönlich auf sich nehmen. Die tragische Einsamkeit dieser gespenstischen triassischen Sümpfe zum Beispiel.« Er nahm ein Buch von der Ablage der Klimaanlage, eine Ausgabe von John Donnes Gedichten, und sprach aus dem Stegreif: »Welt in Welt, jeder Mensch ist eine Insel, ganz für sich allein, die durch Meere von Archipelen schwimmt…«

Kerans war sicher, dass er ihn nur zum Narren halten wollte und fragte: »Wie läuft's mit dem Tauchen?«

»Offen gesagt, nicht sehr gut. Die Stadt liegt so weit im Norden, dass nicht mehr viel übrig ist. Doch einige interessante Dinge haben wir entdeckt. Sie werden es heute Abend sehen.«

Kerans zögerte, weil er befürchtete, nicht genug Energie aufzubringen, um mit Dr. Bodkin und Beatrice zu plaudern – keinen von beiden hatte er seit dem Tauchdebakel mehr gesehen, obwohl Strangman allabendlich mit seinem Wasserflugzeug zu Beatrices Apartmenthaus fuhr (mit welchen Erfolg, konnte Kerans nur mutmaßen, doch Strangmans Anspielungen – »Frauen sind wie Spinnen, sie sitzen da, beobachten dich und stricken ihre Netze« oder »sie redet unentwegt von Ihnen, Robert, verflixt« – deuteten auf eine negative Reaktion hin).

Der drängende Unterton in Strangmans Stimme machte jedoch klar, dass Kerans' Teilnahme unumgänglich war und er nicht absagen durfte. Strangman folgte ihm in den Salon und wartete auf eine Antwort.

»Das ist recht kurzfristig, Strangman.«

»Es tut mir schrecklich leid, Kerans, aber da wir uns so gut kennen, dachte ich, es mache Ihnen nichts aus. Es liegt wohl an meinem manisch-depressiven Wesen, dass ich immer so abenteuerliche Pläne aushecke.«

Kerans fand zwei vergoldete Porzellantassen und schenkte Kaffee aus der Kanne ein. So gut kennen wir uns also, sagte er ironisch zu sich selbst. Verdammt noch mal, ich kenne dich kein bisschen, Strangman. So einen wie ihn, der die Lagunen belagert wie der leibhaftige böse Geist der gefluteten Stadt, Apotheose ihrer ganzen sinnlosen Gewalt und Grausamkeit, halb Freibeuter, halb Teufel. Doch darüber hinaus spielte er auch eine neuronale Rolle, die möglicherweise sogar von positivem Einfluss war, indem er Kerans einen Spiegel vorhielt und ihn indirekt vor der Zukunft, die er gewählt hatte, warnte. Es war dieses Band, das sie zusammenhielt, denn sonst hätte Kerans die Lagunen schon längst verlassen und wäre nach Süden weitergezogen.

»Das wird doch wohl kein Abschiedsfest?«, fragte er Strangman. »Sie verlassen uns doch nicht etwa?«

»Kerans, natürlich nicht«, entgegnete Strangman vorwurfsvoll. »Wir sind doch gerade erst angekommen. Außerdem«, fügte er weise hinzu, »wohin sollten wir auch gehen? Viel ist ja nicht mehr übrig – ich sag' Ihnen, manchmal fühle ich mich wie Phlebas der Phönizier. Freilich ist das ja eher Ihre Rolle, nicht wahr?«

»Ein untermeerischer Sog
Nagt wispernd sein Gebein. So auf und ab getorkelt
Durchmisst er die Zeitflucht vom Greis zum Kind
Und geht ein in den Wirbel.«

Er bedrängte Kerans so lange, bis dieser seine Einladung annahm, dann zog er frohlockend von dannen. Kerans trank den restlichen Kaffee aus der Kanne, und als er sich ein wenig erholt hatte, zog er die Jalousien hoch und ließ das helle Sonnenlicht herein.

Draußen, auf der Veranda, hockte eine weiße Waraneidechse in seinem Stuhl, musterte ihn mit versteinertem Blick und wartete darauf, dass etwas passierte.

Als er an diesem Abend quer über die Lagune zum Raddampfer fuhr, überlegte Kerans, worin wohl Strangmans »Überraschung« bestehen könnte, hoffend, dass es sich nicht um einen seiner perfiden Scherze handele. Die Anstrengung, sich den Bart zu rasieren und ein weißes Dinner-Jacket anzuziehen, hatte ihn ermüdet.

In der Lagune waren offensichtlich umfangreiche Vorbereitungen im Gange. Das Mutterschiff, das ungefähr fünfzig Meter vom Ufer entfernt ankerte, war mit Sonnensegeln bespannt und mit farbigen Lichtern dekoriert, während zwei der verfügbaren Flachboote systematisch die Ufer entlangfuhren, um die Alligatoren in die Hauptlagune zu scheuchen.

Kerans deutete auf einen großen, von Bootshaken umzingelten Kaiman und sagte zu Big Caesar: »Was gibt's denn heute Abend zu essen – Alligatorbraten?«

Der hünenhafte, bucklige Mulatte am Ruder des Flachbootes erwiderte achselzuckend: »Strang' zieht heute Abend 'ne große Show ab, Mistah Kerans, eine richtig große Show. Warten Sie's ab.«

Kerans erhob sich von seinem Platz und lehnte sich über die Reling. »Big Caesar, seit wann kennst du den Captain?«

»Seit langem, Mistah Kerans. Zehn Jahre, vielleicht auch zwanzig.«

»Ein merkwürdiger Mensch«, fuhr Kerans fort. »Und ziemlich launenhaft – das muss dir doch aufgefallen sein, wenn du schon so lange für ihn arbeitest. Manchmal macht er mir Angst.«

Der riesige Mulatte lächelte unergründlich. »Da haben Sie recht, Mistah Kerans«, erwiderte er kichernd. »Wirklich recht.«

Doch bevor Kerans ihn weiter ausfragen konnte, schallte ein Megaphon von der Brücke des Mutterschiffs über das Wasser zu ihnen herüber.

Strangman empfing jeden einzelnen seiner ankommenden Gäste am Fuß der Gangway. Er war in Hochstimmung, sprühte vor Charme und Galanterie und machte Beatrice ausgiebige Komplimente zu ihrem Aussehen. Sie trug ein bodenlanges Ballkleid aus blauem Brokat, dazu türkisfarbene Wimperntusche, sodass sie aussah wie ein exotischer Paradiesvogel. Sogar Bodkin hatte seinen Bart gestutzt und trug ein ansehnliches Leinenjackett, dazu einen alten Seidenschal als bescheidene Andeutung einer schwarzen Krawatte. Gleichwohl wirkten beide, nicht anders als Kerans, kraftlos und wie ferngesteuert und beteiligten sich an den Tischgesprächen nur wie Automaten.

Strangman fiel das jedoch nicht auf, oder, falls doch, war er viel zu hochgestimmt und beschäftigt, um sich darüber Gedanken zu machen. Aus welchem Grund auch immer hatte er offensichtlich keine Mühe gescheut, um seine Überraschung zu inszenieren. Über der Aussichtsplattform hing eine nagelneue Markise, die aussah wie ein weißes Segel mit hochgeklapptem Saum, der ihnen einen freien Blick auf die Lagune und den Himmel gewährte. Unweit der Reling stand ein großer, runder Esstisch, ringsum Diwane im ägyptischen Stil mit spiralförmigen Goldverzierungen und elfenbeinfarbenen Polstern. Auf dem Tisch standen unzählige glänzende Gold- und Silberteller, die alle nicht zueinander passten, aber teilweise riesige Ausmaße hatten – allein die goldbronzenen Fingerschalen waren so groß wie Waschbecken.

Strangman hatte seine Schatzkammer im Unterdeck in einem Anfall von Verschwendungssucht geplündert – mehrere geschwärzte Bronzestatuen standen hinter dem Tisch, üppig bestückt mit Früchten und Orchideen, und ein riesengroßes Gemälde eines Malers aus der Schule Tintorettos lehnte an den Schloten und verdeckte die Bodenluken, sodass es aussah, als hinge ein Wandgemälde über dem Tisch. Das Bild hieß »Die Hochzeit von Ester und König Xerxes«, aber durch die heidnische Darstellung und vor dem Hintergrund der venezianischen Lagunen und Palazzi des Canale Grande, gepaart mit Dekors und Gewändern des Cinquecento, wirkte es eher wie »Die Hochzeit von Neptun und Minerva« und entsprach damit ohne Zweifel ganz der Moral, die Strangman vermitteln wollte. König Xerxes, ein gerissener, ältlicher Doge oder venezianischer Großadmiral mit Raubvogelnase, schien bereits ganz seiner sittsamen, rabenschwarzhaarigen Ester verfallen zu sein, die eine ferne, wenngleich unübersehbare Ähnlichkeit mit Beatrice aufwies. Als er seinen Blick über die mit Hunderten von Hochzeitsgästen überquellende Leinwand schweifen ließ, sah Kerans plötzlich ein anderes, vertrautes Profil – das Gesicht Strangmans umgeben von Ratsmitgliedern der Zehn mit ihrem harten, grausamen Lächeln –, doch als er sich dem Bild näherte, war die Ähnlichkeit verschwunden.

Die Hochzeitszeremonie fand an Bord einer vor dem Dogenpalast vertäuten Galeone statt, und ihre kunstvolle Rokoko-Takelage schien direkt mit den stählernen Trossen und Abspannleinen des Mutterschiffs zu verschmelzen. Abgesehen von der ähnlichen Kulisse, die durch die beiden Lagunen und die aus dem Wasser ragenden Gebäude noch unterstrichen wurde, hätte auch Strangmans bunt zusammengewürfelte Besatzung aus juwelengeschmückten Sklaven und einem *Negro Captain* als Gondoliere direkt dem Bild entsteigen können.

Kerans, an seinem Cocktail nippend, sagte zu Beatrice: »Erkennst du dich wieder, Bea? Offensichtlich hofft Strangman, dass du die Fluten mit demselben Geschick bändigen wirst, mit dem Ester seinerzeit den König zu besänftigen pflegte.«

»Richtig, Kerans!« Strangman trat von der Brücke zu ihnen herüber. »Sie haben's erfasst.« Er verbeugte sich vor Beatrice. »Ich hoffe nur, meine Liebe, Sie nehmen das Kompliment an?«

»Ich fühle mich natürlich sehr geschmeichelt, Strangman.« Beatrice ging zu dem Gemälde hinüber und betrachtete ihre Doppelgängerin, dann wirbelte sie in ihrem Brokatgewand geräuschvoll herum, stellte sich an die Reling und starrte hinaus aufs Wasser. »Ich bin mir aber nicht sicher, ob ich für diese Rolle geeignet bin, Strangman.«

»Das sind Sie zweifellos, Miss Dahl.« Strangman gab dem Steward ein Zeichen, zu Bodkin hinüberzugehen, der still vor sich hinträumte, dann klopfte er Kerans auf die Schulter. »Glauben Sie mir, Doktor, Sie werden bald sehen…«

»Gut. Ich bin schon ein wenig ungeduldig, Strangman.«

»Was, nach dreißig Millionen Jahren können Sie nicht einmal mehr fünf Minuten warten? Dabei bin ich es doch, der Sie in die Gegenwart zurückholt.«

Während des Dinners kümmerte sich Strangman höchstpersönlich um die Weinauswahl, und sooft er sich vom Tisch erhob, nutzte er die Gelegenheit, um sich mit dem Admiral zu beraten. Als die letzten Brandys vor ihnen standen, gesellte sich Strangman wieder zu ihnen und zwinkerte Kerans breit lächelnd zu. Zwei Flachboote waren zur Bucht auf der anderen Seite der Lagune gefahren und dort in der Mündung verschwunden, während das dritte seine Position in der Mitte einnahm und von dort aus ein kleines Feuerwerk entzündete.

Noch erhellten letzte Sonnenstrahlen das Wasser, doch es war bereits dunkel genug, sodass die leuchtenden Feuerräder und Raketen, die laut knallend aufflackerten und in allen Farben schillerten, sich deutlich von dem rauchfarbenen Dämmerlicht abhoben. Immer breiter wurde Strangmans Lächeln, der sich nun auf seinem Chesterfield-Sofa zurücklehnte und still in sich hineingrinste, während die roten und grünen Blitze seine saturnischen Züge illuminierten.

Kerans, der sich unbehaglich fühlte, beugte sich vor, um ihn zu fragen, wann denn mit der Überraschung zu rechnen sei, doch Strangman kam ihm zuvor.

»Nun, haben Sie es nicht bemerkt?« Er blickte in die Tischrunde. »Beatrice? Dr. Bodkin? Ihr drei seid langsam. Kommt mal für einen Moment aus eurer Tiefenzeit heraus.«

Eine merkwürdige Stille lag über dem Schiff, und unwillkürlich lehnte sich Kerans gegen die Reling, um sich abzustützen, falls Strangman eine Sprengung unter Wasser geplant haben sollte. Er spähte auf das darunter liegende Deck und sah auf einmal, dass die zwanzig- oder dreißigköpfige Crew reglos auf die Lagune starrte und die ebenholzfarbenen Gesichter und weißen Trikots gelegentlich gespenstisch aufflackerten, als handele es sich um die Besatzung eines Geisterschiffs.

Erstaunt blickte Kerans zum Himmel hinauf und zur Lagune hinab. Die Dunkelheit war schneller hereingebrochen als erwartet, sodass die Vorhangfassaden der gegenüberliegenden Gebäude bereits im Schatten versanken. Gleichzeitig hob sich der Himmel klar und deutlich vom Restlicht des Sonnenuntergangs ab, das die Spitzen des Blattwerks ringsum leuchtend färbte.

Irgendwo in der Ferne erklang das leise Trommeln der Luftpumpen, die den ganzen Tag über gearbeitet hatten und deren Geräusch durch das Feuerwerk überdeckt worden war. Das Wasser rings um das Schiff war sonderbar still und leblos, selbst die sachten Wellen, die es normalerweise umspielten, fehlten jetzt. Er fragte sich, ob wohl ein Unterwasserballett für eine Gruppe dressierter Alligatoren stattfinden werde, und blickte auf die Wasseroberfläche hinab.

»Alan! Sieh doch, um Himmels willen! Beatrice, kannst du es sehen?« Kerans stieß seinen Stuhl zurück, sprang zur Reling und zeigte erstaunt auf das Wasser. »Der Pegel sinkt!«

Knapp unter der dunklen, glasklaren Oberfläche zeichneten sich schemenhaft die rechteckigen Umrisse der gefluteten Gebäude ab, deren offene Fenster den leeren Augenhöhlen riesiger, ertrunkener Schädel glichen. Kaum zwei Meter von der Oberfläche entfernt, kamen sie näher und tauchten aus der Tiefe empor wie ein riesiges, intaktes Atlantis. Erst waren es nur ein Dutzend, dann kam eine ganze Reihe von Gebäuden zum Vorschein, deren Gesimse und Feuerleitern durch die immer dünner werdende Wasserschicht deutlich sichtbar waren. Die meisten von ihnen waren nur vier oder fünf Stockwerke hoch und gehörten zu einem Viertel mit kleinen Geschäften und Büros, umgeben von höheren Gebäuden, die den Rand der Lagune bildeten.

Fünfzig Meter entfernt tauchte schon ein Dach auf, ein stumpfes Rechteck, überwuchert von Seegras und Algen, auf dem einige Fische verzweifelt zappelten. Gleich darauf kamen ringsum noch ein halbes Dutzend weiterer Dächer zum Vorschein, die sich um eine schmale Straße gruppierten. Die obere Fensterreihe trat zutage, Wasser schwappte von den Simsen, und in dem Kabelgewirr, das über der Fahrbahn hing, hatte sich Blasentang verfangen.

Die Lagune war bereits verschwunden. Sachte sanken sie hinab auf einen, wie es schien, großen, weiten Platz mit Blick auf eine diffuse, von baufälligen Schornsteinen und Türmen durchbrochene Ansammlung von Dächern, die ebenerdige Straße verwandelt in einen undurchdringlichen Dschungel kubistischer Karrees, der sich an seinen Rändern in der dortigen, höher gelegenen Vegetation verlor. Aus dem noch vorhandenen Wasser hatten sich verschiedene Kanäle gebildet, dunkel und düster, die sich um Ecken und durch enge Gassen schlängelten.

»Robert! Mach, dass das aufhört! Das ist ja furchtbar!« Beatrice packte ihn so fest am Arm, dass Kerans ihre langen, blau lackierten Fingernägel spürte, die sich durch den Stoff seines Dinner-Jackets krallten. Mit Abscheu und Ekel starrte sie auf die aus den Fluten auftauchende Stadt, angewidert von den stechenden Gerüchen der freigelegten Wasserknöteriche und Algen und dem nassen, mit Seepocken übersäten, rostigen Unrat. Schlammgebilde hingen wie Schleier von den kreuz und quer verlaufenden Telegrafendrähten und ramponierten Leuchtreklamen herab, dünne Schlammschichten überzogen die Häuserfronten und verwandelte die einst klare Schönheit der gefluteten Stadt in eine trockengelegte, gärende Kloake.

Kerans brauchte einen Moment, um wieder zur Besinnung zu kommen und sich mit dieser totalen Umkehrung seiner Welt, wie er sie kannte, auseinanderzusetzen, doch war er außerstande, die Logik der bevorstehenden Wiedergeburt zu akzeptieren. Zuerst fragte er sich, ob es möglicherweise einen totalen Klimawandel gegeben hatte, der die ehemals expandierenden Meere schrumpfen und die gefluteten Städte austrocknen ließ. In diesem Falle müsste er sich einen Weg in diese neue Gegenwart bahnen oder Jahrmillionen entfernt an den Gestaden einer einsamen triassischen Lagune ausharren. Doch tief in seinem Innern pochte die große Sonne mit unverminderter Kraft, und neben ihm hörte er Bodkin murmeln:

»Diese Pumpen sind stark. Der Pegel sinkt um gut einen Meter pro Minute. Wir haben den Boden fast erreicht. Das Ganze ist phantastisch!«

Schallendes Gelächter brandete in der dunklen Luft auf, während sich Strangman vergnügt auf dem Chesterfield-Sofa wälzte und mit einer Serviette die Lachtränen von den Augen wischte. Nun, da die Anspannung, die ihn vor dem Spektakel beherrscht hatte, gewichen war, ergötzte er sich am Anblick der drei entgeistert dreinblickenden Gestalten an der Reling. Oben auf der Brücke sah der Admiral, dessen nackte Brust im schwindenden Licht metallisch glänzte, mit schiefem Grinsen auf die Szenerie hinab. Zwei oder drei Männer auf dem Deck darunter zogen die Festmacherleinen ein, um den Liegeplatz des Schiffs zu sichern.

Die beiden Flachboote, die während des Feuerwerks zur Mündung hinübergefahren waren, lagen nun hinter einem massiven Ausleger, und aus den Zwillingsschächten einer riesigen Pumpanlage strömte eine schäumende Wassermasse. Dann versperrten Dächer die Sicht auf den Zwischenraum, und die Leute an Deck schauten hoch zu den ausgebleichten Gebäuden am Platz. Das Wasser war nur noch etwas mehr als fünf Meter tief, und hundert Meter weiter, in einer der Seitenstraßen, gewahrten sie das dritte Flachboot, das unter dem Gewirr der losen, herabhängenden Kabel vorsichtig manövrierte.

Strangman hatte sich wieder unter Kontrolle und trat an die Reling. »Perfekt, nicht wahr, Dr. Bodkin? Ein gelungener Scherz, ein wirklich großartiges Spektakel! Kommen Sie schon, Doktor, schauen Sie nicht so pikiert. Gratulieren Sie mir lieber! Das war ein schönes Stück Arbeit.«

Bodkin nickte und ging, immer noch fassungslos, einige Schritte von ihm weg an der Reling entlang. Kerans fragte: »Aber wie haben Sie es geschafft, die Gegend abzuriegeln? Es gibt doch keine durchgehende Mauer um die Lagune.«

»Jetzt schon, Doktor. Ich dachte, Sie seien der Experte für Meeresbiologie. Die Pilze, die draußen im Schlamm des Sumpfes wachsen, halten das ganze Gebilde zusammen, seit einer Woche gibt es nur noch einen Zufluss, wir haben fünf Minuten gebraucht, um ihn zu dämmen.«

Er blickte frohlockend auf die ringsum im Dämmerlicht auftauchenden Straßen, auf die Dachgewölbe der Autos und Busse, die sich an der Oberfläche abzeichneten. Riesige Seeanemonen und Seesterne dümpelten ermattet in den Pfützen, zusammengefallene Braunalgen quollen aus den Fenstern.

Wie betäubt sagte Bodkin: »Leicester Square.«

Strangman drehte sich hastig zu ihm um, lächelte nun aber nicht mehr und spähte mit gierigen Augen auf die Ruinen der mit Neonreklame bedeckten Säulenhallen einstiger Kinos und Theater.

»Sie kennen sich hier also *doch* aus, Doktor! Schade, dass Sie uns nicht schon früher helfen konnten, als wir nicht weiterkamen.« Fluchend schlug er auf die Reling und traf Kerans' Ellbogen. »Aber bei Gott, jetzt sind wir wirklich im Geschäft!« Mit einem Knurren entfernte er sich, stieß den Esstisch zur Seite und schrie dem Admiral etwas zu.

Beatrice sah, wie er nach unten entschwand, die schlanke Hand vor Schreck an die Kehle gedrückt. »Robert, er ist wahnsinnig. Was sollen wir bloß tun – er wird alle Lagunen austrocknen.«

Kerans nickte und dachte über Strangmans Verwandlung nach, deren Zeuge er geworden war. Sein ganzes Wesen hatte sich mit dem Wiederauftauchen der versunkenen Straßen und Gebäude schlagartig verändert. Da war kein Anflug mehr von ritterlichem Benehmen und lakonischem Humor, er war grausam und verschlagen, ein abtrünniger Geist der Gosse, der an seinen verlorenen Spielplatz zurückgekehrt ist. Es war fast so, als hätte die Allgegenwart des Wassers ihn betäubt und seinen wahren Charakter unterdrückt, bis nur noch ein Blendwerk aus Charme und Launenhaftigkeit übrig blieb.

Hinter ihnen fiel der Schatten eines Bürogebäudes auf das Deck und verbarg das riesige Gemälde hinter einem diagonalen Vorhang aus Dunkelheit. Einige Figuren, Ester und der *Negro Captain* der Gondoliere, blieben sichtbar, vereinzelt auch ein weißes Gesicht, ein bartloses Mitglied aus dem Rat der Zehn. Wie von Strangman prophezeit, hatte Beatrice ihre symbolische Rolle erfüllt, Neptun hatte nachgegeben und sich zurückgezogen.

Kerans schaute hinauf zum Rumpf der Forschungsstation, die wie ein riesiger Felsbrocken am Rande einer Klippe auf dem hinter ihnen befindlichen Kino thronte. Die hohen Gebäude im Umkreis der Lagune überragten sie jetzt bereits um circa dreißig Meter und beschirmten die Hälfte des Himmels, sodass sie am Boden des Canyons eine dämmrige Welt umfing.

»Das ist nicht so wichtig«, beschwichtigte Kerans. Er stützte sie mit seinem Arm, als das Schiff auf dem Grund aufsetzte, leicht ins Schwanken geriet und dabei einen Kleinwagen unter dem Backbordbug zermalmte. »Sobald er die Geschäfte und Museen leergeräumt hat, werden sie verschwinden. Und in einer, vielleicht auch zwei Wochen setzen hier ohnehin die Regenstürme ein.«

Beatrice räusperte sich und zuckte angewidert zusammen, als die ersten Fledermäuse zwischen den Dächern vorbeiflatterten und von einer tropfenden Regenrinne zur nächsten flitzten. »Aber es ist alles so grauenhaft. Ich kann nicht glauben, dass hier jemals Menschen gelebt haben. Es ist wie die Hauptstadt der Hölle. Robert, ich *brauche* die Lagune.«

»Nun, wir könnten fortgehen und über die Schlickbänke nach Süden ziehen. Was meinst du, Alan?«

Bodkin schüttelte bedächtig den Kopf und starrte mit gleichbleibend ausdrucksloser Miene auf die dunklen Gebäude rings um den Platz. »Ihr beide geht, ich muss hierbleiben.«

Kerans zögerte. »Alan«, ermahnte er ihn sanft. »Strangman hat jetzt alles, was er braucht. Wir sind nutzlos für ihn. Bald sind wir für ihn nur noch unliebsame Gäste.«

Doch Bodkin beachtete ihn nicht. Er schaute auf die Straßen hinab, die Reling mit beiden Händen umklammernd wie ein alter Mann die Ladentheke in einer großen Kaufhalle auf der Suche nach den Erinnerungen seiner Kindheit.

Die Straßen waren fast trockengelegt. Das herannahende Flachboot lief auf dem Trottoir auf, kam wieder frei und blieb schließlich auf einer Verkehrsinsel stecken. Angeführt von Big Caesar sprang die dreiköpfige Crew in das hüfthohe Wasser, watete lärmend hinüber zum Mutterschiff und verspritzte übermütig Wasser durch die offenen Schaufensterfronten der Geschäfte.

Mit einem Ruck setzte der Raddampfer fest auf dem Grund auf, laut bejubelt von Strangman und seiner Crew, die sich mit Geschrei der herabbrechenden Oberleitungen und umstürzenden Masten erwehrten. Ein kleines Schlauchboot wurde zu Wasser gelassen, und begleitet von einem Chor von Fäusten, die rhythmisch auf die Reling trommelten, ruderte der Admiral Strangman über das seichte Becken zum Brunnen in der Mitte des Platzes. Hier stieg Strangman aus, zog eine Leuchtpistole aus der Tasche seines Dinner-Jackets und feuerte mit einem Jubelschrei Salve um Salve farbiger Leuchtraketen in die Luft.

Elftes Kapitel

»Die Ballade vom Knochenmann«

Eine halbe Stunde später konnten Beatrice, Kerans und Dr. Bodkin bereits durch die Straßen wandeln. Überall waren noch riesige Wasserlachen zu sehen, die aus den Erdgeschossen der Gebäude sickerten, doch sie waren selten tiefer als ein Meter. Die Gehwege und Fahrdämme waren auf einer Länge von mehr als hundert Meter passierbar, viele andere Straßen sogar gänzlich trockengelegt. Mitten auf den Fahrbahnen lagen sterbende Fische und Meerespflanzen, und mächtige, schwarze Schlickberge verstopften Rinnsteine und Gehwege, durch die hindurch das abfließende Wasser sich aber zum Glück lange Wege gebahnt hatte.

Angeführt von Strangman, der in seinem weißen Anzug umherjagte und Leuchtraketen in den dunklen Straßen abfeuerte, stürmte die Crew wie eine brüllende Meute los, wobei die Vordermänner ein Fässchen Rum auf ihren nach oben gerichteten Handflächen balancierten und die Nachfolgenden eine Anzahl Flaschen, Macheten und Gitarren schwenkten. Kerans hörte wohl ihre höhnischen »Mistah Bones«-Rufe, als er Beatrice von der Gangway hinabhalf, dann war das Trio allein in der Stille des großen, gestrandeten Raddampfers.

Unsicher nach oben auf den hohen, fernen Rand des Dschungels blickend, der aus der Dunkelheit über ihnen aufragte wie die Rundung eines erloschenen Vulkans, lenkte Kerans ihre Schritte über den Gehweg hin zu den nächstgelegenen Gebäuden. Sie standen am Eingang vor einem der riesigen Kinos, Seeigel und Seegurken flimmerten schwach auf dem gefliesten Boden, Sanddollars blühten im einstigen Kassenhäuschen.

Beatrice raffte ihre Rockschöße mit einer Hand zusammen, dann schritten sie langsam die Reihe der Kinos ab, gingen vorbei an Cafés und Spielhallen, die jetzt nur noch von Muscheln und Mollusken besucht wurden. An der ersten Ecke bogen sie ab, um dem Gelage zu entkommen, das lautstark von der gegenüberliegenden Seite des Platzes herüberschallte, und gingen in westlicher Richtung die schummrigen, tropfenden Straßenschluchten entlang. Über ihren Köpfen explodierten hin und wieder ein paar Leuchtraketen, welche die in den Hauseingängen wuchernden zarten Glasschwämme sanft erglühen ließen, sobald sie das pinkfarbene und blaue Licht reflektierten.

»Coventry Street, Haymarket…«, las Kerans von den rostigen Straßenschildern ab. Rasch zogen sie sich in einen Eingang zurück, als Strangman und seine Meute unter großem Getöse nun in entgegengesetzter Richtung über den Platz stürmten und mit ihren Macheten die modernden Schilder über den Schaufensterfronten kurz und klein schlugen.

»Hoffentlich finden sie etwas, was sie befriedigt«, murmelte Bodkin. Er blickte über die belebte Skyline, als suche er das tiefe, schwarze Wasser, das die Gebäude einst bedeckte.

Stundenlang irrten sie wie verlorene, elegante Geisterscheinungen durch die engen Straßen und stießen hin und wieder auf einen der Randalierer aus der Crew, der, die Fetzen eines verblichenen Kleidungsstücks in der einen und eine Machete in der anderen Hand, betrunken die Fahrbahn entlangtorkelte. An einigen Straßenkreuzungen hatten die Männer Lagerfeuer entzündet, an denen sich Zweier- oder Dreiergruppen am lodernden Zunder wärmten.

Das Trio mied sie so gut es ging und bahnte sich einen Weg durch das Straßengewirr zum Südufer der einstigen Lagune, wo Beatrices Apartmenthaus hoch in der Dunkelheit aufragte und das Penthouse sich schier in den Sternen verlor.

»Du wirst die ersten zehn Stockwerke wohl zu Fuß gehen müssen«, sagte Kerans zu Beatrice. Er deutete auf die hohe Schlickschicht, die sich als feuchter, konkaver Hang bis zu den Fenstern im fünften Stockwerk auftürmte, Teil eines gewaltigen Massivs aus koaguliertem Lehm, der, wie von Strangman beschrieben, die Lagune jetzt umgab und einen undurchlässigen Deich zur offene See bildete. Bis in die Seitenstraßen hinein hatten sich ungeheure Mengen zähflüssigen Schlamms über die Dächer und durch die aufgelassenen Gebäude gewälzt, sodass die Schlammmauer immer fester wurde.

Hie und da hatte der Deich sogar an einem massiveren Hindernis – etwa einer Kirche oder einem Regierungsgebäude – Halt gefunden und war von seinem Rundweg um die Lagune abgewichen. Eine dieser Ausstülpungen folgte der Route, die sie auf dem Weg zur Tauchparty genommen hatten, und als sie sich dem Planetarium näherten, merkte Kerans, wie sich sein Schritt beschleunigte. Ungeduldig wartete er auf die anderen, die vor den leeren Schaufenstern der alten Kaufhäuser verweilten oder den schwarzen Schleim bestaunten, der aus den Aufzugschächten der Bürogebäude tropfte und in trägen Tümpeln auf der anderen Straßenseite versickerte.

Selbst noch die kleinsten Gebäude waren vor ihrer Aufgabe mit Stahlwänden und Gestellen notdürftig verbarrikadiert worden, um die Eingänge unzugänglich zu machen und zu schützen, was immer dahinter verborgen sein mochte. Alles war mit einer feinen Schlammschicht überzogen, die sowohl die Anmut als auch den Charakter, den die Straßen einst besaßen, unter sich begrub, sodass es Kerans schien, als wäre die ganze Stadt aus ihrer eigenen Kloake wiederauferstanden. Am Tag des Jüngsten Gerichts würden die Heerscharen der Toten dann vermutlich in den gleichen dreckigen Mantel gehüllt auferstehen.

»Robert.« Bodkin packte ihn am Arm und deutete auf die vor ihnen liegende dunkle Straße. Fünfzig Meter entfernt zeichnete sich der dunkle, im Schatten liegende Umriss des Planetariums ab, dessen Metallkuppel im diffusen Licht der fernen Signalraketen kenntlich wurde. Kerans blieb stehen, als er die Ausrichtung der umliegenden Fahrbahn, die Trottoirs und Straßenlaternen erkannte und ging dann halb unsicher, halb neugierig auf dieses Pantheon zu, das so viele seiner Ängste und Rätsel barg.

Über dem Trottoir vor dem Eingang hingen Schwämme und roter Seetang schlaff herab, wie sie beim Näherkommen sahen, als sie sich vorsichtig einen Weg über die Schlammbänke entlang der Straße bahnten. Die schemenhaft sich abzeichnenden Braunalgenhaine, die einst die Kuppel umwucherten, hingen jetzt kraftlos über dem Vordach, während die langen, tropfenden Wedel wie eine zerlumpte Markise über dem Eingang flatterten. Kerans streckte sich und schob die Wedel beiseite, dann spähte er vorsichtig in das Innere des dunklen Foyers. Überall, auf den Ticketschaltern und der Treppe zum Zwischengeschoss, den Wänden und Türverkleidungen, lag dicker schwarzer Schlamm, der leise zischte, als die Luft- und Schwimmblasen der im Schlamm eingeschlossenen Meerestiere sich langsam entleerten. Das war nicht mehr die samtene Hülle, an die er sich von seinem Tauchgang her erinnerte, sondern ein zerfaserndes Gewebe verrottender, organischer Stoffe wie bei einem Grabgewand. Der einst durchscheinende Einlass zum Allerheiligsten war verschwunden, jetzt befand sich da nur der Zugang zu einer Kloake.

Kerans durchquerte das Foyer und erinnerte sich an das unergründliche Dämmerlicht des Auditoriums mit seinen sonderbaren Tierkreiszeichen. Dann merkte er, dass aus dem Schlamm unter seinen Füßen eine dunkle Flüssigkeit hervorquoll wie aus der undichten Blutbahn eines Wals.

Rasch ergriff er Beatrices Arm und führte sie hinaus auf die Straße. »Ich fürchte, der Zauber ist dahin«, sagte er matt. Er rang sich ein Lachen ab. »Strangman würde vermutlich sagen, dass ein

Selbstmörder niemals an den Ort seines Verbrechens zurückkehren sollte.«

Als sie eine Abkürzung nehmen wollten, gerieten sie unversehens in eine kurvenreiche Sackgasse und konnten gerade noch rechtzeitig zurückweichen, als aus einem flachen Tümpel ein kleiner Kaiman auf sie zustürzte. Zwischen rostenden Autowracks hindurch gelangten sie rasch wieder auf die offene Straße, verfolgt von dem Alligator, der hinter ihnen herjagte. An einem Laternenpfahl am Rande des Trottoirs hielt er inne, den Schwanz träge peitschend, die Kiefer gespannt, und Kerans zog Beatrice hinter sich her. Sie rannten los und hatten bereits ein paar Meter zurückgelegt, als Bodkin ausrutschte und in eine Schlammbank stürzte.

»Alan! Beeil dich!« Kerans machte kehrt und ging zu ihm zurück, ohne auf den Kaiman zu achten, der ihnen den Kopf zuwandte. Er war offenkundig in der Lagune gestrandet, schien verwirrt und angriffslustig.

Plötzlich ertönten Schüsse, Mündungsfeuer flammte über der Fahrbahn auf. Eine Gruppe fackelschwingender Männer bog um die Ecke. An ihrer Spitze Strangmans weißgesichtige Gestalt, gefolgt vom Admiral und Big Caesar, die ihre Schrotflinten schulterten.

Strangmans Augen funkelten im Licht der Fackeln. Er verbeugte sich leicht vor Beatrice, dann begrüßte er Kerans. Mit zerschmettertem Rückgrat zappelte der Alligator hilflos in der Gosse, den gelben Unterleib nach oben gedreht, dann nahm Big Caesar seine Machete und hackte auf seinen Kopf ein.

Strangman sah ihm schadenfroh zu. »Widerliches Vieh«, kommentierte er, zog ein überdimensionales, algenverkrustetes Strasskollier aus seiner Tasche und hielt es Beatrice hin.

»Für Sie, meine Liebe.« Behände legte er ihr die mehrreihige Kette um den Hals und betrachtete sie mit Wohlgefallen. Mit dem

Algengeflecht zwischen den funkelnden Steinen auf der weißen Haut ihres Dekolletees sah sie aus wie eine Najade aus der Tiefe. »Und all die anderen Juwelen dieses toten Meeres.«

Dann war er auch schon wieder weg und mit ihm die Fackeln und Rufe seiner Männer, die in der Dunkelheit verschwanden und sie mit den weißen Edelsteinen und dem geköpften Alligator allein in der Stille zurückließen.

In den nächsten Tagen überschlugen sich die irren Ereignisse geradewegs. Zunehmend desorientiert streifte Kerans nachts allein durch die dunklen Straßen – tagsüber wurde es in dem Gewirr der Gassen unerträglich heiß –, außerstande, sich von seinen Erinnerungen an die alte Lagune loszureißen und doch gleichzeitig von den leeren Straßen und Häuserruinen fasziniert.

Nach dem ersten Schock angesichts der trockengelegten Lagune versank er mehr und mehr in einen Zustand dumpfer Trägheit, dem er vergeblich zu entrinnen suchte. Vage begriff er, dass die Lagune einen neuronalen Bedürfniskomplex repräsentierte, der anderweitig nicht zu befriedigen war. Diese dumpfe Lethargie vertiefte sich ungeachtet der Gewalt, die ihn umgab, und immer mehr fühlte er sich wie ein Schiffbrüchiger im Zeitmeer, eingekeilt zwischen wechselnden und widersprüchlichen Realitätsebenen, die Jahrmillionen auseinanderlagen.

Die in seinem Kopf pulsierende große Sonne übertönte fast die Klangkulisse der Plünderungen und Gelage, das Geballer der Sprengkörper und Schrotflinten. Wie ein Blinder irrte er in seinem einst weißen, inzwischen fleckigen und schmutzigen Abendanzug durch die alten Arkaden und Eingänge, verhöhnt von den Matrosen, die vorbeistürmten und ihm scherzhaft auf die Schulter klopften. Um Mitternacht schlenderte er durch die Reihen der krakeelenden, sangesfreudigen Zecher auf dem Platz, setzte sich auf Strangmans Partys neben ihn und beobachtete aus seinem Versteck im Schatten des Raddampfers die Tanzenden und lauschte den Trommel- und Gitarrenklängen, die in seinem Kopf vom unerbittlichen Hämmern der schwarzen Sonne überlagert wurden.

Er machte keinerlei Anstalten mehr, ins Hotel zurückzukehren – die Fahrrinne war durch die beiden Pumpschiffe versperrt, und in der dazwischen liegenden Lagune wimmelte es von Alligatoren –, und so schlief er tagsüber entweder in Beatrices Apartment auf dem Sofa oder saß stumm in einer ruhigen Ecke auf dem Spieldeck des Mutterschiffs. Die meisten Besatzungsmitglieder lagen dann schlafend zwischen den Kisten oder zankten sich um ihre Kriegsbeute und warteten mit schwarzgalliger Ungeduld auf den Einbruch der Dämmerung, ließen ihn jedoch in Ruhe. Entgegen aller Logik war es sicherer, in Strangmans Nähe zu bleiben, als sein altes, abgeschiedenes Leben wieder aufzunehmen. Bodkin hatte das versucht und sich im Schockzustand in die Forschungsstation zurückgezogen – die jetzt nur über eine steil ansteigende, klapprige Feuerleiter zu erreichen war –, doch bei einem seiner mitternächtlichen Streifzüge durch die hinter dem Planetarium liegenden Straßen des Universitätsviertels war er von einem Trupp Matrosen überfallen und schwer misshandelt worden. Mit seinem Anschluss an Strangmans Gefolgschaft hatte Kerans ihm immerhin die absolute Herrschaft über die Lagunen zugestanden.

Einmal zwang er sich zu einem Besuch bei Bodkin, der reglos auf seiner Pritsche lag und sich mithilfe eines selbstgebauten Ventilators und der schwächelnden Klimaanlage etwas Kühlung verschaffte. Bodkin schien wie er auf einem kleinen Ausläufer der Wirklichkeit inmitten des Zeitmeers gestrandet zu sein.

»Robert«, murmelte er mit geschwollenen Lippen, »geh' fort von hier. Nimm sie, das Mädchen« – er suchte nach dem Namen –, »Beatrice, und suche eine andere Lagune.«

Kerans nickte und kauerte sich in den schmalen, kühlen Luftkegel, den die Klimaanlage verströmte. »Ich weiß, Alan, Strangman ist verrückt und gefährlich, doch aus irgendeinem Grund kann ich noch nicht gehen. Ich weiß nicht warum, aber irgendetwas ist hier – diese nackten Straßen.« Unschlüssig hielt er inne. »Was ist das bloß? Ein seltsamer Inkubus lähmt meinen Verstand, ich muss mich erst von ihm befreien.«

Bodkin setzte sich mit letzter Kraft auf. »Kerans, hör zu. Nimm sie und geh. Heute Nacht. Zeit existiert hier nicht mehr.«

Fahl-brauner Schlamm lag über den im weiten Halbkreis aufgestellten Diagrammtafeln unten im Labor, über Bodkins zerstückeltem neuronalen Tierkreis und den ineinander verkeilten Labortischen und Abzugshauben. Kerans machte einen halbherzigen Versuch, die auf den Boden gefallenen Diagramme aufzuheben und wieder an ihren Platz zu stellen, gab dann aber auf und verbrachte die nächste Stunde damit, sein seidenes Dinner-Jacket in einer Wasserlache zu säubern, die in einem der Becken noch vorhanden war.

Als wollten sie ihm nacheifern, trugen einige aus der Crew nun ebenfalls Smoking und schwarze Krawatten. In einer der Lagerhallen hatten sie einen Container mit wasserdicht verpackter Abendgarderobe gefunden. Von Strangman dazu angestiftet, putzte sich ein halbes Dutzend Matrosen heraus, band sich Fliegen um den nackten Hals und paradierte voll ungebärdiger Freude mit flatternden Frackschößen und hochgezogenen Knien durch die Straßen wie eine Truppe verrückter Kellner bei einem Karneval der Derwische.

Die Plünderungen, zunächst noch ohne Plan, wurden allmählich immer ernsthafter und systematischer. Strangman, aus welchen Gründen auch immer, war ausschließlich an Kunstobjekten interessiert und hatte nach sorgfältiger Recherche eines der wichtigsten Museen der Stadt ausgekundschaftet. Zu seinem Verdruss war das Gebäude jedoch bereits leergeräumt, nur ein großes Mosaik konnte er noch retten, das seine Männer Steinchen für Steinchen aus der

Eingangshalle entfernten und auf dem Aussichtsdeck des Mutterschiffs zu einem riesigen Puzzle ausbreiteten.

Diese magere Ausbeute veranlasste Kerans, Bodkin zu warnen, dass Strangman seine Wut möglicherweise an ihm auslassen werde, doch als er am nächsten Abend frühzeitig zur Forschungsstation hinaufkletterte, sah er, dass Bodkin verschwunden war. Die Klimaanlage war aus, der Treibstoff verbraucht, und Bodkin hatte, vermutlich absichtlich, die Fenster geöffnet, bevor er gegangen war, sodass die gesamte Station wie ein Waschkessel dampfte.

Bodkins Verschwinden bekümmerte Kerans seltsamerweise nur wenig. Er war so mit sich selbst beschäftigt, dass er annahm, der Biologe habe seinen eigenen Rat befolgt und sei in eine andere Lagune weiter südlich gezogen.

Beatrice aber war immer noch da. Wie Kerans gab sie sich ganz ihren Tagträumen hin. Er sah sie tagsüber nur selten, da sie sich in ihrem Schlafzimmer einschloss, doch um Mitternacht, sobald es kühler wurde, verließ sie ihr Penthouse zwischen den Sternen und gesellte sich zu Strangman und seinen Partygästen. Wie betäubt saß sie in ihrem blauen Abendkleid neben ihm, das Haar mit drei oder vier Diademen geschmückt, die Strangman aus alten Schmucktresoren geraubt hatte, die Brust unter einer Vielzahl glitzernder Ketten und Halbmonden versteckt – eine dem Wahnsinn anheimgefallene Königin eines Horrordramas.

Strangman behandelte sie mit seltsamer, von einer gewissen feindseligen Höflichkeit nicht ganz freien Ehrerbietung, fast so, als wäre sie ein Stammestotem, eine Göttin, von deren Wohlwollen zwar ihre Geschicke abhingen, doch der man sich nicht unterwarf. Kerans suchte in ihrer Nähe zu bleiben, im Umkreis ihres Schutzes, und am Abend nach Bodkins Verschwinden beugte er sich über die Kissen und sagte: »Alan ist fort. Der alte Bodkin. Hat er dich vor seinem Weggang besucht?«

Doch Beatrice starrte nur hinaus auf die Feuer, die auf dem Platz brannten, und sagte, ohne ihn anzusehen, mit verwaschener Stimme: »Hör auf die Trommeln, Robert. Was meinst du, wie viele Sonnen gibt es dort wohl?«

Mit einer Wildheit, die Kerans nie zuvor an ihm gesehen hatte, umtanzte Strangman die Lagerfeuer, zwang Kerans manchmal zum Mitmachen und feuerte die Bongotrommler zu immer schnelleren Rhythmen an. Dann ließ er sich erschöpft auf seinen Diwan zurücksinken, wobei sein hageres, weißes Gesicht wie blaue Kreide schimmerte.

Auf einen Ellbogen gestützt starrte er Kerans, der auf einem Kissen hinter ihm hockte, kummervoll an.

»Wissen Sie, warum sie mich fürchten, Kerans? Der Admiral, Big Caesar und die anderen? Ich verrate Ihnen mein Geheimnis.« Dann, flüsternd: »Weil sie glauben, ich sei tot.«

Von einem Lachanfall geschüttelt fielt er hilflos zitternd auf den Diwan zurück. »Oh, mein Gott, Kerans! Was ist mit euch beiden bloß los? Erwacht endlich aus dieser Trance.« Er blickte auf, als Big Caesar sich näherte und den getrockneten Alligatorkopf abnahm, den er sich wie eine Kapuze übergestülpt hatte. »Was gibt es? Ein Lied für Doktor Kerans? Famos! Haben Sie das gehört, Doktor? Dann los, hören wir die *Ballade vom Knochenmann*!«

Der schwarze Riese räusperte sich und begann tänzelnd und gestikulierend mit tiefer, kehliger Stimme zu singen:

»Mistah Bones, der Knochenmann, steht auf
Knochengestellen,
Nahm sich ein *banana girl*; schlau wie drei Propheten.
Die hat ihn verrückt gemacht, in Schlangenwein ertränkt,
Noch nie hat er so viele Sumpfvögel gehört,
Der alte Alligatorboss.

Knochenmann ging Schädelfischen,
Unten am Angel Creek, wo die Knochengestelle umhergeistern,
Holte seinen Schildkrötenstein raus, wartete auf das Kapellenschiff,
Drei Propheten kamen an Land.
Pech gehabt.

Knochenmann, der sah das liebreizende Girl.
Gab seinen Schildkrötenstein her für zwei Bananen,
Nahm dieses *banana girl* wie eine heiße Mangrove;
Propheten sahen ihn.
Kein Knochengestell kam Knochenmann zu Hilfe.

Knochenmann, der tanzte für das liebreizende Girl,
baute ein Bananenhaus als Liebesnest…«

Mit jähem Schrei sprang Strangman vom Diwan, rannte an Big Caesar vorbei zur Mitte des Platzes und deutete auf den Grenzdamm der Lagune hoch über ihnen. Im Schein der untergehenden Sonne wurde die kleine, vierschrötige Gestalt von Dr. Bodkin kenntlich, der sich langsam seinen Weg über die hölzerne Staumauer bahnte, die das Flusswasser draußen zurückhielt. Nichtsahnend, dass ihn die Partygäste unten entdeckt hatten, hielt er in einer Hand ein Holzkistchen mit einer Zündschnur, aus der schwache Funken schlugen.

Strangman brüllte alarmiert: »Admiral, Big Caesar! Schnappt ihn Euch! Er hat eine Bombe!«

Die Party löste sich in wildem Durcheinander auf und mit Ausnahme von Beatrice und Kerans rannten alle über den Platz davon. Schrotflinten knallten von links und rechts, und Bodkin hielt unsicher inne, während die Zündschnur seine Beine umzüngelte. Dann drehte er sich um und hangelte sich an der Barriere entlang wieder zurück.

Kerans sprang auf und eilte den anderen hinterher. Als er den Grenzdamm erreichte, explodierten Leuchtraketen in der Luft, die Magnesiumsplitter über die Fahrbahn spien. Strangman und der Admiral stürmten eine Feuerleiter hinauf. Big Caesar feuerte seine Schrotflinte über ihren Köpfen ab. Bodkin hatte die Bombe in der Mitte des Damms platziert und floh nun über die Dächer.

Strangman zog sich an einem Vorsprung hinauf zum Damm, war mit einigen Schritten bei der Bombe und kickte sie in hohem Bogen in die Mitte des Flusses. Als das Zischen verstummte, ertönten Beifallsrufe von unten. Strangman holte tief Luft, knöpfte sein Jackett zu und zog dann eine kurzläufige .38er aus seinem Schulterholster. Ein dünnes Lächeln zog über sein Gesicht. Seine Gefolgsleute zu weiteren Jubelrufen anfeuernd, setzte er Bodkin nach, der sich mühsam zum Ponton der Forschungsstation hinaufkämpfte.

Wie betäubt hörte Kerans die letzten Schüsse und erinnerte sich an Bodkins Warnung. Die Möglichkeit, dass er mit Strangman und seiner Crew hätte ertrinken können, nahm er ihm nicht übel, denn er hatte seine Warnung ja ignoriert. Er ging langsam zum Platz zurück, wo Beatrice unverrückt auf einem Berg von Kissen saß, den Alligatorkopf vor sich auf dem Boden. Als er bei ihr war, hörte er Schritte hinter sich, die sich bedrohlich verlangsamten, eine sonderbare Stille erfasste die Meute.

Er drehte sich um und sah, wie Strangman, ein Lächeln auf den Lippen, auf ihn zuschlenderte. An seiner Seite Big Caesar und der Admiral, die nun Macheten statt Schrotflinten in ihren Händen hielten. Die restliche Crew stand in losem Halbkreis erwartungsvoll um sie gruppiert, sichtlich frohlockend, dass Kerans, der unnahbare Medizinmann eines rivalisierenden Juju-Zaubers, nun seine verdiente Strafe bekommen sollte.

»Das war ziemlich dumm von Bodkin, finden Sie nicht auch, Doktor? Und gefährlich obendrein. Wir hätten alle ertrinken können.«

Wenige Meter von Kerans entfernt blieb Strangman stehen und musterte ihn missmutig. »Sie kannten Bodkin doch ziemlich gut, es überrascht mich, dass Sie das nicht vorhergesehen haben. Ich weiß nicht, ob ich noch mehr Risiken mit verrückten Biologen eingehen kann.«

Strangman wollte Big Caesar gerade eine Zeichen geben, da sprang Beatrice auf und eilte zu ihm.

»Strangman! Um Himmels willen, einer ist genug. Hören Sie auf. Wir tun Ihnen nichts! Schauen Sie, das können Sie alles haben!«

Mit einem Ruck löste sie die zahllosen Halsketten, riss sich die Diademe aus dem Haar und warf sie Strangman vor die Füße. Außer sich vor Wut kickte Strangman die Juwelen in den Rinnstein, während Big Caesar mit gezückter Machete an ihr vorüber schritt.

»Strangman!« Beatrice stürzte sich auf Strangman, stolperte und riss ihn, sich am Revers festhaltend, fast zu Boden. »Du weißer Teufel, kannst du uns nicht in Ruhe lassen?«

Strangman erwehrte sich ihrer, wutschnaubend und mit zusammengebissenen Zähnen. Wild starrte er auf die verzweifelte Frau, die zwischen all den Preziosen nun vor ihm kniete und wollte Big Caesar gerade ein Zeichen geben, als ihn ein plötzlicher Intentionstremor erfasste, der die rechte Wange durchzuckte. Er schlug mit der flachen Hand darauf ein, um das Zucken wie eine Fliege zu beseitigen, spannte seine Gesichtsmuskeln zu einer hässlichen Grimasse, vermochte den Krampf aber nicht zu lösen. Einen Moment lang verzerrte sich sein Gesicht zu einer grotesken Fratze, wie bei einem Mann, der gegen eine Kiefersperre ankämpft. Big Caesar zögerte angesichts der Unentschlossenheit seines Meisters, und so konnte Kerans rückwärts in den Schatten des Mutterschiffs entweichen.

»Na gut! Gott, was für ein…!«, zischte Strangman undeutlich vor sich hin, strich sich das Jackett glatt, und akzeptierte zähneknirschend den Einwand. Der Tic war vorbei. Er nickte Beatrice leicht zu, als wollte er ihr zu verstehen geben, dass weitere Fürsprachen nicht beachtet würden, und schnauzte dann Big Caesar barsch an. Die Macheten wurden beiseite geworfen, und noch bevor Beatrice erneut protestieren konnte, stürzte sich die Meute johlend und schreiend die Fäuste schwingend auf Kerans.

Kerans versuchte ihnen auszuweichen, war sich angesichts der feixenden Gesichter aber unsicher, ob es sich nicht lediglich um eine ausgeklügelte Form höheren Schabernacks handelte, um die durch den Mord an Bodkin entstandene Spannung abzubauen und ihm zugleich eine Lektion zu erteilen. Er hüpfte um Strangmans Diwan herum, als sich die Meute näherte, konnte ihr aber nicht entkommen, da der Admiral in seinen weißen Tennisschuhen von einer Seite zur anderen tänzelte und ihn am Entkommen hinderte. Unversehens sprang er nach vorne und brachte Kerans zu Fall. Kerans plumpste auf den Diwan, und ein Dutzend öliger, braunhäutiger Arme packten ihn an Hals und Schultern und warfen ihn rückwärts auf das Kopfsteinpflaster. Vergebens suchte er sich zu befreien, konnte jedoch zwischen den keuchenden Körpern hindurch einen Blick auf Strangman und Beatrice erhaschen, die ihn von fern beobachteten. Strangman nahm ihren Arm und zog sie mit eisernem Griff zur Gangway.

Kerans wurde ein großes Seidenkissen aufs Gesicht gedrückt, dann hämmerten gestählte Handflächen trommelfeuerartig auf seinen Nacken ein.

Zwölftes Kapitel

Das Totenkopffest

Als der zweirädrige Karren sich rumpelnd dem gepflasterten Platz näherte, stieß Strangman, den Kelch im Widerschein der Fackeln erhoben, wobei sich dessen bernsteinfarbener Inhalt über seinen Abzug ergoß, einen Jubelschrei aus und sprang schwungvoll vom Brunnenrand herab. Von sechs schwitzenden Matrosen mit nacktem Oberkörper gezogen, die sich jeweils zu zweit mit gekrümmtem Rücken zwischen den Deichseln abmühten, ratterte und rüttelte er durch die aufflammende Glut der Holzkohlefeuer, zwölf andere helfende Hände bahnten ihm den Weg, dann prallte er gegen den Rand des Podests und kippte seine weiß schimmernde Fracht mit einem letzten, immer schneller werdenden Crescendo der Trommeln über die Bretter zu Kerans Füßen. Singend umkreisten sie ihn, Hände trommelten ein hektisches *Rantando*, dämonischen Würfeln gleich blitzten weiße Zähne auf, Münder schnappten nach Luft, Hüften kreisten und Füße stampften. Der Admiral stürzte nach vorne und bahnte sich einen Weg durch die wirbelnden Leiber, während Big Caesar, einen stählernen Dreizack vor sich haltend, an dessen Widerhaken ein riesiger Klumpen roten Seetangs hing, zum Podest torkelte und das tropfende Blätterwerk grunzend in die Luft hievte und über dem Thron herabfallen ließ.

Als der süßliche Tang mit seinem beißenden Geruch kaskadenartig auf Kopf und Schultern herabprasselte und das Licht der tanzenden Fackeln sich in den vergoldeten Armlehnen des Throns spiegelte, kippte Kerans hilflos vornüber. Wann immer der Rhythmus der Trommeln den tiefen, schwach in seinem Innersten pochenden Pulsschlag zu übertönen drohte, ließ er sich, sobald er aus einer der zahlreichen Ohnmachten erwachte, mit ganzem Gewicht und ungeachtet der Schmerzen in die Lederfesseln sacken, die seine Handgelenke einschnürten. Zu seinen Füßen, am Sockel des Throns, schimmerte die elfenbeinweiße Ausbeute zertrümmerter Gebeine: schlanke Schienbeine und Oberschenkelknochen, Schulterblätter wie verschlissene kleine Spaten, ein Gewirr aus Rippen und Wirbeln, auch zwei lässig hin und her rollende Totenköpfe. Über ihren kahlen Schädeln flackerte das Licht und verfing sich in den leeren Augenhöhlen, das, aus schalenförmigen Petroleumleuchten emporflammend und von Statuen getragen, in einer Art Gasse zum Thron auf der anderen Seite des Platzes führte. Die Tänzer hatten eine lange, wellenförmige Reihe gebildet und schlängelten sich nun, von Strangman angeführt, zwischen den Marmornymphen hindurch, sodass die am Lagerfeuer sitzenden Trommler sich drehen mussten, wollten sie ihren Umzug verfolgen.

Als sie den Platz umrundeten und Kerans für einen kurzen Moment zu Atem kam, ließ er sich gegen die samtene Rückenlehne fallen, auch wenn ihn seine Handgelenkfesseln dadurch weiter einschnürten. Seetang hing ihm um Hals und Schultern und fiel bis über die Augen von der Blechkrone herab, die Strangman ihm auf die Stirn gedrückt hatte. Der nahezu trockene Seetang stank fürchterlich und bedeckte auch seine Arme, sodass nur noch einige zerlumpte Streifen seines Dinner-Jackets zu sehen waren. Am Rande des Podests, abseits der Knochenabfälle und Rumflaschen, hingen noch mehr Seetangbüschel und haufenweise Muscheln und zerstückelte Seesterne, mit denen sie ihn beworfen hatten, bevor sie auf das Mausoleum gestoßen waren.

Fünf Meter hinter ihm ragte der dunkle Rumpf des Mutterschiffs auf, auf dessen Decks noch einige Lichter brannten. Seit zwei Nächten dauerten die Festivitäten nun schon an, und von Stunde zu Stunde wurde das Tempo rasanter. Offenbar war Strangman entschlossen, seine Crew bis zur Erschöpfung auszupowern. Kerans verfiel ins Tagträumen, war hilflos und der Ohnmacht nahe, seine

Schmerzen betäubt von Rum, den sie ihm gewaltsam eingeflößt hatten (offensichtlich die ultimative Demütigung, Neptun in einem noch magischeren und potenteren Meer zu ertränken), eine leichte Gehirnerschütterung hüllte die Szene, die sich ihm darbot, in einen Nebel aus Blut und Skotom. Schwach spürte er seine blutig gescheuerten Handgelenke und seinen gemarterten Körper, doch er saß geduldig da, spielte stoisch die Rolle des Neptun, für die er auserwählt worden war, und nahm Unflat und Missbrauch in Kauf, mit dem die Crew ihn aus Furcht und Hass auf das Meer bedachte. Diese Rolle oder vielmehr deren Karikatur, die er ihnen darbot, war immerhin Garant seiner Sicherheit. Aus irgendeinem Grund schreckte Strangman davor zurück, ihn zu töten, und die Crew spiegelte seine Unentschlossenheit insofern wider, als sie ihre wüsten Beschimpfungen und Folterungen stets als grotesken und munteren Scherz zu kaschieren suchten und sich vor ihm schützten, wenn sie ihn mit Tang bewarfen, indem sie so taten, als opferten sie einem Götzen.

Der Reigen der Tänzer kehrte zurück und umzingelte ihn. Strangman löste sich aus ihrer Mitte – sichtlich bemüht, Kerans nicht zu nahe zu kommen, vielleicht aus Furcht, dass die geschundenen Handgelenke und die blutige Stirn ihm die Rohheit ihres Treibens vor Augen führen könnte –, statt seiner trat Big Caesar hervor, dessen riesiges Knollengesicht aussah wie das eines erregten Nilpferds. Im Rhythmus der Bongos wühlte er in dem Knochenhaufen, der den Thron umgab, wählte einen Schädel und einen Oberschenkelknochen aus und spielte für Kerans darauf einen Zapfenstreich, indem er auf die unterschiedlich dicken Schläfen- und Hinterhauptlappen eintrommelte und eine Art kranialer Oktave intonierte. Andere stimmten ein, und mit dem Klappern von Ober- und Unterschenkelknochen, von Unterarmknochen aus Elle und Speiche, hob ein irrer Knochentanz an. Nur dunkel gewahrte Kerans die feixenden, aufdringlichen Gesichter, die sich ihm bis auf einen halben Meter näherten, wartete darauf, dass es vorübergehe, lehnte sich dann zurück, um seine Augen zu schützen, als eine Salve Leuchtraketen dicht über ihm detonierte und für einen Moment das Mutterschiff und die umliegenden Gebäude illuminierte. Sie signalisierten das Ende der Lustbarkeit und den Beginn einer weiteren Nacht voller Arbeit. Brüllend zerrten Strangman und der Admiral die tanzende Gruppe auseinander. Der Karren wurde weggeschleppt, Metallbeschläge klapperten über das Kopfsteinpflaster, und die Kerosinfackeln wurden gelöscht. Binnen einer Minute war der Platz dunkel und leer, nur einige heruntergebrannte Feuer züngelten hin und wieder zwischen den Kissen und Trommeln auf und spiegelten sich in den vergoldeten Arm- und Fußlehnen des Throns und den weißen Knochen, die ihn umgaben.

Im Laufe der Nacht tauchten immer wieder kleinere Pulks von Plünderern auf, die ihre Beute – eine Bronzestatue oder das Bruchstück eines Portikus – vor sich herrollten, auf das Schiff verbrachten und dann wieder verschwanden, ohne auf die reglose Gestalt zu achten, die da im Dunkeln auf dem Thron kauerte. Inzwischen war Kerans eingeschlafen. Er spürte Erschöpfung und Hunger nicht mehr und erwachte erst wenige Minuten vor dem Morgengrauen, in der kühlsten Stunde der Nacht. Er rief nach Beatrice. Er hatte sie seit seiner Ergreifung nach Bodkins Tod nicht mehr gesehen und vermutete, dass Strangman sie auf dem Mutterschiff gefangen hielt.

Endlich, nach der ereignisreichen Nacht mit ihren Trommeln und Leuchtraketen, brach die Morgendämmerung über den dunklen Platz herein, den riesigen goldenen Baldachin der Sonne hinter sich herziehend. Binnen einer Stunde war es still auf dem Platz und den umliegenden, trockengelegten Straßen, nur das ferne Surren einer Klimaanlage auf dem Mutterschiff erinnerte Kerans daran, dass er nicht allein war. Irgendwie, wie durch ein Wunder, hatte er den vergangenen Tag überlebt, den er ungeschützt in der prallen Mittagshitze verbracht hatte, nur durch den Überwurf aus Seegras geschützt, der von seiner Krone herabhing. Wie ein gestrandeter

Neptun sah er aus diesem Seegras-Pavillon hinab auf den Teppich gleißenden Lichts, der die Gebeine und den Unrat zu seinen Füßen unter sich begrub. Einmal hatte er mitbekommen, wie eine Luke auf dem Oberdeck geöffnet wurde und gespürt, dass Strangman aus seiner Kabine getreten war und ihn beobachtete – wenige Minuten später wurden mehrere Eimer eiskalten Wassers über ihm ausgeschüttet. Fieberhaft schlürfte er die kalten Tropfen, die wie gefrorene Perlen von den Seegrasbüscheln in seinen Mund rollten. Danach versank er in einen betäubenden Schlaf und erwachte erst wieder nach Einbruch der Dunkelheit, kurz vor Beginn der nächtlichen Festivitäten.

Strangman war in seinem gebügelten weißen Anzug heruntergekommen, hatte ihn kritisch gemustert und in einem eigenartigen Anflug von Mitleid plötzlich gemurmelt: »Kerans, Sie leben ja noch. Wie machen Sie das bloß?«

Es war diese Bemerkung, die ihn am zweiten Tag am Leben erhielt, als sich der weiße Lichtteppich am Mittag in glühenden, nur wenige Zentimeter übereinanderliegenden Schichten über den Platz legte wie Ebenen von Paralleluniversen, die sich durch die gewaltige Hitze aus dem Kontinuum herauskristallisiert hatten. Die Luft auf seiner Haut brannte wie Feuer. Er starrte apathisch auf die Marmorstatuen und dachte an Hardman, der sich auf dem Weg zur Mündung der Sonne durch Lichtsäulen hindurch bewegte und über den Dünen aus leuchtender Asche verschwunden war. Dieselbe Macht, die Hardman beschützt hatte, schien sich auch in Kerans zu manifestieren und seinen Stoffwechsel so zu regulieren, dass er die Hitze unbeschadet überstehen konnte. Noch immer wurde er vom Deck aus beobachtet. Einmal war ein großer, etwa ein Meter langer Salamander zwischen den Gebeinen auf ihn zugestürzt, die mächtigen Zähne, die aussahen wie Feuersteine aus Obsidian, langsam fletschend, als er Kerans witterte, und dann fiel ein einziger Schuss, abgefeuert von einem der Decks, und schon lag die Echse als sich windendes, blutiges Bündel zerfetzt zu seinen Füßen.

Wie die Reptilien, die reglos im Sonnenlicht saßen, wartete er geduldig auf das Ende des Tages.

Auch jetzt schien Strangman verblüfft, ihn so zu sehen, delirierend zwar, doch immerhin am Leben. Ein nervöses Zucken umspielte seinen Mund, und gereizt blickte er zu Big Caesar und der im Fackelschein rings um das Podest wartenden Crew, die offenbar ebenso überrascht war wie er. Als Strangman johlend und schreiend nach Trommeln verlangte, war die Reaktion merklich zurückhaltender.

Entschlossen, Kerans' Macht ein für alle Mal zu brechen, befahl Strangman, zwei zusätzliche Fässer Rum vom Mutterschiff herbeizuschaffen, weil er hoffte, damit seinen Männern die unbewusste Angst vor Kerans und dem väterlichen Hüter des Meeres, den er jetzt symbolisierte, zu nehmen. Bald füllte sich der Platz mit lärmenden, torkelnden Gestalten, die aus Krügen und Flaschen tranken und auf Trommelfellen steppten. Vom Admiral begleitet zog Strangman munter von einem Grüppchen zum nächsten und stachelte sie zu immer neuen Exzessen auf. Big Caesar stülpte sich den Alligatorschädel über den Kopf und rutschte auf Knien über den Platz, gefolgt von einer Truppe johlender Trommler.

Kerans wartete ermattet auf den Höhepunkt. Auf Strangmans Befehl wurde der Thron vom Podest gehievt und auf den Karren verfrachtet. Kerans lehnte sich entkräftet gegen die Kopfstütze und schaute zu den dunklen Flanken der Gebäude hinauf, während Big Caesar Gebeine und Seegras ringsum seine Füße anhäufte. Mit lautem Schrei setzte Strangman die trunkene Prozession in Bewegung, während ein Dutzend Männer sich darum balgte, die Deichselstangen des Karrens zu führen, mit dem sie von links nach rechts über den Platz karriolten und dabei zwei Statuen umstießen. Trotz aller hektischen Anweisungen von Strangman und dem Admiral, die neben dem Karren herliefen und ihn vergeblich zu bremsen suchten, gewann das Gefährt zusehends an Fahrt, schwenkte in eine Seitenstraße und schlitterte über das Trottoir, bevor es gegen einen rostigen Laternenpfahl stieß. Big Caesar, mit seinen mächtigen Fäusten auf die lockenköpfigen Schädel der Männer einprügelnd, kämpfte sich bis zur Deichselspitze vor, umfasste die Deichselstangen mit beiden Händen und verlangsamte so die Fahrt des Karrens.

Hoch über ihren Köpfen saß Kerans auf dem schwankenden Thron, wo ihn die kühle Luft langsam wieder belebte. Wie in Trance nahm er die Zeremonie wahr, die sich da unten vollzog, und verstand, dass sie sich systematisch durch alle Straßen der trockengelegten Lagune bewegten, fast so, als wäre er ein entführter Neptun, der gegen seinen Willen gezwungen wird, diesen Sektoren der einst gefluteten Stadt, die Strangman ihm gestohlen und trockengelegt hatte, seine Segen zu geben.

Doch Schritt für Schritt, je nüchterner sie durch die Anstrengung wurden, die es bedeutete, den Karren zu ziehen und im Gleichschritt zu gehen, stimmten die Männer zwischen den Deichseln eine Melodie an, die wie das Lied eines alten haitianischen Cargo-Kults klang, eine dunkle, wehmütige Melodie, die ihre zwiespältige Haltung gegenüber Kerans nur noch unterstrich. Strangman, den Anlass für den Ausflug im Blick, zückte laut rufend seine Leuchtpistole und befahl ihnen nach kurzem Gerangel, die Richtung zu wechseln, sodass sie den Karren nun schieben, statt ziehen mussten. Als sie am Planetarium vorbeizogen, sprang Big Caesar auf den Karren, klammerte sich wie ein Riesenaffe an den Thron, nahm den Kopf des Alligators und stülpte ihn Kerans bis weit über die Schulter.

Seiner Sicht beraubt und vom üblen Gestank des grob gehäuteten Reptils dem Ersticken nah, spürte Kerans, als der Karren wieder an Fahrt gewann, wie er hilflos hin und her geschleudert wurde. Die Männer zwischen den Deichseln, die nicht sahen, in welche Richtung sie den Karren schoben, rannten keuchend die Straße entlang, immer hinter Strangman und dem Admiral her, während Big Caesar sie unter einem Schauer von Hieben und Tritten vorwärtstrieb. Der Karren geriet beinah außer Kontrolle, wankte und schlingerte, wäre fast an einer Verkehrsinsel zerschellt, richtete sich dann wieder auf und wurde auf gerader Strecke zusehends schneller. Als sie sich einer Straßenecke näherten, schrie Strangman Big Caesar etwas zu. Blindlings warf sich der hünenhafte Mulatte mit seinem ganzen Gewicht auf die rechte Deichselstange, sodass sich der Karren drehte und aufs Trottoir raste. Fünfzig Meter weit schoss er unkontrolliert dahin, einige Männer stolperten übereinander und fielen zu Boden, schließlich prallte der Karren laut knirschend und krachend gegen die Mauer. Als die Achse brach und das Holz barst, kippte er zur Seite.

Der Thron wurde aus seiner Verankerung gerissen und flog in hohem Bogen halb über die Straße in eine flache Schlammbank. Kerans, dessen Aufprall am Boden durch den feuchten Schlamm gemildert wurde, landete mit dem Gesicht nach unten, von dem Alligatorkopf zwar befreit, doch nach wie vor an seinen Sitz gefesselt. Zwei oder drei Männer aus der Crew lagen mit ausgestreckten Armen und Beinen ringsum auf dem Boden und rappelten sich wieder auf; rumpelnd drehte sich ein Wagenrad langsam in der Luft.

Strangman krümmte sich vor Lachen und klopfte Big Caesar und dem Admiral auf den Rücken, sodass auch der Rest der Crew bald aufgeregt miteinander zu schnattern begann. Sie scharten sich um die Trümmer des Karrens, dann gingen sie hinüber und betrachteten den umgestürzten Thron. Strangman stützte sich hoheitsvoll mit einem Fuß darauf ab und ließ die zerfetzte Kopfstütze auf und nieder wippen. Er behielt diese Pose so lange bei, bis er meinte, seine Gefolgschaft überzeugt zu haben, dass Kerans' Macht nun endgültig gebrochen sei. Dann steckte er seine Leuchtpistole ins Holster, rannte die Straße hinab und winkte den anderen, ihm zu folgen. Johlend und schreiend machte sich die Meute auf den Weg.

Kerans, an den umgestürzten Thron gefesselt, konnte sich nur unter Schmerzen bewegen. Sein Kopf und seine rechte Schulter waren in der schnell trocknenden Schlammschicht halb vergraben. Er drehte die Handgelenke in den gelockerten Lederriemen, die aber saßen immer noch so eng, dass er seine Hände nicht befreien konnte.

Er verlagerte sein Gewicht auf die Schultern, um den Thron mit den Armen hochzuziehen, da merkte er, dass die linke Armlehne sich aus ihrer senkrechten Halterung gelöst hatte. Mühsam zwängte er seine gefühllosen Finger unter der Armlehne hindurch und zog die Riemen Schlaufe für Schlaufe über den aus der Zapfenverbindung herausragenden Stumpf der Armlehne.

Als seine Hand endlich frei war, ließ er sie kraftlos herabsinken, dann massierte er seine geschwollenen Lippen und Wangen und die steif gewordenen Muskeln von Brust und Bauch. Er drehte sich auf die Seite und nestelte an dem Knoten herum, der sein rechtes Handgelenk an die andere Lehne fesselte, lockerte im kurzen Widerschein der Leuchtraketen die Riemen und befreite sich.

Fünf Minuten lang ruhte er reglos unter dem dunklen Thronkoloss und lauschte den fernen Stimmen, die sich in den Gassen jenseits des Mutterschiffs verloren. Nach und nach schwand das Licht, und die Straße verwandelte sich in eine stille Schlucht, die Dächer nur schwach vom phosphoreszierenden Glimmer der sterbenden Animalcules illuminiert, die die trockengelegten Gebäude mit einem spinnwebartigen, silbernen Schleier umhüllten, als wären es entlegene Winkel einer uralten Geisterstadt.

Er kroch unter dem Thron hervor, erhob sich schwankend, stolperte über das Trottoir und lehnte sich an die Mauer. Sein Kopf dröhnte von der Anstrengung. Er presste sein Gesicht gegen den kühlen, noch feuchten Stein und starrte die Straße hinab, in der Strangman und seine Männer verschwunden waren.

Auf einmal, als ihm bereits die Augen zuzufallen drohten, gewahrte er zwei Gestalten, die auf der Straße entlangeilten und näher kamen, eine im vertrauten weißen Anzug, die andere hochgewachsen mit hängenden Schultern.

»Strangman…!«, flüsterte Kerans. Er krallte sich mit den Fingern in den losen Mörtel und suchte Schutz im Schatten der Mauer. Die beiden Männer waren wohl noch hundert Meter entfernt, doch er erkannte Strangman an seinem zügigen, zielstrebigen Gang, gefolgt von Big Caesars schwerfälligem Schritt. Etwas blitzte auf, als an einer Kreuzung ein Lichtstrahl auf etwas Schimmerndes fiel, eine silberne Klinge, die Big Caesar in der Hand schwang.

Kerans drückte sich an der Wand entlang immer weiter ins Dunkle und hätte sich am spitzen Splitter einer Schaufensterscheibe fast die Hände aufgeschlitzt. Wenige Meter entfernt befand sich der Eingang zu einer riesigen Einkaufspassage, die sich durch den ganzen Häuserblock zog, bis sie fünfzig Meter weiter, in westlicher Richtung, in eine Parallelstraße mündete. Der Boden war mit schwarzem Schlamm bedeckt, und in gebückter Haltung stieg Kerans die flachen Stufen hinauf und ging dann langsam durch den dunklen Tunnel bis zum anderen Ende der Passage, die seine humpelnden Schritte im weichen Schlamm dämpfte.

Er wartete am Hintereingang hinter einer Säule und verharrte dort so lange, bis Strangman und Big Caesar den Thron erreichten. In der gewaltigen Pranke des Mulatten wirkte die Machete nicht größer als ein Rasiermesser. Strangman hob warnend eine Hand, bevor er den Thron berührte. Aufmerksam musterte er die Straßen und Fensterreihen, sein schmaler, weißer Kiefer war im Mondlicht deutlich zu erkennen. Dann gab er Big Caesar rasch ein Zeichen und stieß den Thron mit dem Fuß um.

Als ihre Flüche durch die Luft schallten, zog sich Kerans hinter die Säule zurück und schlich auf Zehenspitzen über die Straße auf eine schmale Gasse zu, die in das labyrinthische Gewirr des Universitätsviertels führte.

Eine halbe Stunde später bezog er Stellung im obersten Stockwerk eines fünfzehnstöckigen Bürogebäudes, das zum Grenzwall der Lagune gehörte. Ein schmaler Balkon führte rings um die Büros zu einer Feuertreppe auf der Rückseite, die über die niedriger gelegenen Dächer in den dahinter liegenden Dschungel führte und schließlich von den gewaltigen Staumauern aus Schlick verschluckt wurde. Dünne Wasserlachen hatten sich aus dem Kondenswasser der nachmittäglichen Hitzenebel auf dem Kunststoffboden gebildet, und nachdem Kerans die Haupttreppe hinaufgestiegen war, legte er sich auf den Boden und badete Gesicht und Mund in der kühlen Flüssigkeit, die auch den Schmerz seiner geschundenen Handgelenke allmählich linderte.

Kein Suchtrupp war hinter ihm her. Um nicht seine totale Niederlage eingestehen zu müssen – nicht anders würde die Mehrheit der Crew Kerans' Verschwinden deuten –, war Strangman offenbar entschlossen, seine Flucht als *fait accompli* zu akzeptieren und ihn zu vergessen, in der Annahme, dass Kerans zu den Lagunen im Süden aufbrechen würde. Die ganze Nacht hindurch zogen scharenweise Plünderer durch die Straßen, die jeden Fund mit Leuchtraketen und Feuerwerkskörpern verkündeten.

Inmitten einer Wasserlache, die auch die Fetzen seines zerrissenen Dinner-Jackets, die noch an ihm klebten, durchtränkte, um den Gestank von Seegras und Schlick zu vertreiben, ruhte Kerans sich bis zum Morgengrauen aus. Eine Stunde vor Sonnenaufgang erhob er sich, riss sich Jacke und Hemd vom Leib und stopfte sie in einen Spalt in der Wand. Er schraubte einen noch intakten gläsernen Lampenschirm ab und schöpfte damit behutsam Wasser aus einer sauberen Lache im Stockwerk darunter. Als die Sonne über dem östlichen Rand der Lagune aufging, hatte er bereits ungefähr einen Liter gesammelt. Zwei Flure weiter fing er im Waschraum eine kleine Eidechse und tötet sie mit einem losen Ziegelstein. Mit Zunderholz und einer Glasscherbe als Linse entfachte er ein Feuer und röstete die Filets aus dunklem, faserigem Fleisch, bis sie gar waren. Die kleinen Steaks, köstlich zart in ihrem warmen Fett, schmolzen ihm förmlich im Mund und labten seine aufgerissenen Lippen. Sobald er wieder bei Kräften war, kletterte er zurück in die oberste Etage und zog sich in eine Kammer hinter dem Aufzugsschacht zurück. Nachdem er die Tür mit einigen rostigen Gitterstäben verbarrikadiert hatte, ließ er sich in der Ecke nieder und wartete auf den Abend.

Im Widerschein der untergehenden Sonne steuerte Kerans sein Floß unter den am Lagunenrand bis ins Wasser hinabfallenden Wedeln der Baumfarne entlang und sah, wie die blutroten und kupferfarbenen Bronzetöne der Nachmittagssonne nun tiefen Violett- und Blautönen wichen. Der Himmel darüber war ein riesiger saphirblauer und purpurroter Trichter, über dem wunderliche Korallenwolken wie barocke Kondensstreifen vom Abstieg der Sonne kündeten. Träge brachen sich die öligen Wellen am Ufer der Lagune und blieben wie durchscheinendes Wachs an den Farnwedeln kleben. Hundert Meter weiter schwappte das Wasser kraftlos gegen die Überreste des Stegs unterhalb des Ritz und brachte einige abgebrochene Rundhölzer zum Vorschein. Wie ein Schwarm buckliger Alligatoren trieben die Zweihundert-Liter-Fässer auf dem Wasser, zusammengehalten durch ein loses Netz von Festmacherleinen. Zum Glück waren die Alligatoren, die Strangman ringsum die Lagune postiert hatte, noch in ihren Behausungen zwischen den Gebäuden oder waren auf der Suche nach Nahrung in die benachbarten Wasserläufe gezogen, da die Leguane sich vor ihnen in Sicherheit gebracht hatten.

Kerans machte eine Pause, bevor er über die ungeschützte Seite zum verlassenen Ufer unweit des Ritz paddelte und mit den Augen den Strandabschnitt und die Flussmündung nach Strangmans Wachposten absuchte. Die Konzentration, derer es bedurfte, um aus zwei verzinkten eisernen Wassertanks ein Floß zu bauen, hatte ihn vollkommen erschöpft, und so wartete er zur Sicherheit ein Weilchen, bevor er sich auf den Weg machte. Als er sich dem Landesteg näherte, sah er, dass die Festmacherleinen absichtlich gekappt worden waren und der hölzerne Steg von einem schweren Wasserfahrzeug, vermutlich dem Flugboot, mit dem Strangman die mittlere Lagune heimgesucht hatte, gerammt worden war.

Er klemmte das Floß zwischen zwei schwimmenden Fässern ein, wo es sich unter den auf und ab wogenden Trümmern unauffällig verlor, zog sich an der Terrassenbrüstung hoch und stieg über das Fensterbrett ins Hotel ein. Rasch ging er die Treppe hinauf und folgte der Spur der großen, verwischten Fußabdrücke auf dem blauen Teppich, die vom Dach herabführten.

Das Penthouse war verwüstet worden. Als er die hölzerne Außentür zur Suite öffnete, fiel ihm ein spitzer Glassplitter der Innenabdichtung vor die Füße. Jemand hatte in berserkerhaftem Gewaltrausch die Räume durchsucht und systematisch alles zertrümmert, was in Reichweite war. Die Louis-Quinze-Möbel waren zerhackt, ihre Arm- und Beinlehnen durch die gläsernen Innenwände geschleudert worden. Der Teppichbelag bestand nur noch aus Fetzen, sogar den Unterboden hatte man zerstört, die Bodendielen herausgerissen und zu Kleinholz verarbeitet. Der Schreibtischsekretär, in zwei Teile zerlegt, stand mit abgehackten Beinen da, das Krokodilleder hatte man an den Rändern abgeschnitten. Überall lagen Bücher verstreut am Boden, manche davon säuberlich in zwei Teile getrennt. Hiebe waren wie Regenschauer auf den Kaminsims niedergeprasselt, die riesige Kerben in seiner Goldrandfassung hinterlassen hatten, der Spiegel war vielfach gesplittert, wie gefrorene Explosionen zogen sich riesengroße Sterne aus Milchglas und Leinwand über die Fläche.

Kerans kletterte über die Trümmer, wagte sich kurz auf die Terrasse und sah, dass das Drahtgitter des Moskitonetzes so lange gewaltsam nach außen gedrückt worden war, bis es brach. Die

Liegestühle, auf denen er so viele Monate verbracht hatte, waren nur noch Kleinholz.

Wie er vermutet hatte, war der Safe hinter dem Schreibtisch aufgebrochen, denn die Tür stand offen und der Safe war leer. Kerans ging ins Schlafzimmer, und ein schwaches Lächeln huschte über sein Gesicht, als er feststellte, dass Strangmans Einbrecher den hinter dem Schlafzimmerspiegel verborgenen Safe über dem Sekretär nicht gefunden hatten. Der verbeulte Zylinder des Messingkompasses, den er seinerzeit im Stützpunkt ganz beiläufig hatte mitgehen lassen und dessen Nadel unverändert den talismanischen Süden anzeigte, lag auf dem Boden unter dem kleinen runden Spiegel begraben, auf dem er ein Muster wie eine vergrößerte Schneeflocke hinterlassen hatte. Kerans drehte den Rokokorahmen vorsichtig um, entriegelte das Scharnier und zog es nach hinten, bis das unversehrte Tresorschloss zum Vorschein kam.

Schon brach die Dunkelheit herein, die bereits lange Schatten in die Suite warf, sodass Kerans eilends die Zahlenkombination eingab. Erleichtert atmete er auf, als die Tür sich öffnete, und nahm schnell den schweren .45er Colt und die Schachtel mit den Patronen heraus. Er setzte sich auf das demolierte Bett, riss das Siegel von der Schachtel, lud dann die Kammer und wog die massive schwarze Waffe in der Hand. Er leerte den Karton und füllte seine Taschen mit den Patronen, dann schnallte er seinen Gürtel enger und ging zurück in den Salon. Er ließ den Blick durch den Raum schweifen und dachte im Stillen, dass er Strangman die Verwüstung der Suite paradoxerweise nicht einmal sonderlich verübelte. In gewisser Weise unterstrich ihre Zerstörung und damit all seiner Erinnerungen an die Lagune lediglich etwas, was er seit einiger Zeit einfach verdrängt hatte, aber spätestens nach Strangmans Ankunft und allem, was damit zusammenhing, hätte akzeptieren müssen –, dass er die Lagune aufgeben und nach Süden ziehen musste. Seine Zeit hier war abgelaufen, und die klimatisierte Suite mit ihrer konstanten Temperatur und Luftfeuchtigkeit, ihren Brennstoff- und Nahrungsvorräten war nichts weiter als eine abgekapselte Form seiner früheren Umgebung, an die er sich geklammert hatte wie ein widerwilliger Embryo an seinen Dottersack. Das Zerplatzen dieser Hülle wie auch die nagenden Zweifel an seinen eigentlichen, unbewussten Motiven, die ihn plagten, seit er im Planetarium beinahe ertrunken wäre, gaben ihm den notwendige Antrieb zum Handeln, zum Aufbruch in den helleren Tag der inneren, archäopsychischen Sonne. Jetzt musste er nach vorne schauen. Weder die Vergangenheit, wie sie Riggs repräsentierte, noch die Gegenwart, wie sie das verwüstete Penthouse verkörperte, boten Gewähr für eine lebensfähige Existenz. Er erkannte nunmehr seine uneingeschränkte Verpflichtung gegenüber der Zukunft, die bisher nur eine von vielen Zweifeln und Hemmnissen geprägte Option gewesen war.

In der Dunkelheit ragte der sanft gebogene Rumpf des Mutterschiffs wie der samtige Bauch eines gestrandeten Wals in die Luft. Kerans kauerte im Schatten des Heckschaufelrads, sein hagerer, gebräunter Körper unsichtbar mit dem Hintergrund verschmolzen. Er verbarg sich in dem schmalen Zwischenraum zwischen zwei Schaufelblättern, die aus genieteten Metallplatten von fünf Meter Breite und einem Meter Tiefe bestanden, und spähte durch die kokosnussgroßen Glieder der Antriebskette. Es war kurz vor Mitternacht, als der letzte Suchtrupp die Gangway hinabstieg und die Seeleute, in der einen Hand eine Flasche, in der anderen eine Machete, über den Platz torkelten. Das Kopfsteinpflaster war übersät mit einem wilden Durcheinander von zerrissenen Kissen und Bongotrommeln, Knochen und erloschener Glut.

Kerans wartete, bis sich die Trupps in die angrenzenden Straßen verzogen hatten, dann stand er auf und steckte den Colt griffbereit in den Gürtel. In weiter Ferne, auf der gegenüberliegenden Seite der Lagune, befand sich Beatrices Apartment, die Fenster waren dunkel, das Licht der Laterne erloschen. Kerans hatte zunächst überlegt, ob er die Treppe zum obersten Stockwerk hinaufsteigen sollte, war dann aber zu der Überzeugung gelangt, dass Beatrice als Strangmans unfreiwilliger Hausgast sich an Bord des Mutterschiffs befand.

Oben an der Reling tauchte eine Gestalt auf, die sogleich wieder verschwand. Eine Stimme rief etwas in der Ferne, eine andere antwortete von der Brücke. Die Luke der Kombüse wurde geöffnet und ein Eimer voller stinkender Küchenabfälle schwappte hinab auf den Platz. Schon hatte sich unter dem Schiff ein tiefes Abwasserbecken gebildet, das die Lagune füllen und das Schiff alsbald wieder forttreiben würde.

Kerans kauerte sich unter das Band der Antriebskette, stieg auf das unterste Schaufelblatt und hangelte sich mit der Hand über dem Kopf die geschwungene Radialleiter hinauf. Das Schaufelblatt knarrte ein wenig und drehte sich ein paar Zentimeter unter seinem Gewicht, als die Antriebskette an Spannung verlor. Oben angekommen, kletterte er auf den Stahlausleger, der die Radachse trug. Er klammerte sich an das obere, die Schutzvorrichtung steuernde Halteseil und kroch langsam an dem Ausleger entlang, dann erhob er sich und stieg über die Fahrgastreling in den kleinen Schacht des Flaggendecks. Ein schmaler Niedergang führte schräg nach oben zum Aussichtsdeck. Geräuschlos kletterte Kerans hinauf und hielt auf beiden Zwischendecks vorsichtshalber inne, falls ein verkaterter Matrose an der Reling stand, um den Mond zu bewundern.

Verborgen im Windschatten eines dort befestigten, weiß gestrichenen Gigruderboots arbeitete sich Kerans mühsam voran, hangelte sich von einem Gebläse zum nächsten und erreichte schließlich eine rostige Winde, die etwa zwei Meter vom Esstisch entfernt war, an dem Strangman sie bewirtet hatte. Der Tisch war abgeräumt, die Diwane und das Chesterfield Sofa in einer Reihe unter dem riesigen Gemälde gestapelt, das noch immer an den Schloten lehnte.

Erneut drangen von unten Stimmen herauf, und dann knarrte die Gangway, als ein Nachzügler zum Platz hinunterstieg. In der Ferne, weit über den Dächern, ging eine Leuchtrakete hoch, deren Widerschein die Schlote kurz erhellte. Als er verblasste, stand Kerans auf und steuerte an dem Gemälde vorbei auf die dahinter liegende Luke zu.

Plötzlich blieb er stehen und griff nach dem Colt. Kaum fünf Meter von ihm entfernt, am Ende der Brücke, glimmte in der Dunkelheit das rote Ende einer Zigarre auf, die in der Luft zu schweben schien: Kerans, auf Zehenspitzen verharrend, konnte weder vor noch zurück, spähte angestrengt in die Dunkelheit hinaus zum Glühpunkt und erkannte schließlich die weiße Schirmmützenkrempe des Admirals. Einen Moment später, während dieser zufrieden an der Zigarre sog, sah er den Widerschein der glühenden Spitze in seinen Augen aufblitzen.

Als die Männer unten den Platz überquerten, drehte sich der Admiral um und ließ den Blick über das Aussichtsdeck schweifen. Über die hölzerne Reling hinweg konnte Kerans den Kolben einer Schrotflinte erkennen, die er lässig in der Armbeuge hielt. Die Zigarre klemmte nun im Mundwinkel, und ein weißer Rauchkegel breitete sich wie Silberstaub in der Luft aus. Zwei oder drei Sekunden lang blickte er Kerans unvermittelt an, dessen Silhouette sich vor dem Hintergrund der Figuren auf dem Gemälde in der Dunkelheit abzeichnete, doch er schien ihn nicht zu erkennen, offenbar hielt er Kerans für einen Teil der Komposition. Dann schlenderte er gemächlich zum Brückenhaus.

Schritt für Schritt tastete sich Kerans bis an den Rand des Gemäldes und verbarg sich dann in seinem Schatten. Ein Lichtstrahl aus der Luke fiel über das Deck. Den Colt fest in der Hand, stieg er langsam in geduckter Haltung die Stufen zum leeren Spieldeck hinab, wobei er vor allem die Türen und Gänge im Auge behielt, ob sich dort etwas regte oder gar ein gesenkter Gewehrlauf zwischen den Vorhängen bemerkbar machte. Strangmans Suite befand sich direkt unter der Kommandobrücke und war durch eine Paneeltür in einer Nische hinter der Bar zu erreichen.

Er wartete an der Tür, bis aus der Kombüse ein metallisches Klirren drang, drückte dann die Klinke hinunter, öffnete die Tür und trat lautlos ins Dunkle. Er verharrte einige Sekunden hinter der Tür, um seine Augen an das Dämmerlicht zu gewöhnen, das durch einen hinter einem Kartenschrank zu seiner Rechten verborgenen Perlenvorhang in den Vorraum fiel. In der Mitte des Raumes stand ein großer Kartentisch mit zusammengerollten Karten unter der Glasplatte. Auf nackten Füßen, die im weichen Teppichboden versanken, huschte er an dem Schrank vorbei und spähte durch den Perlenvorhang.

Der etwa zehn auf zehn Meter große Raum war Strangmans Hauptsalon, ein eichengetäfeltes Gemach mit einander gegenüberstehenden Ledersofas an den Längsseiten und einem großen antiken Globus auf einem Bronzesockel unterhalb der vorderen Bullaugenreihe. Drei Kronleuchter hingen von der Decke herab, aber nur jener über einem byzantinischen Hochlehnersitz mit Buntglasintarsien am anderen Ende des Raumes brannte. Er warf sein Licht auf Juwelen, die aus metallenen Waffenkisten auf den im Halbkreis aufgestellten niedrigen Tischen quollen.

Und da war sie, Beatrice Dahl, den Kopf an die Rückenlehne geschmiegt, mit einer Hand den schlanken Stiel eines Goldrandglases umfassend, das auf einem Mahagonitisch neben ihr stand. Ihr blaues Brokatkleid hatte sich wie ein Pfauenrad aufgestellt, und einige Perlen und Saphire, die ihr aus der linken Hand entglitten waren, blinkten zwischen den Falten wie elektrische Augen. Kerans zögerte, behielt die gegenüberliegende Tür im Auge, die zu Strangmans Kabine führte, und schob dann den Vorhang behutsam beiseite, sodass die Perlen leise klirrten.

Beatrice reagierte nicht darauf, das Geräusch klirrender Glasperlen schien ihr nur allzu vertraut. Die Truhen zu ihren Füßen enthielten Unmengen kitschiger Kostbarkeiten – diamantbesetzte Fußkettchen, vergoldete Spangen, Diademe und Edelsteinketten, Colliers und Anhänger aus Strass, riesengroße Ohrringe aus Zuchtperlen –, alles quoll über und ergoss sich in die am Boden aufgestellten Schalen, als seien es Gefäße zum Auffangen von Quecksilberregen.

Einen Moment lang glaubte Kerans, Beatrice stünde unter Drogen – ihre Miene war so leer und ausdruckslos wie die Maske einer Wachspuppe, der Blick in weite Ferne gerichtet. Dann machte sie eine Handbewegung, hob das Weinglas an die Lippen und nippte.

»Beatrice!«

Vor Schreck verschüttete sie den Wein über ihren Schoß und sah überrascht auf. Kerans schob den Perlenvorhang beiseite, durchquerte eilends den Raum und packte sie am Ellbogen, als sie sich gerade von ihrem Sitz erheben wollte.

»Beatrice, warte! Rühr dich nicht vom Fleck!« Er rüttelte an der Tür hinter ihrem Sitz, doch sie war verschlossen. »Strangman und seine Männer ziehen plündernd durch die Straßen, ich glaube, außer dem Admiral oben auf der Brücke ist niemand da.«

Beatrice drückte ihr Gesicht an seine Schultern, spürte mit ihren kühlen Fingern den schwarzen Blutergüssen nach, die sich durch seine bronzefarbene Haut abzeichneten. »Robert, sei vorsichtig! Was haben sie mit dir gemacht, was ich auf Strangmans Geheiß nicht mitbekommen sollte?« Ihre Erleichterung und Freude, Kerans zu sehen, wich Besorgnis. Sie blickte unruhig im Zimmer umher. »Darling, lass' mich hier und geh' fort. Ich glaube nicht, dass Strangman mir etwas tun wird.«

Kerans schüttelte den Kopf, dann half er ihr auf die Beine. Er betrachtete Beatrices elegantes Profil, ihren seidig glänzenden karminroten Mund und die lackierten Nägel, leicht benommen von dem berauschenden Duft ihres Parfums und dem Rascheln des Brokatkleids. Nach all der Gewalt und dem Schmutz der letzten Tage fühlte er sich wie ein staubbefleckter Entdecker am Grab der Nofretete, der in den Tiefen der Nekropole zufällig über ihre exquisit bemalte Maske stolpert.

»Strangman ist zu allem fähig, Beatrice. Er ist wahnsinnig, sie haben ein völlig verrücktes Spiel mit mir gespielt und mich dabei fast umgebracht.«

Beatrice raffte die Rockschöße zusammen und wischte die am Stoff klebenden Edelsteine weg. Trotz der riesigen Ansammlung von Juwelen, die sie umgab, waren ihre Handgelenke und das Dekolletee ohne Schmuck, nur eine ihrer eigenen zierlichen Goldspangen schmiegte sich wie ein geschwungener Knoten um ihren Hals. »Aber Robert, selbst wenn wir hier rauskommen…«

»Still!« Kerans blieb nahe des Vorhangs stehen, sah, dass die Perlenschnüre sich leicht bewegten, eine Bewegung, die gleich wieder verebbte, und versuchte sich zu erinnern, ob im Vorraum ein Bullauge offen stand. »Ich habe ein kleines Floß gebaut, damit kommen wir weit genug. Später werden wir uns ausruhen und ein größeres Floß bauen.«

Er ging auf den Vorhang zu, als zwei der Perlenschnüre ruckartig auseinandergerissen wurden und eine meterlange silberne Klinge pfeilschnell durch die Luft wirbelte und wie eine große Sense auf seinen Kopf zusteuerte. Kerans duckte sich, spürte, dass die Klinge seine rechte Schulter streifte, die eine flache, acht Zentimeter lange Wunde riss, bis sie sich dann mit stählernem Klirren in die Eichenvertäfelung hinter ihm bohrte. Stumm vor Entsetzen stolperte Beatrice mit schreckgeweiteten Augen gegen einen der Beistelltische und stieß eine Truhe mit Juwelen zu Boden.

Noch bevor Kerans bei ihr war, wurde der Vorhang von einer riesigen Pranke zurückgerissen, die zu einer hünenhaften, den ganzen Türrahmen ausfüllenden buckligen Gestalt gehörte, den einäugigen Schädel wie ein Ochse unter dem Joch gesenkt. Schweiß tropfte ihr von der breiten, muskulösen Brust und hinterließ Flecken auf ihren grünen Shorts. Mit der rechten Hand umklammerte sie eine dreißig Zentimeter lange, glänzende Stahlklinge, die sie Kerans von unten in den Bauch zu rammen gedachte.

Kerans, den Colt gezückt, wich ihm, vom Zyklopenauge des schwarzen Riesen aufmerksam verfolgt, so gut es ging aus. Dann trat er versehentlich auf die Zacken eines offenen Halskettenverschlusses und stolperte unfreiwillig über ein Sofa.

Als er sich an der Wand abstützte, stürzte Big Caesar auf Kerans zu und ließ das Messer in kurzem Bogen wie die Spitze eines Propellers durch die Luft kreisen. Beatrice schrie auf, doch ihre Stimme ging im lauten Knall eines Schusses jählings unter. Der gewaltige Rückstoß warf Kerans auf das Sofa, er sah, wie der Mulatte gegen den Türrahmen krachte und ihm das Messer entglitt. Ein ersticktes, blubberndes Grunzen drang gurgelnd aus seiner Kehle, und mit einem letzten Aufbäumen, das all seinen Schmerz und seine Frustration zu enthalten schien, riss er den Perlenvorhang von der Halterung herab. Die Muskeln seines Oberkörpers spannten sich ein letztes Mal. Wie ein aufgeblähter Riese fiel er, in den Vorhang gehüllt, zu Boden, die gewaltigen Gliedmaße mit Tausenden von Perlen übersät.

»Beatrice! Komm mit!« Kerans packte ihren Arm und führte sie an dem am Boden liegenden Körper vorbei in den Vorraum, seine rechte Hand und der Unterarm noch taub von dem heftigen Rückstoß des Colts. Sie passierten den Alkoven und die verlassene Bar. Von der Brücke über ihnen erklangen laute Rufe, Schritte eilten über das Deck zur Reling.

Kerans blieb stehen, betrachtete Beatrices faltenreiches Kleid und gab seinen Plan auf, über das Heckschaufelrad zu fliehen.

»Wir müssen es über die Gangway versuchen.« Er deutete auf den unbewachten Zugang zur Steuerbord Reling, wo winkende Nachtclub-Amoretten mit Flöten an den rubinroten Lippen zu beiden

Seiten der Treppe tanzten. »Ein bisschen auffällig vielleicht, aber der einzige Weg, der jetzt noch bleibt.«

Auf halbem Weg nach unten begann die Gangway in ihrer Halterung zu schwanken, und sie hörten, wie der Admiral ihnen von der Brücke aus etwas zubrüllte. Gleich darauf fielen Schüsse, Schrotkugeln durchlöcherten das Schindeldach über ihren Köpfen. Kerans duckte sich, blickte am Fuße der Gangway hinauf zur Brücke, die sich nun genau über ihnen befand, und sah den langen, aufrecht in die Luft ragenden Lauf der Schrotflinte, mit der der Admiral herumfuchtelte.

Kerans sprang hinunter auf den Platz, umfasste Beatrice an der Taille und hob sie schwungvoll hinab. Sie kauerten sich unter den Rumpf des Mutterschiffs und rannten dann über den Platz zur nächsten Straße.

Als sie die Hälfte des Weges zurückgelegt hatten, drehte sich Kerans um und sah, dass auf der anderen Seite des Platzes ein Trupp von Strangmans Männern aufgetaucht war. Der Admiral schrie ihnen etwas zu, sie antworteten, und dann entdeckten sie Kerans und Beatrice in hundert Meter Entfernung.

Kerans, den Colt noch immer gezückt, wollte weiterrennen, doch Beatrice hielt ihn zurück.

»Nein, Robert! Schau!«

Vor ihnen, Schulter an Schulter die ganze Breite der Straße einnehmend, näherte sich ein weiterer Trupp, in ihrer Mitte ein Mann im weißen Anzug. Schlendernd näherte er sich, einen Daumen lässig im Gürtel verhakt, mit dem anderen gab er Zeichen, wobei seine Finger fast die Spitze der Machete berührten, die der Mann neben ihm schwang.

Kerans wechselte die Richtung und zog Beatrice quer über den Platz, doch der erste Trupp war ausgeschwärmt und schnitt ihnen den Weg ab. Eine Leuchtrakete wurde vom Schiffsdeck abgefeuert, die den Platz in rosiges Licht tauchte.

Beatrice blieb stehen, völlig außer Atem, und hielt den abgebrochenen Absatz ihrer goldfarbenen Sandale hilflos in der Hand. Beklommen blickte sie den Männern entgegen, die auf sie zukamen. »Darling … Robert – was ist mit dem Schiff? Versuch dich allein dorthin durchzuschlagen.«

Kerans nahm ihren Arm, und dann zogen sie sich in den Schatten unter das vordere Schaufelrad zurück, dessen Blätter sie vor der Schrotflinte auf der Brücke schützten. Die Anstrengung, das Schiff zu erklimmen und dann über den Platz zu rennen, hatte Kerans Kraft so erschöpft, dass er Lungenstechen bekam und den Revolver kaum noch ruhig halten konnte.

»Kerans …« Strangmans kühle, ironische Stimme schallte über den Platz. Er bewegte sich munter vorwärts, gerade noch in Reichweite des Colts, aber gut gedeckt von den Männern an seiner Seite. Alle hatten Macheten und Buschmesser in den Händen und wirkten freundlich und gelassen.

»Es ist aus, Kerans! Aus!« Strangman blieb in einer Entfernung von fünf Metern vor Kerans stehen, ein sardonisches Lächeln umspielte seine Lippen, während er ihn mit fast wohlwollendem Mitleid betrachtete. »Tut mir leid, Kerans, aber Sie sind eine Nervensäge. Werfen Sie die Waffe weg, oder wir werden auch das Dahl-Mädchen töten.« Er wartete einige Sekunden. »Ich meine es ernst.«

Kerans fand seine Stimme wieder. »Strangman…«

»Kerans, das ist nicht der richtige Zeitpunkt für eine metaphysische Diskussion.«

Ein Anflug von Verärgerung schwang in seiner Stimme, als habe er ein widerspenstiges Kind vor sich. »Glauben Sie mir, jetzt ist keine Zeit für Gebete, keine Zeit für irgendetwas. Ich sagte, lassen Sie die Waffe fallen. Dann gehen Sie weiter. Meine Männer glauben, dass Sie Miss Dahl entführt haben; sie werden ihr nichts tun.« In leicht drohendem Tonfall setzte er hinzu: »Kommen Sie, Kerans, wir wollen doch nicht, dass Beatrice etwas zustößt, oder? Denken

Sie nur, was für eine schöne Maske ihr Gesicht abgäbe.« Er kicherte irre. »Schöner als die des alten Alligators, die Sie getragen haben.«

Mit zugeschnürter Kehle drehte Kerans sich um, reichte Beatrice den Revolver und drückte ihre kleinen Hände um den Griff. Er suchte ihren Blick zu meiden, wandte sich rasch ab, sog ein letztes Mal den Duft ihres Moschusparfums ein, den ihre Brüste verströmten, und ging dann, wie von Strangman befohlen, auf den Platz hinaus. Der nahm ihn hohnlächelnd ins Visier, sprang dann mit lautem Knurren plötzlich vor und feuerte die anderen an, ihm zu folgen.

Als die langen Messer wie Speere auf ihn zuflogen, machte Kerans kehrt, rannte zum Schaufelrad hinüber und versuchte, sich hinter dem Schiff zu verbergen. Dann verlor er das Gleichgewicht, fiel in eines der Faulbecken und stürzte schwer. Wieder auf den Knien, einen Arm hilflos erhoben, um die gezückten Macheten um ihn herum abzuwehren, spürte er, wie er von hinten gepackt und fortgezogen wurde, sodass er erneut das Gleichgewicht verlor.

Als er auf dem feuchten Kopfsteinpflaster wieder Halt fand, vernahm er Strangmans überraschten Aufschrei. Eine Gruppe von Männern in braunen Uniformen, Gewehre im Anschlag, stürmte aus dem Schatten hinter dem Mutterschiff hervor, wo sie sich versteckt hatten. An ihrer Spitze die schlanke, adrette Erscheinung von Colonel Riggs. Zwei der Soldaten trugen ein leichtes Maschinengewehr, ein dritter Mann zwei Kisten mit Munitionsgürteln. In Windeseile bauten sie drei Meter von Kerans entfernt das Gewehr auf seinem Gestell auf und zielten mit seinem durchlöcherten, luftgekühlten Lauf auf den verwirrten Mob, der vor ihnen zurückwich. Die anderen Soldaten schwärmten in weitem Halbkreis aus und drängten mit ihren Bajonetten die Nachzügler aus Strangmans Gefolge zurück. Der größte Teil der Crew trat in dem nun auf dem Platz herrschenden allgemeinen Handgemenge den Rückzug an, doch einige andere suchten mit gezückten Buschmessern den Kordon zu durchbrechen. Eine kurze Schusssalve über ihre Köpfe hinweg genügte, dann ließen sie ihre Messer fallen und zogen stumm mit den anderen ab.

»Okay, Strangman, das war's.« Riggs klopfte dem Admiral mit seinem Stöckchen gegen die Brust und drängte ihn zurück.

Vollkommen entgeistert starrte Strangman die Soldaten an, die da ausschwärmend an ihm vorüberzogen. Hilfesuchend blickte er zum Mutterschiff, als erwartete er, dass eine große Belagerungskanone auftauchen und die Situation zu seinen Gunsten entscheiden würde. Stattdessen erschienen zwei behelmte Soldaten mit einem tragbaren Suchscheinwerfer auf der Brücke und richteten den Lichtstrahl hinunter auf den Platz.

Kerans spürte, dass ihn jemand am Ellbogen packte. Er drehte sich um und blickte in das besorgte Raubvogelgesicht von Sergeant Macready, der eine Maschinenpistole im Arm hielt. Er erkannte Macready zuerst nicht, und nur mit Mühe gelang es ihm, seine hakennasigen Züge jenem Gesicht zuzuordnen, das er, wie es schien, zuletzt vor Jahrzehnten gesehen hatte.

»Alles klar, Sir?«, fragte Macready leise. »Verzeihen Sie, dass ich so grob zu Ihnen war. Sieht aus, als wäre hier ganz schön was losgewesen.«

Dreizehntes Kapitel

Zu früh, zu spät

Am nächsten Morgen um acht Uhr hatte Riggs die Situation unter Kontrolle und fand nun Zeit, Kerans einen informellen Besuch abzustatten. Sein Hauptquartier war in der Forschungsstation, von wo aus er einen guten Rundumblick über die Straßen und den Raddampfer unten am Platz hatte. Strangman und seine Crew hatten die Waffen niedergelegt und lagerten nun im Schatten des Schiffsrumpfs, bewacht von Macready, zwei seiner Männer und einem leichten Maschinengewehr.

Kerans und Beatrice hatten die Nacht in der Krankenstation an Bord von Riggs' Patrouillenkreuzer verbracht, einem hochgerüsteten, 30-Tonnen schweren PT-Schnellboot, das jetzt neben dem Wasserflugzeug in der Hauptlagune ankerte. Die Einheit war kurz nach Mitternacht eingetroffen, und die Aufklärungspatrouille hatte die Forschungsstation im Grenzbereich der trockengelegten Lagune etwa zur selben Zeit erreicht, in der Kerans in Strangmans Suite auf dem Mutterschiff eingedrungen war. Als sie dann die Schüsse hörten, sind sie sofort zum Platz hinabgestiegen.

»Ich hatte schon vermutet, dass sich Strangman hier aufhält«, erklärte Riggs. »Einer unserer Luftaufklärer hatte berichtet, das Wasserflugzeug vor etwa einem Monat gesichtet zu haben, und ich dachte mir, dass er dir, solltest du noch hier sein, möglicherweise ein wenig Ärger bereiten könnte. Der Vorwand, die Forschungsstation zurückholen zu wollen, genügte völlig.« Er setzte sich auf die Schreibtischkante und schaute dem Hubschrauber nach, der über den Straßen kreiste. »Das sollte sie für eine Weile in Schach halten.«

»Daley scheint das Fliegen nun doch noch gelernt zu haben«, bemerkte Kerans.

»Er hat inzwischen viel Übung.« Riggs sah Kerans aus klugen Augen an und fragte wie beiläufig: »Übrigens, ist Hardman hier?«

»Hardman?« Kerans schüttelte langsam den Kopf. »Nein, ich habe ihn seit dem Tag, an dem er verschwand, nicht mehr gesehen. Er wird jetzt wohl schon sehr weit weg sein, Colonel.«

»Du hast wahrscheinlich recht. Ich dachte nur, er könnte in der Nähe sein.« Er schenkte Kerans ein mitfühlendes Lächeln, offenbar hatte er ihm verziehen, dass er die Forschungsstation versenkt hatte oder war einfühlsam genug, um die Angelegenheit so kurz nach Kerans' Martyrium nicht anzusprechen. Er deutete auf die weit unten im Sonnenlicht glühenden Straßen und auf den trockenen Schlamm auf Dächern und Mauern, der aussah wie verkrusteter Dung. »Ganz schön trostlos da unten. Verdammt schade um den alten Bodkin. Er hätte mit uns nach Norden kommen sollen.«

Kerans nickte, während er sich im Büro umsah und die tiefen Kerben betrachtete, welche die Macheten im hölzernen Türrahmen hinterlassen hatte – auch sie Teil der nach Bodkins Tod völlig grundlos angerichteten Verwüstungen in der Forschungsstation. Die schlimmsten Spuren hatte man inzwischen beseitigt und seinen Leichnam, der zwischen blutbefleckten Diagrammtafeln unten im Labor lag, zum Patrouillenkreuzer geflogen. Verwundert registrierte Kerans, dass er Bodkin herzloserweise bereits vergessen hatte und kaum mehr als ein gewisses höfliches Mitleid für ihn empfand. Als Riggs nun Hardman erwähnte, erinnerte er sich an etwas viel Dringlicheres und Wichtigeres: an die große Sonne, die immer noch magnetisch in seinem Inneren pulsierte, und eine Vision der endlosen Sandbänke und blutroten Sümpfe des Südens zog an seinen Augen vorüber.

Er ging zum Fenster, zupfte einen Splitter vom Ärmel seiner frischen Uniformjacke und starrte hinunter auf die unter dem

Mutterschiff kauernden Männer. Strangman und der Admiral hatten sich dem Maschinengewehr genähert und diskutierten nun mit Macready, der ungerührt den Kopf schüttelte.

»Warum verhaftest du Strangman nicht?«, fragte er.

Riggs lachte kurz auf. »Weil es absolut nichts gibt, was ich gegen ihn in der Hand hätte. Rechtlich gesehen war er, wie er sehr wohl weiß, absolut berechtigt, sich gegen Bodkin zu verteidigen und ihn notfalls auch zu töten.« Als Kerans sich umdrehte und ihn überrascht ansah, fuhr er fort: »Erinnerst du dich nicht an den *Reclaimed Lands Act* und die *Dykes Maintenance Regulations*? Die sind immer noch in Kraft. Ich weiß, Strangman ist ein Fiesling – mit seiner weißen Haut und seinen Alligatoren –, aber genau genommen verdient er einen Orden für die Trockenlegung der Lagune. Sollte er sich beschweren, werde ich einen schweren Stand haben, das Maschinengewehr da unten zu erklären. Glaub' mir, Robert, wäre ich fünf Minuten später gekommen und hätte dich in Stücke gehackt vorgefunden, hätte Strangman behaupten können, du seist Bodkins Komplize gewesen, und ich hätte nichts dagegen machen können. Er ist ein cleverer Bursche.«

Kerans, nach nur drei Stunden Schlaf noch immer müde, lehnte matt lächelnd am Fenster und suchte Riggs' tolerante Einstellung gegenüber Strangman mit seinen eigenen Erfahrungen in Einklang zu bringen. Die Kluft zwischen ihm und Riggs, dessen war er sich bewusst, war größer denn je. Auch wenn ihn kaum ein Meter von dem Colonel trennte, der seine Argumente mit schwungvollen Bewegungen seines Stöckchens unterstrich, hegte er Zweifel an Riggs' realer Präsenz, fast so, als wurde sein Bild von einer ausgeklügelten dreidimensionalen Kamera über enorme Entfernungen von Zeit und Raum in die Forschungsstation projiziert. Nicht er, sondern Riggs war der Zeitreisende. Auch bei den anderen Crewmitgliedern hatte Kerans einen ähnlichen Mangel an physischer Konsistenz festgestellt. Viele Mitglieder der ursprünglichen Besatzung waren ausgetauscht worden – alle, darunter Wilson und Caldwell, die Tiefenzeit-Erfahrungen gemacht hatten. Vielleicht wirkte die jetzige Besatzung aus diesem Grund auch so blutleer und unwirklich – nicht zuletzt wegen ihrer fahlen Gesichter und glanzlosen Augen, die in starkem Kontrast zu Strangmans Männern standen –, dass sie ihm vorkamen wie intelligente Androiden, Maschinenmenschen, die lediglich Aufgaben verrichten.

»Was ist mit den Plünderungen?«, fragte er.

Riggs zuckte mit den Schultern. »Bis auf einige aus einem alten Woolworth-Laden gestohlene Schmuckstücke hat er sich nichts zuschulden kommen lassen, was nicht aus purem Übermut seiner Männer geschah. Was die Statuen und so weiter anbelangt, so leistet er wertvolle Arbeit bei der Rückgewinnung von zwangsweise zurückgelassenen Kunstwerken. Seine wahren Motive kenne ich allerdings nicht.« Er klopfte Kerans auf die Schulter. »Du musst Strangman vergessen, Robert. Der einzige Grund, warum er jetzt die Ruhe bewahrt, ist, dass er das Gesetz auf seiner Seite weiß. Andernfalls wäre hier längst ein heftiger Kampf ausgebrochen.« Er unterbrach sich. »Du wirkst so abwesend, Robert. Hast du immer noch diese Träume?«

»Ab und zu.« Kerans erschauderte. »Die letzten Tage hier waren der Wahnsinn. Es ist schwer, Strangman zu beschreiben – er gleicht einem weißen Teufel aus einem Voodoo-Kult. Ich kann nicht glauben, dass er ungeschoren davonkommt. Wann wirst du die Lagune wieder fluten?«

»Die Lagune wieder fluten…?«, wiederholte Riggs fassungslos und schüttelte den Kopf. »Robert, du hast wirklich den Bezug zur Realität verloren. Je früher du von hier wegkommst, desto besser. Ich werde keinesfalls die Lagune wieder fluten. Falls das jemand versucht, werde ich ihm persönlich den Kopf wegpusten. Die Rückgewinnung von Land, insbesondere in einem städtischen Gebiet wie diesem im Zentrum einer ehemaligen Hauptstadt, genießt allerhöchste Priorität. Sollte es Strangman mit dem Auspumpen der beiden anderen Lagunen ernst meinen, wird er dafür nicht nur begnadigt, sondern auch zum Generalgouverneur ernannt.« Er schaute aus dem Fenster hinab zu den Metallsprossen der Feuerleiter, die im Sonnenlicht ächzten. »Da kommt er schon. Bin gespannt, was sein bösartiges Spatzenhirn jetzt schon wieder ausgebrütet hat.«

Kerans ging zu Riggs hinüber, ohne einen Blick auf das Labyrinth eitrig-gelber Dächer zu werfen. »Colonel, du musst sie wieder fluten, Gesetz hin oder her. Warst du schon mal in diesen Straßen? Sie sind obszön und abscheulich! Das ist eine Albtraumwelt, die ist tot und am Ende, Strangman will einen Leichnam wiedererwecken! Nach zwei oder drei Tagen hier wirst du …«

Riggs schwang sich vom Schreibtisch herab und unterbrach Kerans. Ein Anflug von Ungeduld lag in seiner Stimme. »Ich habe nicht vor, drei Tage hierzubleiben«, schnauzte er barsch. »Keine Sorge, mir liegt nichts an diesen Lagunen, geflutet oder nicht. Wir brechen gleich morgen früh auf, alle zusammen.«

Bestürzt sagte Kerans: »Aber du kannst nicht fort, Colonel. Strangman ist doch noch da.«

»Natürlich ist er das! Glaubst du, der Raddampfer hat Flügel? *Er* hat keinen Grund zu gehen, wenn er glaubt, dass er den großen Hitzewellen und Regenstürmen trotzen kann. Man weiß ja nie, sollte es ihm gelingen, die Kühlung einiger dieser großen Gebäude wieder in Gang zu bringen, könnte er es vielleicht schaffen. Und sollte er mit der Zeit weitläufige Gebiete der Stadt zurückerobern, wird man sie vielleicht auch wieder besiedeln. Sobald wir in Byrd sind, werde ich jedenfalls eine offizielle Empfehlung aussprechen. Im Moment aber gibt es für mich keinen Grund zu bleiben… Ich kann die Station nicht retten, die ist tatsächlich verloren. Aber egal, du und das Dahl-Mädchen, ihr braucht Erholung. *Und* ein Hirn-Lifting. Weißt du eigentlich, was für ein Glück sie hat, dass sie noch am Leben ist, unbeschadet? Großer Gott!« Er nickte Kerans mit Nachdruck zu und stand auf, als es an der Tür vernehmlich klopfte. »Du solltest mir danken, dass ich gerade noch rechtzeitig gekommen bin.«

Kerans ging über eine Seitentür hinüber in die Kombüse, weil er Strangman nicht begegnen wollte. Er hielt einen Moment inne und sah Riggs an. »Da habe ich meine Zweifel, Colonel. Ich fürchte, du bist zu spät gekommen.«

Vierzehntes Kapitel

Der große Knall

Kerans verbarg sich in einem kleinen Büro, das den Staudamm zwei Stockwerke überragte und lauschte der Musik, die vom erleuchteten Oberdeck des Mutterschiffs herübertönte. Strangmans Party war noch in vollem Gange. Zwei jüngere Crewmitglieder ließen die großen Schaufelräder langsam kreisen, deren Blätter das farbige Licht der Spotstrahler einfingen und in den Himmel warfen. Von oben betrachtet wirkten die weißen Markisen wie das Festzelt eines Jahrmarkts, ein leuchtendes, lärmendes Zentrum der Lustbarkeit auf dem abgedunkelten Platz.

Strangman zuliebe nahm Riggs an dieser Abschiedsparty teil. Beide Anführer hatten eine Abmachung getroffen: Das Maschinengewehr wird entfernt und das Unterdeck für die Männer des Colonels gesperrt, Strangman wiederum erklärt sich bereit, bis zu Riggs' Abfahrt die Grenzen der Lagune nicht zu überschreiten. Tagsüber waren Strangman und seine Meute wie immer durch die Straßen gezogen, und von überall her erklang das unvermeidliche Echo der Schreie und Schüsse der Plünderer. Selbst jetzt noch, nachdem die letzten Gäste, der Colonel und Beatrice Dahl, die Party verlassen hatten und die Feuerleiter zur Forschungsstation hinaufgestiegen waren, kam es zu wüsten Auseinandersetzungen an Deck, wobei auch Flaschen auf den Platz geschleudert wurden, die dort zerschellten.

Kerans hatte sich auf der Party nur kurz blicken lassen und sich von Strangman ferngehalten, der keine Anstalten machte, mit ihm zu sprechen. Einmal, zwischen zwei Kabarettnummern, war er an Kerans vorbeigerauscht, hatte ihn absichtlich am Ellbogen gestreift und ihm mit erhobenem Kelch zugeprostet.

»Ich hoffe, Sie langweilen sich nicht allzu sehr, Doktor. Sie sehen müde aus. Fragen Sie doch den Colonel, ob er Ihnen seinen *punkawallah*, seinen Luftzufächler, ausleiht.« Er schenkte Riggs, der steif wie ein Distriktkommissar am Hofe eines Paschas aufrecht auf einem mit Quasten besetzten Seidenkissen saß, ein galliges Lächeln. »Die Partys, die Doktor Kerans und ich zu feiern pflegten, waren von anderem Kaliber, Colonel. Das waren *echte* Knaller.«

»Das glaube ich gern, Strangman«, erwiderte Riggs leichthin, Kerans aber wandte sich ab, außerstande, wie Beatrice seine Abscheu vor Strangman zu verbergen. Sie sah über die Schulter hinab auf den Platz, und für einen Moment riss ein kleines Stirnrunzeln sie aus ihrer Erstarrung und Selbstversunkenheit, der sie alsbald wieder anheimfiel.

Kerans beobachtete von weitem, wie Strangman der nächsten Kabarettnummer applaudierte und fragte sich, ob er wohl seinen Höhepunkt bereits überschritten haben mochte und sich in Auflösung befand. Er sah jetzt einfach nur noch widerwärtig aus, ein vergammelnder Vampir, bösartig und schreckerregend. Der einstige Charme, den er gelegentlich zu versprühen wusste, war verschwunden, an seine Stelle eine raubtierhafte Anmutung getreten. Sobald die Situation es gestattete, täuschte Kerans einen leichten Malariaanfall vor und machte sich auf den Weg hinaus in die Dunkelheit und über die Feuerleiter zur Forschungsstation.

Jetzt, mit dem einzig verbleibenden Ausweg im Blick, fand Kerans wieder zu sich, fühlte sich gerüstet und bei klarem Verstand, der weit über den Lagunenrand hinausreichte.

Nur siebzig Kilometer weiter südlich hatten sich dichte Regenwolken gebildet, die Schicht um Schicht die Sümpfe und Archipele am Horizont verhüllten. Von den Ereignissen der letzten Woche überschattet, pulsierte die archaische Sonne mit unerhörter Macht nun wieder pausenlos in seinem Kopf und wurde eins mit der hinter den Regenwolken aufscheinenden realen Sonne. Unerbittlich, mit magnetischer Kraft, zog sie ihn nach Süden, in die extreme Hitze und zu den versunkenen Lagunen des Äquators.

Mit Riggs' Hilfe kletterte Beatrice auf das Dach der Forschungsstation, das nun als Hubschrauberlandeplatz diente. Als Sergeant Daley den Motor startete und die Rotoren sich zu drehen begannen, machte sich Kerans schnell auf den Weg zur Terrasse zwei Stockwerke tiefer. Mit einem Abstand von ungefähr hundert Meter zu beiden Seiten befand er sich direkt zwischen dem Hubschrauber und der Staumauer, wobei die durchgehende Terrasse des Gebäudes alle drei Punkte miteinander verband.

Hinter dem Haus gab es eine mächtige Schlickbank, die aus dem umliegenden Sumpf bis zur Terrassenbrüstung hinaufreichte, überwuchert von üppigem Blattwerk. Er duckte sich unter den breiten Wedeln der Baumfarne und rannte am Damm entlang, den man zwischen diesem Haus und dem angrenzenden Bürogebäude errichtet hatte. Bis auf das Fließgewässer am anderen Ende der Lagune, wo die Pumpschiffe ankerten, war dies hier der einzige bedeutende Zulauf, durch den Wasser in die Lagune strömte. Der ursprüngliche, einst zwanzig Meter breite und tiefe Meeresarm war zu einem schmalen Kanal voller Schlamm und Pilze geschrumpft, dessen zwei Meter breite Mündung durch einen Wall aus schweren Baumstämmen versperrt war. Würde der Wall nun entfernt, wäre die Strömungsgeschwindigkeit zunächst noch gering, doch je mehr Schlick weggeschwemmt würde, desto breiter würde die Mündung wieder werden.

Aus einem kleinen Versteck unter einer losen Steinplatte holte er zwei quadratische, schwarze Kisten hervor, die jeweils sechs zusammengebundene Stangen Dynamit enthielten. Er hatte den ganzen Nachmittag damit verbracht, die umliegenden Gebäude nach ihnen abzusuchen, da er davon ausging, dass Bodkin zur gleichen Zeit, als er den Kompass entwendete, die Waffenkammer des Stützpunktes heimgesucht hatte; und tatsächlich wurde er schließlich im leeren Spülkasten der Toilette fündig.

Als das Triebwerk des Hubschraubers aufheulte, das hell funkelnde Abgase in die Dunkelheit hinausschleuderte, entzündete er die kurze, mit einem Zeitzünder von dreißig Sekunden versehene Lunte, grätschte über das Geländer und rannte hinaus zur Mitte der Sperrmauer.

Dort angekommen, bückte er sich und hängte die Kisten an einen kleinen Haken, den er am frühen Abend in der hinteren Reihe der Stämme eingeschlagen hatte. Dort hingen sie nun, sicher und außer Sichtweite, etwa einen halben Meter von der Wasserkante entfernt.

»Dr. Kerans! Gehen Sie da weg, Sir!«

Kerans sah auf und erblickte am anderen Ende der Sperrmauer Sergeant Macready, der am Übergang zum Nachbardach stand. Er lehnte sich vornüber, sah auf einmal das flackernde Ende der Zündschnur und brachte sofort seine Thompson-Maschinenpistole in Anschlag.

Kerans duckte sich und rannte entlang der Sperrmauer zurück, erreichte die Terrasse, dann schrie Macready ihm wieder etwas zu und feuerte eine kurze Salve ab. Die Kugeln trafen das Geländer und rissen Stücke aus dem Zement, dann stürzte Kerans, als eines der Kupfernickelgeschosse sein rechtes Bein knapp oberhalb des Knöchels traf. Er zog sich über das Geländer hoch und sah, dass Macready mit geschultertem Gewehr zur Sperrmauer hinabsprang.

»Macready! Kehren Sie um!«, schrie er dem Sergeant zu, der über die Holzstämme balancierte. »Gleich fliegt hier alles in die Luft!«

Er zog sich zwischen die Wedel zurück, seine Stimme indes wurde vom Aufheulen des Hubschraubermotors verschluckt, als der seine Startkontrolle durchführte, und hilflos musste er zusehen, wie Macready in der Mitte der Sperrmauer stehen blieb und nach den Kisten griff.

»Achtundzwanzig, neunundzwanzig…«, zählte Kerans im Stillen mit. Dann wendete er der Sperrmauer den Rücken zu, humpelte die Terrasse hinunter und warf sich zu Boden.

Als der gewaltige Widerhall der Explosion in den dunklen Himmel aufstieg, erhellte eine ungeheure Gischt- und Schlammfontäne kurzzeitig die Terrasse und ließ Kerans' am Boden ausgestreckte Gestalt in Umrissen erkennen. Das anfängliche Crescendo schien sich allmählich zu einem anhaltenden Grollen zu steigern und der Donnerhall der Druckwelle dem leisen Rauschen des ausbrechenden Wasserfalls zu weichen. Schlammbrocken und abgerissene Pflanzenteile prasselten auf die Terrassenfliesen ringsum Kerans herab, der sich taumelnd erhob und zum Geländer wankte.

Er sah, wie sich das Wasser in immer breiterem Strom in die tief unten liegenden, offenen Straßen ergoss und dabei große Teile des Schlickufers mitriss. Ein regelrechter Ansturm zum Deck des Mutterschiffs setzte ein, ein Dutzend Arme deuteten nach oben auf die Bruchstelle, aus der das Wasser strömte. Es ergoss sich auf den Platz, löschte dann die Lagerfeuer und klatschte gegen den Schiffsrumpf, der durch die gewaltige Explosion noch immer leicht schwankte.

Dann kippte plötzlich der untere Teil des Damms nach vorne, als mit einem Schlag ein Dutzend Baumstämme hinabstürzten. Das wiederum brachte den dahinter liegenden U-förmigen Schlammsattel zum Einsturz und legte den Wasserzulauf in ganzer Breite frei, und etwas, das aussah wie ein gigantischer Wasserkubus kippte wie ein schwabbeliges Stück Gelee auf die darunter liegende Straße. Unter dumpfem Poltern der einstürzenden Gebäude flutete das Meer mit voller Wucht heran.

»Kerans!«

Er fuhr herum, als ein Schuss über ihn hinweg peitschte und sah, dass Riggs mit gezückter Pistole vom Landeplatz des Hubschraubers herbeirannte, dessen Triebwerk nun ausgeschaltet war, und Sergeant Daley Beatrice aus der Kabine half.

Das Gebäude erzitterte unter dem Druck der Wassermassen, die an seiner Vorderfront herabdonnerten. Kerans stützte sein rechtes

Bein mit der Hand ab und humpelte in den Windschatten des kleinen Turms, in dem sich einst sein Beobachtungsfenster befand. Aus seinem Hosengürtel zog er den .45er Colt, umfasste den Griff mit beiden Händen und feuerte zweimal um die Ecke auf die sich nähernde, barhäuptige Gestalt von Riggs. Beide Schüsse gingen ins Leere, aber Riggs blieb stehen, wich etwas zurück und ging hinter einer Balustrade in Deckung.

Er hörte Schritte, die sich eilends näherten, drehte sich um und sah, dass Beatrice über die Terrasse auf ihn zurannte. Als sie die Ecke erreichte und Riggs und Daley nach ihr riefen, ließ sie sich neben Kerans auf die Knie sinken.

»Robert, du musst verschwinden! Sofort, bevor Riggs noch mehr von seinen Leuten holt! Er will dich umbringen, das weiß ich.«

Kerans nickte und stand mühsam auf. »Der Sergeant – ich wusste nicht, dass er auf Patrouille war. Sag Riggs, dass es mir leid tut…« Er machte eine Geste des Bedauerns, dann warf er einen letzten Blick auf die Lagune. Das schwarze Wasser schwappte auf Höhe der obersten Fensterfront über sie hinweg und durch die Gebäude hindurch. Das Mutterschiff, dessen Schaufelräder sich gelöst hatten, trieb kieloben langsam auf das ferne Ufer zu, sein Rumpf in der Luft aufragend wie der Bauch eines verendenden Wals. Aus den explodierenden Kesseln schossen Dampf- und Schaumschwaden hervor und quollen durch die Lecks im Rumpf, die dem Schiff durch die scharfkantigen Riffs der halb versunkenen Hausvorsprünge zugefügt wurden, an denen es vorübertrieb. Kerans beobachtete das Geschehen mit stiller Freude und genoss den frischen Geruch des Tangs, der mit dem Wasser wieder in die Lagune strömte. Weder Strangman noch andere Crewmitglieder waren zu sehen, und die wenigen Überreste, die von der geborstenen Brücke und den Schloten, die das Wasser mit sich gerissen hatte, noch vorhanden waren, wurden von der brodelnden Unterströmung weggetragen und wieder hochgespült.

»Robert! Beeil dich!« Beatrice zog ihn am Arm, als sie beim Umdrehen sah, dass Riggs und der Pilot pfeilschnell auf sie zueilten und nur noch fünfzig Meter entfernt waren. »Darling, wohin gehst du? Es tut mir leid, ich kann nicht mit.«

»Nach Süden«, sagte Kerans leise und lauschte dem Rauschen des einströmenden Wassers. »Der Sonne entgegen. Du wirst bei mir sein, Bea.«

Er umarmte sie, dann riss er sich aus ihren Armen los, rannte zum hinteren Terrassengeländer und verschwand unter den schweren Farnwedeln. Als er das Schlickufer erreichte, bogen Riggs und Sergeant Daley um die Ecke und feuerten in das Blattwerk, doch Kerans duckte sich und watete, bis zu den Knien im weichen Schlamm versinkend, so schnell es ging zwischen den krummen Stämmen davon.

Der Rand des Sumpfes hatte sich durch das in die Lagune strömende Wasser leicht zurückgebildet, sodass er den sperrigen Katamaran, den er aus vier paarweise und parallel angeordneten Zweihundert-Liter-Fässern gebaut hatte, mühsam durch das dichte Raspelkraut zum Wasser ziehen musste. Als er gerade ablegen wollte, tauchten Riggs und der Pilot zwischen den Farnen auf.

Stotternd sprang der Außenborder an, und Kerans legte sich erschöpft auf die Planken, als Schüsse aus Riggs' .38er Pistole das kleine dreieckige Segel durchlöcherten. Der Abstand zwischen ihnen und dem Wasser vergrößerte sich zusehends, erst auf hundert, dann auf zweihundert Meter, bis er die erste der kleinen Inseln erreichte, die auf den Dächern freistehender Gebäude aus dem Sumpf aufragte. Dahinter versteckt setzte er sich auf, reffte das Segel und warf einen letzten Blick auf das Ufer der Lagune.

Riggs und der Pilot waren nicht mehr zu sehen, aber hoch oben auf dem Turm des Gebäudes sah er Beatrices einsame Gestalt, die unermüdlich mit dem einen, dann mit dem anderen Arm langsam zum Sumpf hinüberwinkte, obgleich sie ihn zwischen den Inseln gar nicht ausmachen konnte. Ganz rechts von ihr ragten die anderen, ihm vertrauten Orientierungspunkte der umliegenden Schlickbänke auf, so auch das grüne Dach des Ritz, das im Dunst verschwand. Schließlich konnte er nur noch die einzelnen Buchstaben des riesigen Schriftzugs erkennen, den Strangmans Männer gemalt hatten und der sich wie ein alles besiegelndes Epitaph über dem flachen Wasser aus der Dunkelheit erhob: ZEITZONE.

Die Gegenströmung des Wassers verlangsamte sein Fortkommen, und fünfzehn Minuten später, als der Hubschrauber vorbeidonnerte, hatte er den Rand des Sumpfes noch immer nicht erreicht. Als er das oberste Stockwerk eines kleinen Gebäudes passierte, glitt er durch eines der Fenster hinein und wartete in aller Ruhe, bis der Hubschrauber, der knatternd hin und her flog und die Inseln unter Maschinengewehrfeuer nahm, wieder verschwand.

Dann setzte er seine Fahrt fort, fand nach einer Stunde zum Ausgang des Sumpfes und fuhr in das breite Binnenmeer hinein, das ihn nach Süden führen würde. Da gab es ausgedehnte, mehrere hundert Meter lange Inseln, deren Vegetation bis ins Wasser hineinragte und deren Konturen sich durch den ansteigenden Wasserspiegel in der kurzen Zeit, die seit ihrer Suche nach Hardman verstrichen war, völlig verändert hatten. Er holte den Außenborder ein, setzte das kleine Segel und schipperte mit vier, fünf Kilometern pro Stunde durch die leichte Südbrise.

Sein Bein wurde unterhalb des Knies allmählich steif, und so öffnete er den kleinen Verbandskasten, den er eingepackt hatte, säuberte die Wunde mit einem Penicillinspray und legte einen straffen Verband an. Kurz vor Morgengrauen, als die Schmerzen unerträglich wurden, nahm er eine der Morphintabletten ein und fiel in einen unruhigen, dröhnenden Schlaf, in dem die große Sonne sich so weit ausdehnte, bis sie das ganze Universum ausfüllte und sogar die Sterne unter ihren Schlägen erzitterten.

Als er am nächsten Morgen um sieben Uhr wach wurde, lehnte er im hellen Sonnenlicht mit dem Rücken am Mast, den Verbandskasten offen im Schoß. Er sah, dass der Bug des Katamarans leicht mit einem großen Baumfarn kollidiert war, der am Rande einer kleinen Insel wuchs. Knapp zwei Kilometer entfernt flog der Hubschrauber in fünfzehn Meter Höhe über das Wasser und nahm die Inseln von der Kabine aus mit seinem Maschinengewehr unter Beschuss. Kerans holte den Mast ein, glitt unter den Baumfarn und wartete, bis der Hubschrauber verschwand. Er massierte sein Bein, wollte aber kein Morphium mehr nehmen und gönnte sich stattdessen eine kleine Mahlzeit bestehend aus einem Schokoriegel, einem von zehn, die er sich hatte beschaffen können. Zum Glück hatte man den für die Proviantierung des Patrouillenbootes zuständigen Unteroffizier angewiesen, Kerans freien Zugang zu den Medikamenten zu gewähren.

Die Luftangriffe erfolgten in halbstündigem Abstand, wobei der Hubschrauber einmal sogar unmittelbar über ihm kreiste. Aus seinem Versteck auf einer der Inseln sah Kerans deutlich, wie Riggs mit grimmig gerecktem Kinn an der Luke Ausschau hielt. Dann wurde das Maschinengewehrfeuer immer seltener, und am Nachmittag wurden die Suchflüge gänzlich eingestellt.

Zu diesem Zeitpunkt, um fünf Uhr, war Kerans mit seiner Kraft nahezu am Ende. Die Mittagstemperatur von fünfundsechzig Grad hatte ihn jeglicher Energie beraubt, ermattet lag er unter dem nassen Segel, ließ das heiße Wasser auf Brust und Gesicht tropfen und sehnte die kühlere Abendluft herbei. Die Wasserfläche schien zu brennen, es sah aus, als schwebe das Boot auf einem Flammenmeer. Von sonderbaren Visionen heimgesucht, paddelte er mit einer Hand kraftlos weiter.

Fünfzehntes Kapitel

Sonnenparadiese

Am nächsten Tag schoben sich zum Glück Sturmwolken zwischen ihn und die Sonne, die Luft wurde merklich kühler und sank gegen Mittag bis auf fünfunddreißig Grad. Die mächtigen schwarzen Kumuluswolken, nur rund hundertfünfzig Meter über ihm, verdunkelten die Atmosphäre wie bei einer Sonnenfinsternis und gaben ihm hinreichend Kraft, um den Außenborder zu starten und seine Fahrgeschwindigkeit bis auf fünfzehn Kilometer pro Stunde zu beschleunigen. Er kreuzte zwischen den Inseln und nahm Kurs Richtung Süden, der Sonne folgend, die in seinem Schädel pulsierte. Später am Abend, als Gewitterregen niederprasselte, fühlte er sich stark genug, um sich auf einem Bein an den Mast zu stellen und sich den sintflutartigen Regenfällen auszusetzen, die ihm die letzten Fetzen seiner Uniformjacke vom Leib rissen. Als das erste der Sturmtiefs vorüber war, klarte es auf, und er konnte den Südrand des Meeres sehen, eine Horizontlinie gewaltiger, über hundert Meter hoher Schlickbänke. Im sporadisch aufscheinenden Sonnenlicht glitzerten sie wie goldene Dünen, über denen die Baumkronen des dahinter liegenden Dschungels aufragten.

Knapp vor dem Ufer war dann auch der Reservetank des Außenborders leer. Er schraubte den Motor ab, warf ihn ins Wasser und sah zu, wie er, von Luftbläschen umgeben, durch die braune Oberfläche sank. Er reffte das Segel und paddelte im Gegenwind langsam weiter. Als er das Ufer erreichte, dämmerte es bereits, Schatten wanderten über die gewaltigen, schlammbedeckten Hänge. Er humpelte durch das seichte Wasser, hievte das Gefährt an Land und lehnte sich mit dem Rücken an eines der Fässer. Er starrte auf die unermessliche Einsamkeit dieses toten, endlosen Strandes und fiel bald in einen Schlaf der Erschöpfung.

Am nächsten Morgen zerlegte er das Gefährt und schleppte die Einzelteile die gewaltigen, schlammbedeckten Hänge hinauf, weil er dort auf eine südwärts führende Wasserstraße zu stoßen hoffte. Kilometerweit erstreckten sich ringsum gewaltige Sandbänke, deren geschwungene Dünen mit Tintenfischen und anderen Kopffüßlern übersät waren. Vom Meer war nichts mehr zu sehen, er war allein mit dieser kleinen Schar toter Tiere, die aussah wie die Hinterlassenschaft eines entschwundenen Kontinuums, und doch bot er alle Kräfte auf, um die schweren Zweihundert-Liter-Fässer von einem Dünenkamm zum nächsten zu schleppen. Der Himmel über ihm war trüb und wolkenlos, ein fades, glanzloses Blau, das eher der Innenwelt einer tiefen, unentrinnbaren Psychose zu entstammen schien als der sturmumtosten Himmelssphäre, die er in den vergangenen Tagen erlebt hatte. Manchmal, wenn er sich von seiner Last befreit hatte, verirrte er sich beim Hinabsteigen in den Dünentälern und stolperte über stille Becken mit sechseckigen Trockenrissen, wie ein Träumer, der nach einem unsichtbaren Ausgang aus seinem Albtraum sucht.

Schließlich ließ er alles stehen und liegen, stapfte mit einem kleinen Vorratspaket weiter und sah, als er sich umdrehte, wie die Fässer langsam versanken. Vorsichtig umging er den Treibsand zwischen den Dünen und nahm Kurs auf den fernen Dschungel, wo die grünen Spitzen seiner gewaltigen Schachtelhalmgewächse und Baumfarne dreißig Meter hoch in die Luft aufragten.

Erst unter einem Baum am Rande des Waldes machte er wieder Halt und reinigte sorgfältig seine Pistole. Vor ihm aus dem Dickicht drang das Kreischen der zwischen den dunklen Stämmen in der endlosen Dämmerwelt des Waldes umherflatternden Fledermäuse und das Fauchen und Rascheln der Leguane. Sein Knöchel war stark geschwollen und schmerzte; die anhaltende Überbeanspruchung des verletzten Muskels hatte die Infektion nur verschlimmert. Er schnitt sich von einem der Bäume einen Ast zurecht und humpelte damit in den Schatten.

Gegen Abend setzte Regen ein, der auf die über ihm wuchernden gewaltigen Baumkronen niederprasselte und das schwarze Licht nur durchbrach, wenn phosphoreszierende Sturzbäche sich über ihn ergossen. Er gönnte sich keine nächtliche Ruhepause, drängte weiter und verjagte mit Schüssen die angreifenden Leguane, die pfeilschnell von einem Riesenstamm zum nächsten sprangen. Hin und wieder entdeckte er eine schmale Lücke im Blätterdach, deren fahles Licht eine kleine Lichtung erhellte, wo durch das regengepeitschte Blattwerk hindurch das verfallene Dachgeschoss eines versunkenen Gebäudes aufragte. Doch immer spärlicher wurden die Spuren der von Menschenhand geschaffenen Strukturen, alle Dörfer und Städte des Südens hatten die wachsenden Schlammschichten und die wuchernde Vegetation verschlungen.

Drei Tage lang zog er ruhelos durch den Wald, ernährte sich von riesigen Beeren, die wie Apfeldolden von den Zweigen hingen und schnitt sich aus einem schwereren Ast eine Krücke zurecht. Von Zeit zu Zeit sah er zu seiner Linken das silberne Band eines von Regenstürmen aufgepeitschten Dschungelflusses aufblitzen, dessen Ufer er freilich durch die dort wuchernden Mangrovenhaine nicht erreichen konnte.

Immer tiefer drang er in den Zauberwald ein, und erbarmungslos rann ihm der Regen über Gesicht und Schultern. Manchmal hörten die Schauer abrupt auf, dann quollen Dampfwolken zwischen den Bäumen hervor, die wie durchsichtige Vliese über dem wassergesättigten Boden schwebten und sich erst wieder auflösten, wenn der Regen erneut einsetzte.

In einer dieser Regenpausen erklomm er, um dem dichten Nebel zu entkommen, auf einer großen Lichtung eine in der Mitte gelegene steile Anhöhe, von wo er in ein enges Tal zwischen bewaldeten Hängen gelangte. Eingebettet in eine sanft geschwungene Hügellandschaft, die ihn an die Dünen erinnerte, welche er zuvor durchquert hatte, umfing ihn das Tal in seiner grünen, tropfnassen Welt. Gelegentlich, wenn sich der Nebel lichtete, konnte er zwischen den Baumkronen einen Blick auf den einen knappen Kilometer entfernten Dschungelfluss erhaschen. Der Regenhimmel hatte sich durch die untergehende Sonne verfärbt, und helle Purpurschleier legten sich über die fernen Hügelkämme. Er schleppte sich über den aufgeweichten, lehmigen Boden und stieß auf die Überreste eines kleinen Tempels. Schiefe Torpfosten führten zu einem Halbkreis niedriger Stufen, umgeben von fünf verfallenen Säulen, die eine Art Eingang bildeten. Das Dach war eingestürzt, und von den Seitenwänden standen lediglich noch ein paar Reste. Am Ende des Mittelgangs, wo sich der ramponierte Altar befand, hatte man einen freien Blick ins Tal. Man sah, wie die Sonne langsam wie eine riesige, orangefarbene Scheibe im Nebelschleier versank.

Kerans hoffte, hier Schutz für die Nacht zu finden, ging den Gang hinab und hielt zunächst abwartend inne, als der Regen erneut einsetzte. Beim Altar angekommen, stützte er die Arme auf den brusthohen Marmortisch und betrachtete die pulsierende Sonnenscheibe, deren Oberfläche sich rhythmisch bewegte wie Schlacke in einer Schüssel mit flüssigem Metall.

»Aaa-ah!« Ein leiser, fast nicht mehr menschlich anmutender Schrei drang durch die regennasse Luft, wie das Stöhnen eines verwundeten Tieres. Kerans wandte sich schnell um und überlegte, ob ihm ein Leguan in die Ruine gefolgt war. Doch der Dschungel, das Tal und die steinerne Stätte lagen still und reglos da, nur der Regen strömte durch die Risse des eingestürzten Gemäuers.

»Aah-ah!« Diesmal kamen die Laute von vorne, irgendwo aus der Richtung der untergehenden Sonne. Die Scheibe hatte erneut einen Impuls ausgelöst und offenbar diese erstickte Reaktion, halb Protest, halb Dankbarkeit, hervorgerufen.

Kerans wischte sich die Nässe aus dem Gesicht, umrundete vorsichtig den Altar und wich erschrocken zurück, als er fast über die zerlumpte Gestalt eines Mannes gestolpert wäre, der mit dem Rücken zum Altar saß, den Kopf an den Stein gelehnt. Die Laute kamen ohne Zweifel von dieser ausgemergelten Gestalt, doch sie klangen so gespenstisch, dass Kerans annahm, sie sei tot.

Wie zwei verkohlte Holzpfähle wirkten die langen Beine des Mannes, die nutzlos vor ihm aufragten und mit schwarzen Fetzen und Borkenstücken umhüllt waren. Seine Arme und die eingefallene Brust waren ähnlich bedeckt und wurden von kurzen Schlingpflanzen zusammengehalten. Ein einst üppiger, jetzt aber schütterer, schwarzer Bart verbarg sein Gesicht, und Regen prasselte auf seinen eingefallenen, gleichwohl markanten Kiefer, den er dem schwindenden Licht entgegenreckte. Hie und da fiel ein Sonnenstrahl auf die nackte Haut von Gesicht und Händen. Plötzlich hob sich eine Hand, eine skelettartige, grüne Klaue, die aus einem Grab zu kommen schien, deutete auf die Sonne, wie um an sie zu gemahnen, und sank dann kraftlos zu Boden. Als die Sonnenscheibe abermals pulsierte, zeigte sein Gesicht eine schwache Reaktion. Die tiefen Falten um Mund und Nase, die eingefallenen Wangen, die so weit in den breiten Kiefer hineinragten, dass da kein Platz mehr für die Gaumenhöhle zu sein schien, verschwanden für einen Moment, als wäre ein Lebenshauch jäh durch seinen Körper geströmt.

Wie gelähmt stand Kerans da und betrachtete die hochgewachsene, ausgemergelte Gestalt, die vor ihm auf dem Boden lag. Der Mann sah aus wie ein wiedererweckter Leichnam, ohne Nahrung oder Rüstzeug, an den Altar gelehnt wie einer, der aus seinem Grab gerissen und ausgesetzt wurde, um auf den Tag des Jüngsten Gerichts zu warten.

Dann wurde ihm klar, warum der Mann ihn nicht wahrnahm. Der Schmutz und die blasige, sonnenverbrannte Haut um die tiefliegenden Augenhöhlen hatten sie in schwarze Trichter verwandelt, deren trüber, eiternder Schimmer die ferne Sonne nur schwach reflektierte. Beide Augen waren durch Hornhautkrebs so gut wie zerstört, und Kerans vermutete, dass sie wenig mehr als den schwachen Widerschein der untergehenden Sonne wahrnehmen konnten. Als die Sonnenscheibe im Dschungel vor ihnen versank und die Dämmerung wie eine Wolke durch den grauen Regen fegte, hob sich der Kopf des Mannes wie unter Schmerzen, als suchte er das Bild festzuhalten, das sich so verheerend in seine Netzhaut eingebrannt hatte, dann sank er wieder zur Seite auf sein steinernes Kissen. Fliegen schwärmten vom Boden hoch und schwirrten über seinen nassen Wangen.

Kerans beugte sich hinunter, um mit dem Mann zu sprechen, der seine Bewegung zu spüren schien. Umherirrend suchten seine leeren Augen das dunkle Umfeld ringsum ab.

»Hallo, Kamerad,« sagte er mit schwacher Stimme. »Du da, Soldat, komm her! Woher kommst du?« Seine linke Hand irrte wie eine Krabbe auf dem nassen, steinigen Lehm umher, als suchte sie etwas. Dann drehte er sich erneut der entschwundenen Sonne zu und schien die Fliegen, die sich auf Gesicht und Bart niedergelassen hatten, gar nicht zu bemerken. »Sie ist wieder weg! Aa-aah! Sie bewegt sich von mir weg! Hilf mir auf, Soldat, wir werden ihr folgen. Jetzt, bevor sie für immer verschwindet.«

Wie ein sterbender Bettler streckte er Kerans seine Klaue entgegen. Dann sackte er wieder in sich zusammen, und Regen ergoss sich über seinen schwarzen Schädel.

Kerans kniete sich neben ihn. Trotz der Spuren, die Sonne und Regen hinterlassen hatten, erkannte er an den Resten der Uniformhose, die der Mann trug, dass es sich um einen Offizier handelte. Seine rechte Hand, bisher zur Faust geballt, lockerte sich jetzt ein wenig. Sie hielt einen kleinen, silbernen Zylinder mit Zifferblatt umschlossen, einen Taschenkompass, wie er zur Notfallausrüstung einer Flugzeugbesatzung gehört.

»He, Soldat!« Der Mann, jählings wieder erwacht, drehte Kerans seinen Kopf mit den leeren Augenhöhlen zu. »Ich befehle dir, verlass mich nicht! Du kannst dich jetzt ausruhen, während ich Wache halte. Morgen ziehen wir weiter.«

Kerans setzte sich neben ihn, öffnete sein kleines Vorratsbündel und wischte Regen und tote Fliegen aus dem Gesicht des Mannes. Er umfasste die verwüsteten Wangen wie bei einem Kind und sagte vorsichtig: »Hardman, ich bin's, Kerans – Doktor Kerans. Ich bleibe bei Ihnen, aber versuchen Sie jetzt, ein wenig zu schlafen.« Hardman reagierte nicht auf den Namen, zog jedoch die Augenbrauen vor Verwunderung ein wenig hoch.

Während Hardman mit dem Rücken am Altar lehnte, hebelte Kerans mit seinem Klappmesser einige der rissigen Steinplatten im Mittelgang heraus, trug die Teile durch den strömenden Regen zurück und errichtete rund um die am Boden liegende Gestalt einen provisorischen, steinernen Schutzwall, dessen Zwischenräume er mit Schlingpflanzen füllte. Obwohl vor Regen nun geschützt, wurde Hardman in dem dunklen Unterstand etwas unruhig, fiel aber dennoch bald in einen leichten, von gelegentlich röchelnden Atemzügen unterbrochenen Schlaf. Kerans ging in der Dunkelheit bis zum Rand des Dschungels zurück, pflückte einen Arm voll essbarer Beeren von den Bäumen, kehrte dann zum Unterstand zurück und setzte sich neben Hardman, bis die Morgendämmerung über den Hügeln hinter ihnen hereinbrach.

Die nächsten drei Tage blieb er bei Hardman, fütterte ihn mit den Beeren und besprühte seine Augen mit dem restlichen Penicillin,

Er verstärkte den Unterstand mit weiteren Steinplatten und baute eine Art Behelfsmatratze aus Blättern, auf der sie schlafen konnten. Nachmittags und abends saß Hardman vor dem offenen Eingang und betrachtete die sinkende Sonne hinter den Nebelschleiern. In den Intervallen zwischen zwei Stürmen überzogen regennasse Lichtstrahlen seine grünliche Haut mit seltsam intensivem Glanz. Er erinnerte sich nicht an Kerans, nannte ihn einfach »Soldat« und erteilte ihm, sooft er aus seinem Dämmerzustand erwachte, eine Reihe wirrer Befehle für den kommenden Tag. Kerans hatte das Gefühl, dass Hardmans wahres Ich in die Tiefen seines Verstandes hinabgesunken war, und sein Verhalten und seine Reaktionen, von Delirien und Verstrahlungssymptomen beeinträchtigt, nur ein fahler Abglanz seiner selbst waren. Kerans nahm an, dass er sein Augenlicht vor schätzungsweise einem Monat verloren hatte und instinktiv zu der auf einer Anhöhe gelegenen Ruine gekrochen war. Von hier aus konnte er die Sonne noch am besten wahrnehmen, die einzige Wesenheit, die jetzt stark genug war, um ihr Bild auf seine beschädigte Netzhaut zu projizieren.

Am zweiten Tag begann Hardman gierig zu essen, so als wolle er sich auf einen weiteren Marsch durch den Dschungel vorbereiten; am Ende des dritten Tages hatte er mehrere Dolden der Riesenbeeren verzehrt. Sein großer, ausgemergelter Körper schien plötzlich wieder zu Kräften zu kommen, und am Nachmittag, als die Sonne hinter den bewaldeten Hügeln versank, gelang es ihm sogar, sich zu erheben und mit dem Rücken gegen den Türpfosten zu lehnen. Kerans war nicht sicher, ob er ihn nun erkannte, jedenfalls hörten die monologischen Anweisungen und Befehle auf.

Kerans war nicht sonderlich überrascht, als er am nächsten Morgen feststellte, dass Hardman verschwunden war. Im dünnen Licht der Morgendämmerung stand Kerans von seinem Lager auf und humpelte das Tal hinab zum Waldrand, wo sich ein Flüsschen auf seinem Weg zum fernen Strom verzweigte. Er blickte hinauf zu den Baumfarnen, deren dunkle Wedel sich reglos in der Stille zu ihm herabbeugten. Zaghaft rief er Hardmans Namen, hörte, wie das gedämpfte Echo zwischen den düsteren Stämmen verhallte, und kehrte dann zum Unterstand zurück. Er respektierte Hardmans Entscheidung, ohne ein Wort des Abschieds weiterzuziehen; vermutlich würden sich ihre Wege im Verlauf ihrer gemeinsamen Odyssee nach Süden ohnehin wieder kreuzen, vielleicht aber auch nicht. Solange seine Augen stark genug waren, um die fernen Signale der Sonne wahrzunehmen, und solange die Leguane ihn nicht witterten, würde Hardman seinem Weg folgen und sich tastend, das Haupt zum Sonnenlicht erhoben, das sich zwischen den Ästen brach, durch den Wald bewegen.

Kerans wartete zwei weitere Tage in dem Unterstand, falls Hardman doch noch zurückkehren sollte, dann machte er sich selbst auf den Weg. Seine medizinischen Vorräte waren verbraucht, und so hatte er nur noch einen Beutel mit Beeren und den Colt mit zwei Patronen bei sich. Seine Uhr funktionierte noch, und er benutzte sie als Kompass, außerdem hielt er gewissenhaft die Tage fest, indem er jeden Morgen eine Kerbe in seinen Gürtel ritzte.

Dem Tal folgend watete er durch das Flüsschen, um zu den Gestaden des fernen Stroms zu gelangen. Von Zeit zu Zeit gingen heftige Wolkenbrüche nieder und peitschten auf die Wasseroberfläche ein, doch sie schienen sich jetzt auf wenige Stunden am Nachmittag und Abend zu konzentrieren.

Als der Flusslauf ihn zwang, sich mehrere Kilometer in westlicher Richtung zu bewegen, um seine Ufer zu erreichen, gab er auf und zog in südlicher Richtung weiter. Er ließ den unwegsamen Dschungel der Hügelregion hinter sich und gelangte in einen lichteren Wald, der wiederum in Sumpfland überging.

Er versuchte, das Gelände zu umgehen und kam unversehens an die Ufer einer riesigen Lagune mit einem Durchmesser von fast zwei Kilometern, umgeben von einem weißen Sandstrand, aus dem die oberen Stockwerke einiger verfallener Apartmentanlagen herausragten, die aus der Ferne wie Strandhäuser wirkten. In einem davon ruhte er sich einen Tag lang aus und versuchte, seinen Knöchel, der schwarz und geschwollen war, zu kurieren. Er schaute aus dem Fenster auf die Wasserscheibe und sah den nachmittäglichen Regen furiengleich auf die Oberfläche niederprasseln; als die Wolken sich verzogen und das Wasser so glatt wie eine Glasscheibe wirkte, schienen sich in ihren Farben all die Veränderungen zu spiegeln, deren Zeuge er in seinen Träumen geworden war.

Dass er inzwischen mehr als zweihundert Kilometer in südlicher Richtung zurückgelegt hatte, konnte er am Temperaturanstieg deutlich erkennen. Auch hier war die Hitze allgegenwärtig, stieg gar auf sechzig Grad, sodass er den Abschied von der Lagune mit ihren leeren Stränden und dem friedlichen Dschungel ringsum hinauszögerte. Aus irgendeinem Grund wusste er, dass Hardman bald sterben würde und auch er sein Leben auf dem Weg in die undurchdringlichen Dschungelgebiete des Südens riskierte.

Im Halbschlaf lag er da und überdachte die Ereignisse der letzten Jahre, die in ihrer Ankunft in den zentralen Lagunen gipfelten und den Beginn seiner neuronalen Odyssee markierten; er dachte an Strangman und seine irren Alligatoren, und schließlich, mit einem tiefen Gefühl des Bedauerns und der Zuneigung, sah er vor seinem geistigen Auge Beatrice und ihr aufmunterndes Lächeln, eine Erinnerung, die er, solange er es vermochte, wachhielt.

Dann schiente er notdürftig sein Bein und ritzte mit dem Griff des leeren .45er Colts an der Wand unterhalb des Fensters eine Botschaft ein, in der Gewissheit, dass niemand sie je lesen würde:

27. Tag. Habe mich ausgeruht und bin auf dem
Weg nach Süden. Alles ist gut.
Kerans.

Und so nahm er Abschied von der Lagune und begab sich wieder hinein in den Dschungel, wo er sich binnen weniger Tage völlig verlor, den Lagunen nach Süden bei steigenden Temperaturen und stärker werdenden Regenfällen folgend, attackiert von Alligatoren und Riesenfledermäusen, ein zweiter Adam auf der Suche nach den vergessenen Paradiesen der wiedergeborenen Sonne.

INHALT

Titel der englischen Originalausgabe
The Drowned World

1. Auflage 2023

www.diaphanes.net

Satz und Layout: 2edit, Zürich
Druck: Steinmeier, Deiningen
ISBN 978-3-0358-0454-6